Thomas Meyer

Was ist Demokratie?

Thomas Meyer

Was ist Demokratie?

Eine diskursive Einführung

VS VERLAG FÜR SOZIALWISSENSCHAFTEN

Bibliografische Information der Deutschen Nationalbibliothek
Die Deutsche Nationalbibliothek verzeichnet diese Publikation in der
Deutschen Nationalbibliografie; detaillierte bibliografische Daten sind im Internet über
<http://dnb.d-nb.de> abrufbar.

1. Auflage 2009

Alle Rechte vorbehalten
© VS Verlag für Sozialwissenschaften | GWV Fachverlage GmbH, Wiesbaden 2009

Lektorat: Frank Schindler

VS Verlag für Sozialwissenschaften ist Teil der Fachverlagsgruppe
Springer Science+Business Media.
www.vs-verlag.de

Das Werk einschließlich aller seiner Teile ist urheberrechtlich geschützt. Jede Verwertung außerhalb der engen Grenzen des Urheberrechtsgesetzes ist ohne Zustimmung des Verlags unzulässig und strafbar. Das gilt insbesondere für Vervielfältigungen, Übersetzungen, Mikroverfilmungen und die Einspeicherung und Verarbeitung in elektronischen Systemen.

Die Wiedergabe von Gebrauchsnamen, Handelsnamen, Warenbezeichnungen usw. in diesem Werk berechtigt auch ohne besondere Kennzeichnung nicht zu der Annahme, dass solche Namen im Sinne der Warenzeichen- und Markenschutz-Gesetzgebung als frei zu betrachten wären und daher von jedermann benutzt werden dürften.

Umschlaggestaltung: KünkelLopka Medienentwicklung, Heidelberg
Druck und buchbinderische Verarbeitung: Krips b.v., Meppel
Gedruckt auf säurefreiem und chlorfrei gebleichtem Papier
Printed in the Netherlands

ISBN 978-3-531-15488-6

Inhalt

Vorwort 9

Einführung 11

I. Wurzeln und Erfahrungen

1 Zivilisationsleistung Demokratie 14

2 Die Erfindung der Demokratie 16
   Die Erfindung des Politischen - Der Begriff des Politischen - Gleichheit und Verständigung - Begriff der Demokratie - Zeitbedingtes und Universelles

3 Grundlegung der Moderne: Naturrecht und Gesellschaftsvertrag 23
   Kultur der Moderne - Individualismus und Gesellschaftsvertrag - Zwei Varianten des Gesellschaftsvertrags

4 Das Interesse an Demokratie 29
   Ideen und Interessen - Die Besitzbürger - Die Arbeiterbewegung - Die Staatsbürger - Entwicklungsländer

II. Theoretische Grundlagen

5 Grundrechte und Volkssouveränität 40
   Gleicher Ursprung - Die historisch- systematische Entfaltung der Dimensionen - Völkerrechtliche Geltung

6 Religion und Bürgerschaft 46
   Der Geltungssinn der rechtsstaatlichen Demokratie - Glaubensgewissheit und Demokratie - Geistige Voraussetzungen der Demokratie - Demokratie und Relativismus - Grundrechte als Grenze - Eine demokratische Zivilreligion?

7 Klassen und Bürgerschaft 55
   Das Marxistische Demokratieverständnis - Tatsächliche Probleme - Demokratie und Bürgerschaft - Soziale Bürgerschaft

8 Geschlecht und Bürgerschaft 64
   Die Last der Tradition - Begründungsmuster - Bedingungen der Gleichstellung

9	Normative und realistische Demokratietheorien *Unvermeidlichkeit des Normativen - Probleme des „Realismus" - Probleme des Normativismus*	69

III. Typen moderner Demokratie 74

10	Republikanische, liberale und deliberative Demokratie *Liberale Demokratie - Republikanische Demokratie - Deliberative Demokratie - Aktuelle Bedeutung*	74
11	Direkte und Repräsentative Demokratie *Nachwirkung des antiken Begriffs - Zwei Traditionslinien - Das Prinzip Repräsentation - Wandel im Verständnis von Repräsentation - Komplementarität - Die Schweiz: Ein informatives Fallbeispiel*	80
12	Präsidentielle vs. Parlamentarische Demokratie *Die grundlegenden Unterschiede - Die Rolle der Parteien - Leistungsvergleich*	89
13	Konkordanz- vs. Konkurrenzdemokratie *Eine aufschlussreiche Unterscheidung - Voraussetzungen und Folgen - Leistungsbilanz*	94
14	Libertäre und Soziale Demokratie *Libertäre Demokratie - Soziale Demokratie - Der grundrechtsgestützte Sozialstaat - Vergleich - Defekte der libertären Demokratie - Wirkungen unsozialer Demokratie*	100
15	Defekte und konsolidierte Demokratie *Eine häufige Zwischenform - Arten von Defekten - Soziale Defekte*	113

IV. Die Realität moderner Demokratie 117

16	Wirtschaft und Demokratie *Die ambivalente Rolle des Marktes - Widersprüche und Spannungen - Demokratische Einbettung des Marktes*	117
17	Die Kultur der Demokratie *Eine aufschlussreiche Erfahrung - Begriff und Rolle - Dimensionen und Typen - Politische Kultur und politisches System - Individualisierung und Differenzierung - Kontinuität und Wandel*	122
18	Politische Beteiligung *Demokratie heißt Beteiligung - Die Skala der Beteiligungsmöglichkeiten - Handlungszweck und Beteiligungsform - Partizipative Demokratie*	133

Inhalt 7

19 Zivilgesellschaft und Demokratie 137
   Die Wiederentdeckung der Zivilgesellschaft - Was ist die Zivilgesellschaft? - Demokratie Lernen - Politische Kernfunktionen - Liberale und republikanische Funktionen - Demokratiepotenzial der Zivilgesellschaft - Kritik an der Zivilgesellschaft

20 Parteien und Verbände 144
   Vereine und Verbände - Asymmetrie der Einflusschancen - Zentralität der Parteien - Parteien und Gesellschaft

21 Moderne Öffentlichkeit 151
   Demokratie und Kommunikation - Demokratiemodelle und Formen politischer Öffentlichkeit - Demokratische Kern-Funktionen von Öffentlichkeit - Mediale Öffentlichkeit - Demokratische Anforderungen - Medienlogik - Mediatisierung - Angemessenheit

22 Demokratische Wahlen 164
   Umkämpftes Wahlrecht - Behinderungen und Ausschlüsse - Mehrheits- und Verhältniswahlrecht - Moderne Beschränkungen - Annäherungen

23 Die Messung der Demokratie 173
   Ein Frage des Mehr oder Weniger - Messung der Verwirklichung der Grundrechte - Qualitative Maßstäbe - Komplexe Messverfahren - Bilanz

V. Die Transformation der Demokratie 179

24 Post-Parlamentarische Demokratie 179
   Neuere Entwicklungen - Der Neo-Koporatismus - Die neue Räte-Demokratie - Mediendemokratie - Fazit

25 Mediendemokratie 185
   Der demokratische Anspruch - Medienlogik und politische Logik - Die Mediatisierung der Politik - Ästhetisierung der politischen Öffentlichkeit - Die Inszenierung der Bilder - Die Kolonisierung der Politik durch das Mediensystem - Transformation der Demokratie - Mediendemokratischer Populismus

26 Postdemokratie 195
   Eine neue politische Konstellation - Abkoppelung von der Gesellschaft - Lesarten

VI. Transnationale Demokratie 200

27 Risiko Ent- Demokratisierung 200
   Das politische Diskrepanzproblem - Entmachtung der Politik - Politik der positiven Globalisierung

28 Regionale Demokratie. Europäische Union 203
Eine politische Organisation neuen Typs - Ein demokratisches Experiment - Eine fragmentierte Demokratie - Schwarzer- Peter- Spiele

29 Globale Demokratie 208
Politik der positiven Globalisierung - Konzeptionen und Modelle - Globale Demokratisierung - Elemente globaler Demokratisierung - Eine realisierbare Vision

VII. Demokratie als Problem 217

30 Die Gegner der Demokratie 217
Versteckspiele - Demokratiefeindliche Machtgruppen - Partielle und indirekte Entdemokratisierung

31 Paradoxien der Demokratie 223
Schwierigkeiten mit der Demokratie - Solidarität und Demokratie

32 Eingebettete Demokratie 226
Voraussetzungen moderner Demokratie - Dimensionen der Einbettung - Reale Demokratie

Demokratie – Zivilisation auf Widerruf? 231

Literatur 234

Vorwort

Der vorliegende Text führt systematisch in die moderne Demokratie, ihre Grundlagen, ihre Organisationsformen und ihre Funktionsbedingungen ein. Es geht um eine umfassende Diskussion der Fragen, die sich im Hinblick auf die Demokratie unter den Bedingungen der Gegenwartswelt stellen. Es handelt sich also weder um eine Geschichte der Demokratietheorie oder der Demokratie selbst noch um einen vollständigen Überblick über die gegenwärtige Demokratieforschung. Beabsichtigt ist vielmehr eine das gesamte Themenspektrum umfassende Darstellung, die das moderne Demokratiekonzept selbst, einschließlich aller wichtigen Teilbereiche vorstellt und begründet. Rückgriffe auf die Geschichte der Demokratie erfolgen nur dort, wo dies zum Verständnis der jeweils behandelten Elemente moderner Demokratie geboten erscheint. Literaturhinweise auf Einführungen in die Geschichte der Demokratietheorie befinden sich im Literaturverzeichnis.

Beabsichtigt ist eine diskursive, problemorientierte Einführung in die moderne Demokratie. Es handelt sich also nicht lediglich um einen berichtenden Überblick dessen, was die unterschiedlichen Theoretiker zu den behandelten Themen gesagt haben, sondern um die argumentative Begründung zentraler demokratiepolitischer Positionen auf dem Stand der neuesten Demokratieforschung. Wo die behandelten Themen in der Politikwissenschaft selbst umstritten sind, werden zumeist die Konturen der Kontroverse sichtbar gemacht und die einschlägige Literatur zum Weiterstudium genannt. Um die systematische Vertiefung des Studiums der modernen Demokratietheorie im Ganzen und ihrer einzelnen Dimensionen über das hinaus, was der Text selbst bietet, zu erleichtern, wird jedem Kapitel eine kurze Liste der einschlägigen Literatur auf dem neuesten Stand beigefügt. Um die Nutzung des Textes als Handbuch zu erleichtern, wurden in einigen Fällen Kapitelüberschneidungen in Kauf genommen.

Einführung

Demokratie zu definieren ist einfach und schwierig zugleich. Einfach, denn es kann bei Demokratie, solange der Begriff nicht missbräuchlich verwendet wird, niemals um etwas anderes gehen als die Organisation des Gemeinwesens nach dem Grundsatz der politischen Gleichheit der Bürger. Schwierig ist die Definition dennoch, weil fast alles, was über diesen klaren Grundsatz hinausgeht, mehr als nur einer Antwort zugänglich ist und in vielen Fällen um so schwerer zu entscheiden ist, je komplexer die modernen Gesellschaften werden.

Die normative Grundlage der Demokratie, das Menschenrecht auf Freiheit und Selbstbestimmung, das jeder Person gleichermaßen zusteht, bedarf keiner besonderen Theorie. Schon gar nicht steht es mit den Geltungsansprüchen einzelner Demokratietheorien zur Disposition. Dennoch sind stichhaltige und wohlbegründete Demokratietheorien für die Rechtfertigung dieser Form der Selbstherrschaft der Bürgerinnen und Bürger sowie die Entwicklung der bestmöglichen Formen ihrer Praxis von großem Wert. Dabei ist es vor allem die systematische Reflexion von Erfahrungen, die mit den unterschiedlichen Formen demokratischer Organisation gemacht werden, von der ein entscheidender Gewinn für den Umgang mit den Vorraussetzungen und Institutionen der Demokratie erwartet werden kann.

Gewiss, Demokratie hat für unterschiedliche Autoren und Adressaten zu unterschiedlichen Zeiten höchst Verschiedenartiges bedeutet, das heißt aber nicht, dass der Begriff selbst unbestimmt ist. Was er im Einzelnen bedeuten kann, wo seine legitimen Spielräume und unabdingbaren Grenzen liegen, ist eines der Thema des vorliegenden Buches. Die meisten Demokratietheoretiker werden wohl den folgenden beiden Definitionen zustimmen. In ihren normativen Grundlagen bezeichnen wir Demokratie als diejenige Herrschaftsform, die auf die gleiche Freiheit aller im politischen Entscheidungsprozess gerichtet ist. Im Hinblick auf die institutionellen Strukturen ist Robert A. Dahls knappe Charakterisierung der modernen Demokratie unübertroffen. Democracy is competition for power open to participation, ein Wettbewerb um die Regierungsmacht, der für Teilhabe offen ist[1]. Eine andere praktische Orientierungsformel stammt von der amerikanischen Politikwissenschaftlerin Vivien A. Schmidt: democracy is government for, with, by and of the people. Demokratie ist Regierung durch und

---

[1] Dahl 1998

für das Volk, im Auftrag des Volkes und mit dem Volk². So knapp diese Formeln sind, machen sie doch den großen und unerschöpflichen Anspruch der Demokratie deutlich und markieren die Grenze, jenseits derer die undemokratische, autokratische Herrschaft beginnt.

Es gibt viele Wege der theoretischen Annäherung an die große Menschheitsherausforderung Demokratie. Die meisten von ihnen haben ihre eigene Berechtigung und können zum Verständnis des überaus komplexen Themas auf je eigene Weise beitragen. In der Demokratietheorie ist es eher die Komplementarität der Zugänge und Sichtweisen, die ein fruchtbares Gesamtergebnis erwarten lässt, als die Übernahme eines einzigen Paradigmas unter Ausschluss aller anderen. In diesem Sinne bringt das vorliegende Buch einige der wichtigsten Ansätze der Demokratietheorie zusammen in der Hoffnung, auf diese Weise ein zeitgemäßes und angemessenes Bild von Demokratie entstehen zu lassen.

Der historische Ansatz rekonstruiert die Entwicklung des Konzeptes Demokratie im Lichte der mit ihm zu verschiedenen Zeiten und an verschiedenen Orten gemachten Erfahrungen. Viele dieser Erfahrungen sind auf unmerkliche Weise in unser Gegenwartsverständnis von Demokratie eingegangen, bedingen unser Verständnis ihrer Institutionen im Negativen und im Positiven mit, häufig ohne dass wir uns darüber Rechenschaft ablegen. Die Geschichte von Theorie und Praxis der Demokratie ist lang und gehaltvoll, sie reicht bis in die griechische Antike zurück. Der Reichtum unterschiedlicher Erfahrungen mit dem Gelingen und Scheitern von Demokratien ist groß und noch nicht zum Abschluss gekommen.

Normative Demokratietheorien entfalten, selten ohne Einbeziehung gemachter Erfahrungen und empirischer Forschung, die institutionellen Bedingungen, unter denen die Norm der Bürger-Selbstbestimmung realisiert werden kann. Sie leisten zumeist Beiträge zur Begründung dieser Norm selbst und beziehen ihrer Erwägungen über die Strukturen und Institutionen, in denen sie sich erfüllen kann, auf ihren grundlegenden Geltungssinn.

Empirische Demokratietheorien untersuchen und vergleichen die Funktionsweisen, Voraussetzungen und Folgen demokratisch organisierter politischer Systeme in der Praxis. Sie können zeigen, unter welchen Bedingungen und in welchen Formen die demokratische Norm in der Realität des Lebens gegebener Gesellschaften Wirklichkeit werden kann.

Vergleichende Demokratietheorien können nicht nur zur Typisierung realisierter Demokratien beitragen und gegebenen Falls auch zur Messung ihres nor-

---

² Schmidt 2006: 268

Einführung

mativ-demokratischen Gehalts. Sie wecken vor allem das Verständnis für die Vielfalt der Möglichkeiten demokratischer Institutionalisierung, für deren Voraussetzungen und Folgen sowie die Fähigkeit verschiedener Formen der Institutionalisierung, sich unter gegeben gesellschaftlichen Bedingungen den demokratischen Normen anzunähern.

Was auch immer die jeweils spezifischen Interessen oder gar Vorlieben einzelner Demokratietheorien und Demokratietheoretiker sein mögen, ohne eine empirische Basis auf dem Forschungsstand der eigenen Zeit bleiben sie leer und ohne eine klare normative Grundlegung blind.

Das vorliegende Buch ist einer systematischen Darstellung der modernen Demokratie gewidmet. Es erstrebt eine möglichste Vollständigkeit der Elemente, Aspekte und Themen auf dem gegenwärtigen Stand der Forschung. Beabsichtigt ist nicht ein Überblick über die unterschiedlichen Demokratietheorien, die in Geschichte und Gegenwart vorgelegt worden sind. Sie werden auf geeignete Weise in die systematische Darstellung einbezogen, aber nicht in ihren jeweiligen Besonderheiten umfassend entfaltet und bewertet. Die systematische Darstellung schließt allerdings im geeigneten Kontext den Verweis auch demokratietheoretische Kontroversen zu Sache ein.

I. Wurzeln und Erfahrungen

1 Zivilisationsleistung Demokratie

Die Demokratie ist ohne Zweifel eine der bedeutendsten Zivilisationsleistungen der Menschheit. In gewisser Weise kann sie mit der Sprache selbst, der entscheidenden Konstitutionsbedingung einer spezifisch menschlichen Lebensweise, verglichen werden. Während die Sprache das symbolische Kommunikationsmedium ist, das Begründungen und damit Verständigungshandeln als spezifische menschliche Lebensformen überhaupt möglich gemacht hat, stellen die Normen und die Institutionen der Demokratie die Idee und das Instrumentarium dafür bereit, das Verständigungshandeln zum Medium der gemeinschaftlich verbindlichen Entscheidungen über die öffentlich zu regelnden Angelegenheiten des menschlichen Zusammenlebens macht. Darum war schon bei dem maßgeblichen Theoretiker der Demokratie in der Frühphase ihrer Herausbildung in der griechischen Polis des vierten, vorchristlichen Jahrhunderts, Aristoteles, die Beziehung zwischen den Konzeptionen des Politischen und der Sprache äußerst eng. Aristoteles verstand das Politische im Gegensatz zur Ideenherrschaft Platons als ein Verständigungshandeln, in dem die Vielzahl der gleichen Bürger sich durch gute Argumente und die Bezugnahme auf den alle verbindenden Ethos des Gemeinwesens ohne Zwang auf das einigen, was für alle verbindlich sein soll. Der aristotelische Politikbegriff enthält die Annahme, dass schon die Sprache selbst, als das Verständigungsmedium, durch das sich die Menschengattung konstituiert, Demokratie als die angemessen Regelungsform für das, was für alle verbindlich sein soll, nahe legt.

Die Praxis der Demokratie ging in den griechischen Stadtstaaten des fünften und vierten vorchristlichen Jahrhunderts, wo ihre menschheitsgeschichtliche Wiege stand, den Versuchen voran, sie theoretisch auf einen angemessenen Begriff zu bringen. Der epochale Schritt aus den archaischen Macht- und Herrschaftsverhältnissen der menschlichen Frühgeschichte in die Verfassung eines politischen Gemeinwesens, in dem Herrschaft als ein Verhältnis zwischen Gleichen verstanden wurde, ist von dem maßgeblichen Althistoriker Christian Meier als die „Erfindung des Politischen" ausgezeichnet worden[3]. Sie erscheint fortgeltend als die unverjährbare Grundlegung einer menschengemäßen Form des öf-

---

[3] Meier 1989

fentlichen Zusammenlebens, die zwar in der Praxis immer wieder dementiert wurde und werden wird, in ihrer gültigen Ausgestaltung der endgültigen Festlegung entzogen bleibt, aber in ihrem normativen Anspruch selbst nicht mehr in Frage gestellt werden kann. Die Demokratie ist dieser frühen Einsicht zufolge nicht nur das mögliche Mittel zu anderweitig begründeten menschlichen Zwecken, sondern selbst höchster Zweck für die Form des öffentlichen Zusammenlebens autonomer menschlicher Wesen.

Was auch immer andere Formen der Organisation des öffentlichen Lebens, die verschiedenen Varianten autoritärer Herrschaft, in einzelnen Hinsichten in gegebener Lage an funktionaler Effektivität aufbieten können, es ist stets nur um den Preis der Verletzung der Grundwerte menschenwürdigen Zusammenlebens selber möglich. Hingegen ist selbst das Scheitern demokratischer Selbstbestimmung als ein Versagen im Anspruch menschlicher Selbstbestimmung keine Widerlegung der Normen, auf denen sie beruht, und der Verständigungspraxis, in der sie sich erfüllt.

Ähnlich wie die verständigungsfeindliche Verkümmerung der Sprache im Befehl, der den Widerspruch nur unterdrückt, der immer naheliegt, verbeugt sich auch das Laster autoritärer Herrschaft vor der demokratischen Tugend, in dem es fast ohne Ausnahme die Weigerung, die von der Herrschaft Betroffnen auch an ihr zu beteiligen, mit der Ausflucht beschönigt, sie liege in jedem Falle in deren besserem Interesse.

Der Demokratiegedanke hat zweieinhalb Jahrtausende in Anspruch genommen, um zu der universalistischen Konsequenz zu gelangen, die ihm doch von Hause aus eingeschrieben ist. Während im Zeitpunkt seines Entstehens nur wenige Männer qualifiziert erschienen, am demokratischen Prozess teilzuhaben, sind sogar in anderweitig mustergültigen Demokratien der Gegenwart bis fast ans Ende des zwanzigsten Jahrhunderts die Hälfte der Bürger, die Frauen, von ihr ausgeschlossen. Andere Formen des Ausschlusses, vor allem sozialer Natur, belasten die demokratische Praxis vieler Länder auch in der Gegenwart. Zugleich erweist sich die moderne Demokratie, kaum dass sie auf nationalstaatlicher Ebene nach langen Kämpfen endlich den Sieg errang, angesichts der Globalisierung politischer Wirkungszusammenhänge als von Grund auf erneuerungsbedürftig. Es scheint heute, am Beginn des einundzwanzigsten Jahrhundert, dass die fundamentale, zivilisatorische Errungenschaft der Demokratie erst dann zu sich selbst kommen kann, wenn sie soweit reicht, wie der Wirkungsradius der Menschheit selbst.

2 Die Erfindung der Demokratie

Die Erfindung des Politischen
In fünften vorchristlichen Jahrhundert gingen einige Stadtstaaten Griechenlands dazu über, die für alle bindenden politischen Entscheidungen aus einem Prozess der öffentlichen Beratung und Abstimmung hervorgehen zu lassen, an dem alle Freien als Gleiche teilhatten. Diese Praxis entsprang nicht einer Theorie, die zuvor ausgedacht worden wäre, sondern ergab sich aus der Verdichtung und konsequenten Weiterentwicklung von kulturellen und politischen Traditionen, die sich allmählich ausgebildet hatten. Obgleich es schon in der Frühzeit der menschlichen Geschichte und an den unterschiedlichsten Orten zu allen Zeiten die Gewohnheit einer gemeinsamen Beratung und freien Abstimmung der alle verbindlich betreffenden Entscheidungen gab, das also, was später das Politische genannt werden sollte, blieb die bewusste, dauerhafte Organisation und Reflexion dieser Praxis doch jenen antiken griechischen Republiken, maßgeblich Athen vorbehalten. Die Erfindung des Politischen als einer Beratungspraxis unter Gleichen bei den Griechen im fünften vorchristlichen Jahrhundert war zugleich die Erfindung der Demokratie[4]. Sie hat im Begriff der Politik, den der auch die folgende Geschichte des politischen Denkens überragende Philosoph Aristoteles entfaltet und begründet hat, einen klaren und überzeugenden Ausdruck gefunden, der in seinem Kern fortgeltenden Bestand hat.

Seit dem Beginn des fünften vorchristlichen Jahrhunderts bestand die Praxis der Demokratie jener Zeit in einem Entscheidungsverfahren der öffentlichen Dinge, an dem alle als frei geltenden Bürger nicht nur passiv, als Mitberater und Wähler, sondern auch aktiv, als Inhaber nahezu aller staatlichen Ämter der Regierung, Verwaltung und Rechtssprechung teilhatten. Es war eine Herrschaft von Freien über Freie, die von jedem Einzelnen erwartete und jeden Einzelnen dazu ermächtigte, jede vorhandene politische Rolle mit der Ausnahme der obersten Kriegsherren und einiger technischer Verwaltungsfunktionen in diesem politischen Prozess im Wechsel ausfüllen zu können.

Ihren Höhepunkt erreichte die Demokratie in Athen mit der Verfassung des Kleisthenes, vollendet von seinem Nachfolger Perikles anfangs des fünften Jahrhunderts. Alle freien Männer insgesamt, sofern sie mindestens 20 Jahre alt waren, unabhängig von Einkommen und Vermögen bildeten die Volksversammlung (Ecclesia), die in allen politischen und rechtlichen Entscheidungsfragen die volle Souveränität ausübte. Sie tagte mindestens 40 Mal im Jahr, also nahezu wöchent-

---
[4] Meier 1989

I. Wurzeln und Erfahrungen

lich und war beschlussfähig, wenn mindestens 6000 Bürger zugegen waren. Als Lenkungs- und Exekutivgremium diente der Versammlung der Rat der 500. Aus dessen Mitte wiederum ging das Komitee der 50 hervor, das die Arbeit des Rates vorbereitete und koordinierte. Dessen Vorsitzender amtierte stets nur für einen einzigen Tag. Alle Gerichts- und Verwaltungsämter, also die Regierung, wurden durch Los besetzt, so dass prinzipiell jeder Bürger zeitweilig an der Regierungsführung beteiligt sein konnte. Ausnahme bildeten die Ämter der 10 Militärführer (Strategen) sowie der Leiter der Finanzverwaltung, die durch Wahlen bestimmt worden, bei denen Erfahrung und Spezialkenntnisse den Ausschlag geben sollten. Auch die Mitglieder der Geschworenengerichte wurden von der Volksversammlung gewählt. Für die Teilnahme an den Versammlungen und die Wahrnehmung öffentlicher Ämter gewährte die Republik Diäten, um die politische Bürgerschaft von Einkommen und Vermögen unabhängig zu machen. Was allein zu ihr befähigen sollte, waren die allen Bürgern gemeinsamen Fähigkeiten des Argumentierens und der Teilhabe an der überlieferten Sittlichkeit der alle verbindenden Kultur.

Folglich spielte die Überzeugungskraft der Redner in der Volksversammlung, im Rat und in den Gerichtsforen die Ausschlag gebende Rolle für die politische Willensbildung und Entscheidungsfindung. Eine Vorkehrung dagegen, dass in gegebener Lage, etwa nach einer verlorenen Schlacht, Mehrheitsstimmungen entstanden, die zur Verletzung der Rechte einzelner Personen bis hin zu langjähriger Verbannung oder, auch nach den Maßstäben der Zeit, ungerechtfertigten Todesurteilen führten, enthielt dieses Entscheidungssystem freilich nicht. Es war das Mehrheitsprinzip allein, das Legitimität stiftete, wenn auch im Rahmen einer der Erwartung nach von allen im Kern geteilten substantiellen Sittlichkeit. Demokratie war direkte Demokratie in der Praxis und in der Theorie.

Der Begriff des Politischen
Obgleich selbst kein Freund der reinen Demokratie war es doch Aristoteles, dessen Theorie des Politischen erklärt, warum die Griechen jener Zeit davon überzeugt waren, dass nur auf diesem Wege legitime öffentliche Herrschaft entstehen könne, die von allen als berechtigt anerkannt werden kann und muss. In kennzeichnender Unterscheidung zur Position seines Lehrers und Vorgängers *Platon*, erklärte er, dass die *Polis*, die Sphäre des Politischen, auf der Gleichheit der Bürger begründet ist, obgleich diese als Menschen und als Privatpersonen höchst ungleich sind. Damit setzt er das Wesen des Politischen, die Gleichheit, mit einer wohlverstandenen Form der Demokratie gleich. Das Politische kann, im Gegensatz zum Privaten, das durch mannigfache Abhängigkeiten und Ungleichheiten

gekennzeichnet ist, aufgrund der ursprünglichen Gleichheit der Bürger als Bürger nur ein Verständigungsprozess zwischen Gleichen sein. Diese Gleichheit bezieht Aristoteles entsprechend der Kultur seiner Zeit aber allein auf die freien Männer und nicht auf die Frauen, die Sklaven und die in das heimische Gemeinwesen, die Polis, zugereisten Personen. Die Polis, der öffentliche Ort, an dem sich Politik vollzieht, ist der Bereich der Gleichheit. Alles was an für alle verbindlichen Entscheidungen entsteht, muss sich daher aus zwanglosen Verständigungsprozessen zwischen Gleichen ergeben, die letztlich allein der Überzeugungskraft der besseren Argumente und Vorschläge folgen, über die am Ende der Beratung gleichberechtigt abgestimmt werden muss, falls in der zur Beratung verfügbaren Zeit keine Übereinstimmung erzielt werden kann.

Aristoteles Kernsatz lautet: *Der Staat ist eine Gemeinschaft von Gleichen*. Da die Glieder des Gemeinwesens nur als Staatsbürger gleich sind, nämlich gleichermaßen frei, im übrigen aber höchst unterschiedliche Voraussetzungen ihres persönlichen Vermögens, ihrer Talente, ihrer Fähigkeiten, ihrer Interessen und ihrer Meinungen mitbringen, die ihr gesellschaftliches und privates Leben prägen, besteht Politik in der Aufgabe, aus der ursprünglichen Vielheit höchst unterschiedlicher Gleicher dennoch Einheit, nämlich die Gemeinsamkeit der für alle verbindlichen Entscheidungen, hervorgehen zu lassen. Das, also eine demokratische Praxis, ist das Wesen des Politischen. Denn mögen die Bürger in privater Hinsicht auch noch so ungleich sein, im Hinblick auf die alle betreffenden öffentlichen Angelegenheiten sind sie doch in drei entscheidenden Hinsichten gleich:

Erstens: Sie sind der gemeinsamen Sprache mächtig und daher zur gemeinsamen Beratung der alle betreffenden Angelegenheiten befähigt.

Zweitens: Sie teilen alle eine gemeinsame Sittlichkeit mit ihren Werten, Normen und Gewohnheiten.

Drittens: Ihre existentiellen Lebensinteressen sind in Krieg und Frieden gleichermaßen mit dem Schicksal des Gemeinwesens verbunden, dem sie alle zugehören.

Mit seiner Beschreibung und Erklärung des Wesens des Politischen wendet sich Aristoteles scharf gegen das Politikverständnis *Platons*. Diesem zufolge ist der Staat von vornherein eine geordnete Einheit, in der jeder Einzelne entsprechend seinen angeborenen Seelenkräften einen vorbestimmten Platz einnimmt und unter der Vormundschaft der durch ihre Natur dazu berufenen Leiter nach vorbedachtem Plan mit allen anderen zusammenwirken muss. Im platonischen Ver-

I. Wurzeln und Erfahrungen

ständnis ist Politik die Aufgabe, ein Gemeinwesen zu regieren, das durch die spezifischen Ungleichheiten seiner Glieder immer schon von vornherein einer festen hierarchischen Ordnung unterliegt, die nur noch von den dazu berufenen herausragenden Einzelnen erkannt und durch ihr praktisches Herrschaftsverhalten gepflegt und aufrecht erhalten werden muss. Sie entspricht darin dem privaten Haushalt des antiken Griechenlands, von dem Aristoteles die Sphäre des Politischen gerade radikal abgrenzt.

Im scharfen Kontrast zu den Ungleichheitsbeziehungen im privaten Haushalt, der Sphäre des wirtschaftlichen Handelns und der privaten Lebensverhältnisse, tritt das Einzigartige der politischen Sphäre, wie Aristoteles es als Erster in dieser Weise klar beschrieben und begründet hat, deutlich hervor. Dort herrschen nämlich drei Arten von Beziehungen vor, bei denen es immer um ein Verhältnis zwischen Ungleichen geht. Im Hinblick auf die Sklaven, die gänzlich Unfreien, ist der Herr des Haushalts Despot; im Bezug auf die noch unmündigen Kinder, ist er ein königlicher Vormund und gegenüber der Gattin ist er wie ein Staatsmann, der über Gleiche herrscht, aber eben doch wegen seines vorgeblichen Geschlechtervorrangs dauerhaft zur Herrschaft berufen ist.

Sobald der Hausherr aber aus der Privatsphäre heraus in das öffentliche Leben der Polis tritt, ist er deren Wesen entsprechend, nur noch Gleicher unter Gleichen. Während der Herr im Haushalt über Nicht-Gleiche regiert, regieren die Staatsmänner in der Polis im Wechsel über Gleiche, nämlich über ihresgleichen, und darum immer nur auf Zeit und mit deren Zustimmung. Jeder von ihnen kann je nach dem Ergebnis des Auswahlverfahrens das eine Mal befristet und unter Einhaltung der Gleichheitsbedingung regieren und das andere Mal regiert werden.

Mit dieser bahnbrechenden Charakterisierung des Wesens der Politik beschreibt Aristoteles zum einen eine tatsächliche Entwicklung, die sich aufgrund besonderer Voraussetzungen im Athen des fünften vorchristlichen Jahrhunderts ergeben hatte. Und er begründet diese zum anderen mit Argumenten, die eine den Anlass ihrer Entstehung überragende universelle Geltung beanspruchen. Das gilt natürlich nicht für den durch und durch zeitbedingten Ausschluss derjenigen großen Gruppen von Menschen aus dem politischen Handlungsbereich, die den kulturellen Orientierungen der Zeit entsprechend nicht über die menschlichen Voraussetzungen verfügen sollten, frei und vernünftig über sich selbst und das Schicksal des Gemeinwesens mit zu entscheiden, die Frauen, die Fremden und die Sklaven. Da aber von den Gleichen keiner von Hause aus zur Herrschaft über die Anderen berufen ist, kann Herrschaft unter den Bedingungen der Gleichheit nur noch nach Normen und auf Wegen erfolgen, denen alle von der Entscheidung betroffenen Gleichen nicht nur prinzipiell beipflichten, sondern auch tatsächlich im gegebenen Einzelfall ihre Zustimmung geben können. Das hat gewichtige Folgen für die Verfassung des Gemeinwesens (*Polity*), für den politischen Prozess (*Politics*) und auch für die in einem solchen Gemeinwesen möglichen politischen Handlungsprogramme (*Policy*).

Gleichheit und Verständigung
Wenn Politik ihrem eigentlichen Wesen nach die Herrschaft von Gleichen über Gleiche ist, so kann sie immer nur Herrschaft auf Zeit sein, nämlich befristet auf die Dauer, die das Mandat der jeweils Beherrschten vorsieht. Sie kann auch nur in der Weise ausgeübt werden, dass sie die Freiheit der Gleichen erhält und schützt, also die Verfassung der Gleichheit wahrt. Solche Politik verlangt auf der Ebene des Gemeinwesens im Prinzip eine demokratische Verfassung, in der das Verfahren der Auswahl der vorübergehend Herrschenden ebenso festgelegt ist wie ihre Amtsdauer und die Befugnisse ihrer Herrschaft. Für die Politiken, die sie legitimerweise verfolgen können, bedeutet dieses Politikverständnis eine Begrenzung auf solche Handlungsprogramme, die mit der Grundvoraussetzung der Freiheit und Gleichheit der Bürger verträglich sind, denn nur sie können den Anspruch erheben und einlösen, eine Herrschaft von Gleichen über Gleichen zu sein und deren Bedingungen zu erhalten. Der Prozess, in dem politische Entscheidungen vorbereitet und durchgesetzt werden, sei es über Ämter, Gesetze oder Handlungsprogramme kann also nur ein Verständigungshandeln zwischen Gleichen sein, in dem sie einander mit überzeugenden Argumenten, Erwägungen, Informationen in öffentlicher Aussprache zu überzeugen versuchen. Am Ende eines solchen Verständigungsprozesses zwischen Gleichen steht im günstigsten Falle die Einstimmigkeit und im Normalfall die Mehrheitsentscheidung.

Begriff der Demokratie
Das Politische in diesem aristotelischen Sinne weist seiner Substanz nach auf eine die Rechte aller Bürger wahrende Demokratie hin, auch wenn Aristoteles aufgrund der kulturellen Gebundenheit seiner eigenen Epoche eine solche Konsequenz ausdrücklich nicht zieht. Er verwendet dem Sprachgebrauch seiner Zeit entsprechend den Begriff der *Demokratie* ausschließlich für eine Herrschaftsform der reinen Mehrheitsentscheidung. Da diese aber immer in der Gefahr stünde, einseitig die Interessen des ärmsten Teils der Bürgerschaft zu fördern, sieht Aristoteles in ihr verschiedene Risiken des Missbrauchs.

Wie Platon unterscheidet Aristoteles drei Herrschaftsformen nach Maßgabe der Zahl der Entscheidungsbefugten: Die Monarchie als Herrschaft des Einen,

I. Wurzeln und Erfahrungen

die Aristokratie als Herrschaft der Wenigen und die Demokratie als Herrschaft der Vielen. Diese quantitative Klassifizierung ergänzt Aristoteles durch zwei Arten der qualitativen Unterscheidung. Erstens: wem die Herrschaft jeweils nützt, ob nur den Herrschenden allein oder dem ganzen Gemeinwesen. Zweitens, vor allem bezogen auf die Demokratie: wer sind ihre sozialen Träger. Werden die jeweiligen Herrschaftsformen zum Nutzen der Herrschenden allein missbraucht, so gehen sie in Formen ihrer Entartung über. In diesem Falle wird die Monarchie zur Tyrannis, die Aristokratie zur Oligarchie und die Demokratie zur Willkürherrschaft der meisten. An dieser Stelle trifft Aristoteles eine folgenreiche terminologische Entscheidung, indem er den Begriff der Demokratie, auch „äußerste Demokratie" genannt, für die Herrschaft der Vielen ausschließlich in ihrem eigenen Interesse benutzt, also für die Form ihres Missbrauchs. Den Gebrauch der Mehrheitsherrschaft im Interesse aller hingegen nennt er *Politie*.

Im Hinblick auf die sozialen Grundlagen der Demokratie trifft Aristoteles drei Unterscheidungen. Ihrem guten Gebrauch entsprach der Vorrang der Bauernschaft, die aufgrund ihrer eigenen Beanspruchung im Erwerbsleben die politischen Führungsämter von sich aus gern ihren vermögenderen und gebildeteren Mitbürgern mit einem ausreichenden Maß an Muse für das öffentliche Leben überließen. Der Missbrauch der Herrschaft der Vielen liegt nahe, wenn sie von einer großen Zahl von Tagelöhnern, Handwerkern und Proletariern in den Städten bestimmt wird, die zwar über die Zeit zur Teilhabe am öffentlichen Lebens verfügen, aber nicht über die Fähigkeit, die eigenen Interessen hinter jene des ganzen Gemeinwesens zurückzustellen. Dienlich ist der richtigen Handhabung der Herrschaft der Vielen eine soziale Ordnung, die statt krasse Ungleichheiten zu erzeugen, einen breiten Mittelstand ausbildet.

Zu den Risiken des Missbrauchs der Demokratie gehören nach Aristoteles vor allem die Verletzung der Rechte der Wohlhabenden sowie die Tendenz, gerade die am besten gebildeten, unabhängigsten und meisten befähigten Bürger aus dem Zentrum der Beratungen und den Spitzenämtern möglichst fern zu halten. Dies wird durch die Gewährung von Diäten für die Wahrnehmung öffentlicher Ämter noch begünstigt. Es würde aber den Zusammenhalt der Gesellschaft und die Qualität einer am ganzen Gemeinwesen orientierten politischen Herrschaft stark beeinträchtigen und damit am Ende auch ihre Stabilität und Handlungsfähigkeit gefährden.

Als die seiner Bestimmung des Politischen am besten entsprechende Form des Gemeinwesens schlägt Aristoteles daher eine gemischte Verfassung vor. Sie ist außer durch den Ausschluss der Zugereisten, der Frauen und der Sklaven durch weitere Einschränkungen des reinen Mehrheitsprinzips und der vollständigen politischen Gleichheit gekennzeichnet. Die Vermögenden, in der Regel auch die besser Gebildeten, erhalten politische Vorrangstellungen im Zugang zu Ämtern, um ihre Interessen und Sichtweisen angemessen zu Geltung bringen zu können. Auf diese Weise soll auch eine soziale Balance gewährleistet werden, um kluges Regieren, die allgemeine Akzeptanz des Gemeinwesens, und seine Stabilität zu gewährleisten. Auf diesem Wege will Aristoteles unter den kulturellen Vorsaussetzungen und mit den Mitteln seiner Zeit die Mehrheitsregel so einschränken, dass die Rechte der verschiedenen sozialen Gruppen gewahrt und möglichst vernünftige, das ganze Gemeinwesens repräsentierende, nicht von wirtschaftlichen und sozialen Umverteilungsinteressen dominierte Entscheidungen ermöglicht werden.

Diese Art der Einbettung des demokratischen Mehrheitsprinzips und insbesondere der Ausschluss großer Gruppen von erwachsenen Personen aus dem Gleichheitsanspruch der Polis aufgrund ihres Geschlechts oder sozialen Status waren durch kulturelle Festlegungen der Zeit bedingt, die ihre Rechtfertigung mit ihrer Überwindung verloren haben. Modell und Begründung des Politischen selbst aber, die Aristoteles auf der Basis der tatsächlich ausgeübten Praxis im Athen seiner Zeit entwickelt, enthalten einen historisch unüberholbaren Anspruch demokratischer Selbstbestimmung der Bürger. Das gilt trotz der unbestreitbaren Tatsache, dass sich dieses Politikverständnis nicht unmittelbar auf die komplexen Gesellschaften und unübersichtlichen Flächenstaaten der modernen Welt übertragen lässt.

Aristoteles führt zur Begründung von *Politik als Verständigungshandeln* unter Gleichen nicht nur normativ moralisch- politische Argumente ins Feld, nämlich die Wahrung der Gleichheitsbedingung, sondern auch empirisch gestützte Stabilitätsüberlegungen. Wenn die Bürger als Gleiche das eine Mal Herrschende und das andere Mal Beherrschte sind, werden sie mit der Zeit zu höchst kompetenten Staatsbürgern, die sich mit ihrem Gemeinwesen ohne Vorbehalte identifizieren, ihre Aufgaben erfüllen und das Handeln der jeweils Regierenden angemessen zu beurteilen vermögen. Sie sind zudem als gemeinsame Urheber der für alle verbindlichen Entscheidungen im Höchstmaß motiviert, verantwortlich an deren Verwirklichung mitzuwirken. Sie werden ihrem Gemeinwesen infolgedessen Unterstützung, Überzeugungskraft, Handlungsfähigkeit und Legitimität verleihen.

Zeitbedingtes und Universelles
Für Aristoteles galt es als eine Selbstverständlichkeit, dass politische Gemeinwesen, die solchen Ansprüchen genügen, eine bestimmte bescheidene Größe, etwa

I. Wurzeln und Erfahrungen

die des Stadtstaates von Athen, nicht überschreiten dürfen, wenn sie ihren eigenen Normen entsprechend funktionsfähig bleiben sollen. Sie mussten zudem wirtschaftlich autark sein. Es ist eine auch in der Politikwissenschaft offene Frage, ob der Anspruch eines solchen Politikmodells auf die modernen Flächenstaaten mit ihren unvergleichlich größeren Zahlen von Bürgerinnen und Bürgern sowie auf die hoch komplexen Gesellschaften der Gegenwart mit ihren unübersichtlichen Verhältnissen, Kommunikationsnetzen und Entscheidungswegen noch in vollem Maße angewandt werden kann. Zumindest kommt es jedoch als ein Maßstab in Betracht, der verschiedene Stufen der Annäherung zulässt. Die Grundprinzipien der politischen Gleichheit und der Politik als Verständigungshandeln zwischen Gleichen sind Grundlage einer fortwirkenden Tradition des Verständnisses des Wesens der Demokratie geblieben.

 Weiter führende Literatur

Arendt, Hannah 1993:Was ist Politik? München.

Aristoteles 1989: Politik. Schriften zur Staatstheorie, Ditzingen.

Höffe, Otfried 2006: Aristoteles, München.

Meier, Christian 1989. Die Entstehung des Politischen bei den Griechen. Frankfurt/M.

Meyer, Thomas 1994: Die Transformation des Politischen. Frankfurt/M.

3 Grundlegung der Moderne: Naturrecht und Gesellschaftsvertrag

Kultur der Moderne
Im antiken Griechenland war die Demokratie als Staatsform auf eine alle verbindende Sittlichkeit bezogen, in der die erwachsenen Männer als gleich galten, weil und sofern sie gleichermaßen als moral- und sprachfähig angesehen wurden. Sie waren damit alle zur gemeinsamen Beratung und Mitentscheidung der gemeinsamen Angelegenheiten geeignet und befugt. In der seit dem vierten nachchristlichen Jahrhundert folgenden geschichtlichen Epoche des Mittelalters war die Kultur Europas von der christlichen Metaphysik durchdrungen. Sie wurde unter dem Einfluss prägender Philosophen wie *Aurelius Augustinus*, aber auch der

Rechtfertigungspraxis christlicher Staatsregenten als eine unanfechtbare, absolut gewisse Begründung für die Überzeugung verstanden, dass allein der auf Ungleichheit der Befähigungen und Einsichten beruhenden hierarchische Aufbau von Gesellschaft und Staat der Weltordnung Gottes entspreche. Je näher die Personen dem rein geistigen Wesen Gottes stünden, desto höher müsse auch ihre Position in der weltlichen Rangordnung sein, bis hinauf zur Spitze des Staates, dem herrschenden Fürsten. Dieser aber bedürfe zu seiner vollständigen Legitimation der Unterwerfung unter die christliche Lehre und ihre praktischen Gebote wie sie von den Repräsentanten der Kirche vertreten werden.

Diese Auffassung gewann in Europa zwischen dem fünften und dem vierzehnten nachchristlichen Jahrhundert in der politischen Praxis des Regierens und den Lehren seiner theoretischen Rechtfertigung eine im Kern unanfechtbare Geltung. Die Entwicklung in den freien Städten, die aufkeimenden Naturwissenschaften, der beginnende weltumspannende Handelskapitalismus und das zunehmende Aufbrechen logischer Begründungsprobleme innerhalb der theologischen Systeme stellten den absoluten Geltungsanspruch der christlichen Metaphysik seit dem zwölften Jahrhundert zunehmend in Frage. Im sechzehnten Jahrhundert zerbrach dann mit der Reformation ihre innere Einheit vollends. Damit verlor die christliche Lehre ihre Fähigkeit, als unanfechtbare Legitimation öffentlicher Herrschaft zu wirken.

An die Stelle der metaphysischen Vorstellung, dass ein mit Gewissheit erkennbares Allgemeines, nämlich die klar gegliederte göttliche Ordnung, die Grundlage aller menschlichen Erkenntnis sei, trat die Überzeugung, dass sicher erkennbar nur die einzelnen Dinge seien, aus denen menschliche Erkenntnis in immer unsicher bleibender Weise die allgemeine Ordnung erst erschließen muss. Für politische Herrschaft bedeutete dies kopernikanische Wende vom *Realismus* zum *Nominalismus*, dass die einzelnen Individuen die Grundlage des Staates bilden und diesem erst aus ihren Vereinbarungen untereinander Legitimität zuwachsen und eine frei zu vereinbarende Form gegeben werden kann. Zur allein noch begründungsfähigen Grundlage legitimer politischer Herrschaft wurde damit am Beginn der Neuzeit der Gesellschaftsvertrag.

Das Gesellschaftsvertragsdenken in der Frühphase der modernen Epoche kann als die Grundsteinlegung der modernen Demokratietheorie betrachtet werden. Dies markiert den Übergang aus der mittelalterlichen Welt politischen Legitimationsdenkens aus dem Geist religiös-theologischer Gewissheiten in eine Epoche, in der allein noch das Individuum und seine Rechte als letzte Legitimationsinstanz politischer Herrschaft in Betracht kam, da alle metaphysischen Vormundansprüche ihre Allgemeinverbindlichkeit verloren hatten. In der metaphy-

I. Wurzeln und Erfahrungen

sisch geprägten mittelalterlichen Kultur galt das christliche Offenbahrungswissen als die sichere Quelle der Erkenntnis für die richtige Ordnung in Wirtschaft, Staat und Gesellschaft und in der menschlichen Lebensführung und Glaubensüberzeugung. Seit den staatstheoretischen Schriften des Heiligen Augustinus zu Beginn des Mittelalters galt es als die vornehmliche Aufgabe des Staates, den ihm möglichen Beitrag zum Heil der individuellen Seelen zu leisten. Dies konnte am besten dadurch geschehen, dass er die Bedingungen sicherte, unter denen die Kirche ihre absolute Wahrheit verkündete und die einzelnen Personen auf den richtigen Weg des Heils und der Erlösung führte.

Der Staat war also nicht auf direktem Wege legitimiert, denn er konnte selbst keinen Beitrag zum Heilsplan leisten, aber indirekt durch die Sicherung seiner Bedingungen. Gerechtfertigt war er nur durch seine Hilfsleistungen bei der Sicherung des Heilsplanes. Es waren seine Beiträge dazu, die letzten Endes einzig und allein die politische Legitimität seiner Herrschaftsansprüche begründen konnten. Theologie und Religion stellten den Zusammenhang zwischen den Zwecken des staatlichen Handelns, der absoluten Wahrheit und der Sehnsucht der Menschen nach Erlösung her. Solange sie ihren Wahrheitsanspruch im gesellschaftlichen Bewusstsein ohne substanziellen Zweifel aufrecht erhalten konnten, deckten sich der staatliche Legitimationsanspruch aus diesen Quellen und das Legitimationsbewusstsein der Menschen jener Epoche nahtlos.

Mit dem Beginn der Renaissance seit dem 14. Jahrhundert wurde in den europäischen Zentren aus dem Zerfall der metaphysischen Einheit des mittelalterlichen Weltbildes in allen kulturellen Sphären die Konsequenz gezogen. Die Künste emanzipierten sich von der religiös- autoritären Vormundschaft und widmeten sich wieder der Darstellung profaner Individuen. Die Naturwissenschaften konzentrierten sich auf den einzelnen beobachtbaren Sachverhalt und versuchten durch Experiment und systematische Beobachtung die Gesetze heraus zu finden, die die Regelmäßigkeiten und Zusammenhänge des Naturgeschehens regierten. Als real gegeben wurde auch von ihnen das individuell Einzelne verstanden, während das Allgemeine, der Zusammenhang zwischen den Einzeldingen, als das Unsichere, erst Aufzufindende und im Grunde stets nur Hypothetische galt. Die Bürger der Städte verstanden sich in wachsendem Maße als Individuen eigenen Rechts, die in ihrer Unterschiedlichkeit, in ihrem Selbstbestimmungsanspruch und in ihrer Leistungsfähigkeit die eigentlichen Grundelemente politischer Ordnung darstellen und darum mit ihren Willensentscheidungen der Urspruch aller verbindlicher Ordnung waren. Seit dem 13. Jahrhundert wurde die mittelalterliche Metaphysik, in der stets das Allgemeine einen Vorrang vor dem Individuellen beansprucht hatte, vom Nominalismus abgelöst, der allein den

Einzeldingen Realität zusprach, während alles Allgemeinen nur mehr als eine fehlbare, menschliche Vermutung über den Zusammenhang der Dinge Geltung beanspruchen sollte.

Individualismus und Gesellschaftsvertrag
Dieser individualistischen Wendung im Übergang aus der metaphysischen Gewissheitskultur des Mittelalters zur Kultur der Moderne entsprachen im Bereich des politischen Legitimationsdenkens das Naturrechtsdenken und die Argumentationsfigur des Gesellschaftsvertrags. Für das Naturrechtsdenken war die Vorstellung zentral, dass jeder Mensch als Mensch gleichermaßen über natürliche, „angeborene" Grundrechte verfügt, die jegliche staatliche Ordnung respektieren muss. Der Legitimationsbegriff des Gesellschaftsvertrags beruhte auf der Annahme, dass als einzige Quelle legitimer politischer Herrschaft ein Vertrag in Betracht kommt, den alle dieser Herrschaft Unterworfenen als Gleiche miteinander schließen. Schon seit dem 14. Jahrhundert begannen die nominalistischen Philosophen die Vorstellung zu entwickeln, dass unter den sich heraus bildenden Bedingungen der „via moderna" als letzter Grund für die Legitimität politischer Herrschaft nur ein Vertrag in Betracht kommen konnte, dem alle Einzelnen, die künftig dieser politischen Herrschaft unterworfen sein sollten, aus individueller Überzeugung und aus freien Stücken zugestimmt hatten. Am klarsten und wegweisend für die nachfolgende Entwicklung kam dieses neue Denken im Werk des franziskanischen Ordensgelehrten *Wilhelm von Ockham* (1285-1349) zum Ausdruck.

Im modernen Gesellschaftsvertrag, wie er in klassischer Form von John Locke (1632-1704) begründet wurde, wird die Legitimation politischer Herrschaft im selben Akt der Zustimmung aller gleichursprünglich aus zwei voneinander unabhängigen und doch untrennbar miteinander verbundenen Quellen geschöpft: der Zustimmung aller und der absoluten Geltung individueller Grundrechte, die keiner Mehrheitsentscheidung unterliegen.

Zur Konstruktion eines ursprünglichen Gesellschaftsvertrages als legitimierenden Urakt staatlicher Herrschaft gehörte die Fiktion eines Naturzustandes, in dem sich alle Individuen als miteinander unverbundene, nur aus eigenen individuellem Recht Handelnde vor Vertragsschluss befunden haben. Kennzeichnend für diese nominalistische Wende war es auch, dass der Naturzustand nicht mehr als ein wohlgeordnetes Ganzes verstanden wurde, in dem jede einzelne Person ihren vorbedachten Platz einnahm. Vielmehr erschien das Naturverhältnis der Menschen zueinander als ein Zustand jegliches Fehlens der Ordnung, in dem die Individuen jeweils auf eigene Faust den Versuch unternehmen mussten, im eigenen Interesse ein Verhältnis zu allen anderen zu entwickeln, dass ihnen selbst Wohlergehen und Überleben ermöglichen sollte, aber ohne Klarheit und Verbindlichkeit blieb.

Obgleich es zwischen den verschiedenen Gesellschaftsvertragstheorien große Unterschiede im Hinblick darauf gab, wie sie den Naturzustand konzipierten, stimmten sie doch alle darin überein, dass er durch das Fehlen einer eindeutig strukturierten und verbindlichen öffentlichen Ordnung gekennzeichnet war. Das gerade war ja die kontrastierende Rolle, die ihm in Gesellschaftsvertragsdenken zugedacht war. Während Rousseau im 18. Jahrhundert unter dem Eindruck des Bekanntwerdens der sozialen Bräuche primitiver Stammesgesellschaften den Naturzustand als eine Verfassung der Harmonie zwischen den einzelnen „edlen Wilden" sah, stellte Thomas Hobbes ihn unter dem aktuellen Eindruck der Erfahrung des religiösen Bürgerkrieges im England des 17.Jahunderts als einen unbarmherzigen Krieg aller gegen alle dar, in dem bürgerliche Gesetze und soziale Handlungsorientierungen für die allein ihren egoistischen Interessen verpflichteten Individuen keinerlei Bedeutung hatten. John Locke hingegen entwarf ein Bild des Naturzustandes, in dem die Menschen durchaus der Erkenntnis und der Befolgung für alle gültiger, moralischer Normen fähig waren, jedoch in Folge des Fehlens einer verbindlichen Autorität, der alle unterworfen wären, die zuverlässige Durchsetzung dieser Normen im gesellschaftlichen Leben nicht gewährleistet sei. Die beträchtlichen Differenzen in der Charakterisierung des Naturzustandes hatten weitreichende Konsequenzen dafür, wie jeweils der Gesellschaftsvertrag, der eine für alle verbindliche Ordnung einrichten sollte, konzipiert war und welche Regelungen für die Individuen und ihr Zusammenleben sowie für die mit dem Vertrag eingesetzte politische Autorität verbunden waren.

Zwei Varianten des Gesellschaftsvertrags

Das Denken der frühmodernen Epoche gelangte jedenfalls übereinstimmend zu der Konsequenz, dass unter der Bedingung, dass allein die individuelle Existenz als etwa Gewisses, Unanzweifelbares und unumstößlich Faktisches angesehen werden kann, allein aus einer Vereinbarung zwischen allen betroffenen Individuen verbindliche Ordnung hervor gehen kann, soweit diese in den Vorstellungen, Erwartungen und Erfahrungen dieser Individuen als ein ausreichend plausibles Projekt zur Sicherung ihrer Interessen verankert wird.

Zwei sehr unterschiedliche Typen der Konstruktion eines ursprünglichen, politische Ordnung begründenden Gesellschaftsvertrages gingen aus dieser Vorstellungswelt hervor, die in dieser Hinsicht jedoch übereinstimmten. Bei Thomas Hobbes ist es die Erfahrung eines das Leben eines jeden unsicher machenden

Dauerkonfliktes aller mit allen im Naturzustand, die die rationale Begründung für einen Gesellschaftsvertrag liefert, dessen Hauptzweck die Sicherung des Lebens alle Bürgerinnen und Bürger sein soll. Folglich spielen darüber hinaus gehende Interessen für den Inhalt des erstrebten Gesellschaftsvertrages keine Rolle. Um sicher zu gehen, dass alle Konfliktursachen im Gesellschaftszustand beseitigt sind, die erneut zu Zwistigkeiten, Streit und letztlich Bürgerkrieg führen könnten, konzipiert Hobbes seinen Gesellschaftsvertrag als eine Vereinbarung, die die Menschen untereinander zu Gunsten eines Dritten, des künftigen Herrschers über alle schließen. Den Herrscher aber verpflichtet der Vertrag zu nichts, außer der Garantie des Friedens der Bürger untereinander, da er nicht Partner des Vertragsschlusses ist. Er soll durch seinen absoluten Herrschaftsanspruch eine Ordnung erzwingen können, in der kein Mensch mehr in der Lage ist, das Leben eines anderen zu gefährden. Falls er sich später in gegebener Lage dazu außer Stande erweisen sollte, wäre automatisch der Naturzustand wieder hergestellt und eine neue Herrschaft zu begründen. Obgleich der Hobbes'sche Gesellschaftsvertrag zu Gunsten eines Dritten, des durch ihn nicht gebundenen Herrschers, eine autoritäre wenn nicht totalitäre Herrschaft begründet, stützt er sich doch auf eine demokratische Letztbegründung, denn es ist die Zustimmung aller, aus der die nicht demokratische Herrschaft hervor geht. Sie bleibt an einen durch den Konsens aller vorgegebenen Zweck, nämlich den der Lebenssicherheit für alle gebunden.

Für John Locke ist der Gesellschaftsvertrag hingegen das Instrument mit dem der durch die Zustimmung aller eingesetzte Herrscher auf Dauer an feste Zwecke und an ein beträchtliches Maß an Zustimmung der Herrschaftsunterworfenen gebunden bleibt. Da schon im Naturzustand die Regeln der Moral feste Geltung hatten und gestützt auf sie die einzelnen Personen durch ihre eigene Arbeit rechtmäßiges Eigentum erwerben konnten, stellen sie an die Übertragung ihrer ungebundenen, natürlichen Rechte in eine für alle verbindliche Gemeinschaftsordnung hohe Ansprüche. Der künftige Herrscher muss die Freiheitsrechte aller dauerhaft garantieren können, wenn er den Auftrag des Vertrages erfüllen will, den alle mit ihm schließen. Freiheit und Eigentum sind der Kern der Grundrechte, die legitime Herrschaft garantieren müssen, und die Mitwirkung der Bürgerinnen und Bürger an den Entscheidungen der staatlichen Autoritäten, sogar ihre Zustimmung zu grundlegenden Entscheidungen, die ihre Freiheit und ihr Eigentum betreffen, sind bestimmende Elemente der durch den Gesellschaftsvertrag konstituierten Ordnung. In dieser Konsequenz ist der demokratische Gründungsakt nicht nur ein politisches Urereignis, das im diesem Gründungsakt wie bei Hobbes gleichsam erlischt. In den rechtlich verbrieften Pflichten staatlicher Autorität und in den verbrieften Mitwirkungsrechten der Herrschaftsunterworfenen bleibt ein demokratisches Element für die Verfassung und Ausübung politischer Ordnung konstitutiv.

 Weiter führende Literatur

Hobbes, Thomas 2002: Leviathan – oder Stoff, Form und Gestalt eines kirchlichen und bürgerlichen Staates; Hrausgegeben und eingeleitet von Iring Fetscher, Frankfurt/M.

Locke, John 2006: Zwei Abhandlungen über die Regierung, Frankfurt/M.

Rousseau, Jean-Jacques 1986: Vom Gesellschaftsvertrag. Oder die Grundsätze des Staatsrechts, Ditzingen.

4 Das Interesse an Demokratie

Ideen und Interessen
Die historische Erfahrung zeigt, dass auch große Ideen von überwältigender Überzeugungskraft zur gesellschaftlichen Realität erst dann werden, wenn sich ausreichend mächtige soziale Interessen mit ihnen verbünden. Eine Geschichte der Demokratie, die ihren Namen verdient, muss für die einzelnen historischen Kontexte, auf die sie eingeht, zeigen, welche sozialen und politischen Interessen jeweils die Realisierung demokratischer Ideale unterstützten und welche sich ihr entgegenstellten. Aus diesem politisch- soziologischen Vorverständnis ergibt sich jedoch kein simpler Mechanismus, der jeweils einer bestimmten sozialen Klasse von vornherein oder pauschal eine bestimmte Beziehung zur Demokratie zuordnet. Denn auch die sozialen und wirtschaftlichen Interessen von Gesellschaftsklassen gewinnen erst durch politische Interpretationen ihre handlungsorientierende Kraft. Fast ausnahmslos werden in konkreter Lage sehr unterschiedliche Interpretationsangebote von innen und von außen an die dafür erreichbaren sozialen Klassen und ihre Organisationen herangetragen, so dass die verschiedenen Teile der relevanten sozialen Klassen in derselben geschichtlichen Situation zu einander widersprechenden Haltungen gegenüber der Demokratie gelangen können. Das lässt sich sehr deutlich an wenigen Beispielen zeigen.

Der sozialdemokratische Arbeiterführer Ferdinand Lassalle hat gute Gründe dafür angeführt, dass es die Arbeiterklasse ist, die aufgrund ihrer sozioökonomischen Lage am meisten und am eindeutigsten an der politischen Demokratie interessiert sein müsse, da sie aufgrund ihrer schwachen sozialen und wirtschaftlichen Position, verbunden jedoch mit ihrer gesellschaftlichen Mehrheitsstellung, allein von einem starken Staat, auf den sie einen ausreichenden Einfluss nehmen kann, die Wahrung ihrer Interessen erwarten könne. Es hat sich dann aber in gegebener historischer Lage gezeigt, dass dieser Zusammenhang kein Automatismus ist, mit dem sicher gerechnet werden kann. So standen die unterschiedlichen Teile Arbeiterklasse im soziologisch definierten Sinne am Ende der Weimarer Republik im Deutschland der neunzehnhundertzwanziger Jahre unter dem Einfluss von vier höchst verschiedenen demokratiepolitischen Deutungsangeboten dessen, was ihren Interessen am besten dient. Die *nationalsozialistische* Agitation forderte sie auf, sich als Teil einer hierarchisch gegliederten Volksgemeinschaft zu verstehen, deren Interessen insgesamt am besten durch eine totalitäre Herrschaftsform, organisiert nach dem Führer-Gefolgschaftsprinzip, gewahrt werden könne. Die *kommunistische* Ideologie deutete die Krise der Demokratie in dieser Zeit als Ausdruck einer prinzipiellen Ungeeignetheit demokratischer Entscheidungsformen für die Interessen der Arbeiterklasse und machte das Angebot einer Diktatur des Proletariats in Gestalt der uneingeschränkten Herrschaft der kommunistischen Partei als einziger Staatform, die das Arbeiterschicksal endgültig zum besseren wenden könne. Vertreter der Katholischen Soziallehre warben für eine bessere sozialpolitische Fundierung der Demokratie. Die Sozialdemokraten schließlich warben bedingungslos für die Demokratie mit dem doppelten Argument, dass diese zum einen für den politischen Bereich bereits die beste Form der Verwirklichung des Gleichheitsprinzips sei und zum anderen, dass sie die am besten geeignete Staatsform zur weiter gehenden Verwirklichung sozialer Gleichheit durch eine von Mehrheiten kontrollierte gesellschaftliche Demokratisierung sei.

All diese konkurrierenden Deutungsangebote vermochten beträchtliche Teile der Arbeiterklasse zu überzeugen mit dem Ergebnis, dass die Demokratie in der Wirtschaftskrise der Weimarer Republik am Ende kein ausreichendes politisches Interesse zu ihrer Verteidigung mehr aufbieten konnte. Es war dann erst die darauf folgende Erfahrung mit dem nationalsozialistischen Totalitarismus und seinem Scheitern im Zweiten Weltkrieg, die bei allen bleibenden Differenzen im ganz überwiegenden Teil der Arbeiterklasse die Überzeugung wachsen ließ, dass die Demokratie am besten zur Wahrung ihrer Interessen geeignet sei, wie unterschiedlich diese im Übrigen auch immer interpretiert werden mochten. Nach Jahren eindeutig guter Erfahrungen in dieser Hinsicht gewann die Demokratie in dieser sozialen Gruppe eine überwältigende Anhängerschaft.

I. Wurzeln und Erfahrungen

Ähnliches, wenn auch mit anderer Gewichtung, ereignet sich in der bürgerlichen Klasse, die ihrerseits nach Erwerbsgrundlage, Vermögenssituation, Tätigkeitsbereichen und kulturellen Traditionen noch stärker ausdifferenziert war als die Arbeiterklasse. Auch in Bezug auf sie und die Deutung ihrer politischer Interessen in gegebener Lage bestand ein aufgefächerter Pluralismus von Angeboten, von der strikten Demokratieorientierung der Linksliberalen, über unterschiedliche Formen der Unentschiedenheit bis hin zur begeisterten Unterstützung der Nationalsozialisten. Diese Beispiele zeigen für das Verständnis des Zusammenhangs von sozialen Interessen und Demokratie vor allen das Folgende:

Erstens: Die politisch wirksamen Interessen der Angehörigen derselben sozialen Klasse können sich in konkreter Lage als sehr variabel erweisen.

Zweitens: Für das politische Handeln können neben sozialen und ökonomischen Interessen auch ganz anders geartete Typen von Interessen ausschlaggebend sei, so vor allem religiöse, kulturelle oder regionale.

Drittens: Auch für die sozial-ökonomischen Interessen im engeren Sinne gibt es für die Angehörigen derselben Klasse in der Regel mehrere konkurrierende Deutungsangebote.

Viertens: Unterschiedliche politische Interessenlagen ergeben sich in erheblichem maße auch daraus, wie die einzelnen Bürger die Synthese aus ihrer allgemeinen Bürgerverantwortung für das ganze Gemeinwesen und ihren eigenen partikulären Interessen jeweils für sich selbst vollziehen.

Im Rahmen dieser Differenzierungen und Einschränkungen sind die Überlegungen zu sehen, die in Folgenden auf der Basis der tatsächlichen historischen Erfahrungen zum Verhältnis von Interesse und Demokratie vorgetragen werden.

Die Besitzbürger
Für die Bürger von Athen, als die Demokratie erfunden und zuerst erprobt wurde, war das Interesse an gleichberechtigter Mitentscheidung über die gemeinsamen Belange unmittelbar greifbar. Einer der wichtigsten Entscheidungen, die in der damaligen Zeit fortwährend auf der Tagesordnung des Gemeinwesens stand, war die Frage von Krieg und Frieden. Im Kriegsfalle musste jeder erwachsene Bürger, zudem unter Einsatz eines Teils des eigenen Vermögens, ins Schlachtfeld ziehen. Das Leben selbst stand bei dieser Entscheidung auf dem Spiel und zwar

nicht irgendwann oder hochgradig vermittelt, sondern unmittelbar und greifbar nah. Was konnte da näher liegen als das Verlangen der Bürger, bei solchen Fragen, um die es für sie um alles ging, gleichrangig mit allen anderen an den Beratungen und Entscheidungen teilzunehmen. So war es offenkundig, dass die demokratische Entscheidungsweise über Grundfragen des Gemeinwesens ein Prinzip war, das mit den Lebensinteressen der Bürger direkt und sichtbar in Verbindung stand. Diese wurde in der griechischen Antike auch nicht durch religiöse oder metaphysische Weltbilder verdeckt, die den Lebenssinn oder die zentralen Lebensinteressen in Bereiche der Transzendenz verweisen und auf diese Weise die irdischen Gegenwartsinteressen weitgehend entwerten, wie es dann in der gesamten Epoche des europäischen Mittelalters der Fall war. Voraussetzung dafür war freilich der Ausschluss des größeren Teils der erwachsenen Bevölkerung von den bürgerlichen Mitentscheidungsrechten, entweder, weil sie ohnehin diese Interessen nicht teilen konnten, wie die Sklaven oder als zur politischen Gemeinschaft unzugehörig galten wie die Zugereisten oder in ihren Interessen besser als durch sich selbst durch ihre freien Ehemänner vertreten galten wie die Frauen.

Zu Begründung der Ausschlüsse von demokratischer Teilhabe diente die anthropologische Lehre der Zeit, der zufolge die drei entscheidenden Seelenkräfte, Begehren, Mut und Vernunft, in jeder Person und zwischen den Geschlechtern in ausschlaggebendem Ausmaß ungleich verteilt waren. Nur jene, bei denen die Vernunft die anderen Seelenkräfte überwog und diese daher verlässlich zu zügeln und anzuleiten vermochte, verfügten über die Voraussetzungen zur politischen Bürgerschaft. Das waren der Voraussetzung nach die seit Generationen ortsansässigen freien Männer.

Es hat Ansätze demokratischer Selbstbestimmung in vielen historischen Epochen und fast allen Teilen der Welt gegeben, für Europa aber lässt sich feststellen, dass der in der Antike vorgedachte Demokratiegedanke erst wieder in den freien, republikanischen Städten seit dem 11./ 12. Jahrhundert eine Neubelebung erfuhr, in denen das Bürgertum frei von unmittelbarer klerikaler oder feudalautoritärer Bevormundung das Gemeinwesen nach eigenen Vorstellungen ordnen konnte. In den Stadtrepubliken der Frührenaissance und den darauffolgenden Jahrhunderten ging es nicht mehr in erster Linie um Kriegsentscheidungen, in denen der ganze Einsatz des einzelnen Bürgers selber gefragt war, denn dafür konnten Söldnerheere gemietet werden. Ins Zentrum rückte vielmehr das fortwirkende Interesse des Bürgertums an einer Kontrolle der Staatsfinanzen, für die es selbst in erster Linie aufzukommen hatte und die Gewährleistung seiner gewerblichen und kommerziellen Aktivitäten.

I. Wurzeln und Erfahrungen

Im Falle der europäischen Stadtrepubliken wurden die weitgehende Selbstbestimmung des stimmberichtigten Teils des Bürgertums und des städtischen Adels über die Einnahmen, also die Besteuerung und die Ausgaben, also die Schwerpunkte der Politik des Gemeinwesens Kern des Interesses an politischer Teilhabe. Im Maße, wie sich dann in Folge der Entfaltung kapitalistischer Produktionsformen und interkontinentaler Handlungsbeziehungen der wirtschaftliche Einfluss und das soziale Gewicht des Bürgertum ausweiteten, gewann dieses Interesse auch in den großen Monarchien der Zeit an Bedeutung und Durchschlagskraft. Kriegsführung und die Politik der Fürstenhäuser, in jeder Zeit im Kern unangefochten die legitimen Herrscher im Staate, wurden seit dem 15. und 16. Jahrhundert und verstärkt in der Folgezeit zunehmend mit Steuermitteln finanziert, für die die Industrie- und Handlungsgeschäfte des Bürgertums als Grundlage dienten. Es wurde somit zu einem wichtigen Interesse des Bürgertums sowohl im Hinblick auf die Kalkulierbarkeit seiner Geschäfte wie auch im Hinblick auf die Wahrung von Besitz und Vermögen, ein ausschlaggebendes Mitentscheidungsrecht in den Fragen der Besteuerung zu gewinnen. Die Devise „keine Steuern ohne Mitsprache" wurde auf diesem Wege zu einem Einfallstor für die Bürgermitbestimmung im Staate. Dieses Interesse einigte das Bürgertum politisch und trieb seine Politisierung seit der Renaissance voran. In den wichtigsten europäischen Monarchien gelang es dem Bürgertum im Verlauf des 17. und 18. Jahrhunderts das Recht auf eine parlamentarische Vertretung und die Mitwirkung an den grundlegenden Entscheidungen zu erringen. Die Parlamentarisierung des staatlichen Entscheidungsprozesses in Theorie und Praxis war ein entscheidender Fortschritt auf dem Wege Europas zur Demokratisierung. In diesem Prozess wurde dem materiell-ökonomischen Interesse mit zunehmender Überzeugungskraft und gesellschaftlichen Geltungsanspruch eine weiter gefasste moralische Begründung des Rechts auf persönliche Selbstbestimmung hinzugefügt, die dann alsbald eine nicht mehr zu bremsende Dynamik auf dem Wege zur Demokratie freisetzte.

Das wirtschaftliche Interesse an der Besitzwahrung und das politisch - moralische Motiv der Autonomie mündiger Bürger überlagerten sich dabei. Sie gingen eine Synthese ein, bei der das Interesse allmählich in den Hintergrund zu treten schien. Der führende deutsche Aufklärungsphilosoph Immanuel Kant, zugleich einer der theoretischen Wegbereiter des politischen Liberalismus, begründet gleichzeitig beides, das Gesetzgebungsrecht der Bürger und die Begrenzung des Bürgerstatus auf die Eigentum besitzenden und gebildeten Männer. Als dafür ausschlaggebendes Argument nennt er das universelle moralische Recht der Autonomie, der Selbstgesetzgebung vernünftiger und freier Menschen, das anderen zu verwehren kein Mensch ein Recht haben kann. Das eigentliche Interessensmotiv, das nur die Besitzenden über das Schicksal ihres Besitzes entscheiden dürfen, wird bei Kant durch das unter den Bedingungen seiner Zeit anscheinend plausible Argument verdeckt, dass nur derjenige, der im gesellschaftlichen und wirtschaftlichen Leben sein eigener Herr sei, auch im politischen Leben uneingeschränkt autonom entscheiden könne. Mithin, so lautet seine Konsequenz, sollen zwar die von den Bürgern erlassenen Gesetze für alle gleiche Geltung haben, beim Erlassen der Gesetze selbst aber nur diejenigen mitwirken dürfen, die durch eigenes Eigentum den vollen Aktivbürgerstatus erlangen.

Das durch das eigene Besitzinteresse vermittelte Motiv eines unbedingten Rechts, an den staatlichen Entscheidungen, die das Eigentum betreffen, in ausschlaggebender Weise mitwirken zu können, wurde auf diesem Wege zu einer mächtigen Triebfeder für die Parlamentarisierung staatlicher Gesetzgebung. Die moralisch-theoretische Grundlegung, die die politische Philosophie der Zeit der Forderung nach politischer Mitwirkung verlieh, wies über diese Begrenzungen hinaus und eröffnete den Weg zur vollen Demokratisierung.

Die Arbeiterbewegung
Das Interesse des Besitzbürgertums an der Demokratie war doppelt begrenzt. Es beschränkte sich zum einen nur auf die Mitwirkung der besitzenden Klasse am politischen Entscheidungsprozess und es sollte zugleich gewährleisten, dass der Staat Interventionen in das wirtschaftliche Geschehen und seine Grundlagen unterlässt. Beides zusammen bildete den Kern der politischen Philosophie des Liberalismus.

Mit der Entfaltung der kapitalistischen Produktionsweise in den Kernländern Europas seit dem ausgehenden 18. Jahrhundert bildete sich überall das Proletariat der eigentumslosen Lohnarbeiter heraus. Bei aller Differenzierung nach Ländern, Berufstätigkeit und kulturellen Traditionen gab es doch übereinstimmende Grundbefunde und Erfahrungen. Dazu gehörten vor allem das niedrige, mitunter existenzgefährdende Lohnniveau und der Ausschluss aus den gesellschaftlichen Bildungsmöglichkeiten, die überlangen Arbeitstage und der mangelnde Arbeitsschutz, die verweigerte Mitbestimmung und zu Beginn auch die staatlichen Behinderungen der Versuche gewerkschaftlicher Selbstorganisation. Die bestehenden politischen Parteien und die regierenden Eliten erwiesen sich nicht als berufene Anwälte der Arbeiterinteressen und der im Frühkapitalismus europaweit aufgeworfenen sozialen Frage. Die Regierungen selbst waren allenfalls zu minimalem Arbeiterschutz bereit, etwa im Bereich der Kinder- und Frauenarbeit, später auch der Schulbildung, enthielten sich aber unter dem Ein-

I. Wurzeln und Erfahrungen 35

fluss der großen Wirtschaftsinteressen und der liberalen Ideologie jeder die Missstände grundlegend überwindender Intervention in Wirtschaftsverfassung und Wirtschaftsgeschehen.

Unter dem Einfluss zunächst der älteren moralischen Ökonomie, die Staat und Gesellschaft eine Mitverantwortung für menschenwürdige Lebensverhältnisse aller Gesellschaftsglieder zuwies und später des wachsenden Selbstbewusstseins der organisierten Arbeiterschaft rückte die Forderung in den Mittelpunkt der politischen Auseinandersetzungen des 19. Jahrhunderts, der Staat müsse im Interesse der Arbeiter intervenieren und allen seinen Bürgern die Teilhabe an Freiheit und Gleichheit garantieren. Als Voraussetzung dafür erschien den politischen Repräsentanten und Organisationen der rasch anwachsenden Arbeiterbewegung in den europäischen Ländern die Erringung der vollen politischen Demokratie. Denn nur wenn diejenigen, in deren Interesse die staatlichen Interventionen liegen sollten, zugleich auch diejenigen sind, die ein entscheidendes Mitbestimmungsrecht über das staatliche Handeln ausüben können, ist zu erwarten, dass der Staat künftig sein Handeln an Interessen der ganzen Gesellschaft ausrichten wird. Das war die Logik der Verknüpfung der Forderung nach Demokratie mit den Interessen der Lohnarbeiter, deren Zahl beständig anwuchs und die in absehbarer Zeit die Mehrheit der Gesellschaft bilden würden.

Die Forderung der Arbeiterbewegung nach konsequenter Demokratisierung der Nationalstaaten wurde im Verlauf des 19. Jahrhunderts und in der ersten Hälfte des 20. Jahrhunderts zur Haupttriebkraft für die volle Demokratisierung überall in Europa. Während das liberale Bürgertum und die Parteien, die es repräsentierten, in vielen europäischen Ländern bis ins 20. Jahrhundert hinein aus Angst um ihre Besitzprivilegien und politische Vorrangstellung davor zurückschreckten, im Einklang mit ihren eigenen politisch-moralischen Grundprinzipien der vollen Gleichheit der Demokratie zum Durchbruch zu verhelfen, waren es die Arbeiterparteien, die fast ohne Ausnahme das allgemeine gleiche Wahlrecht zur zentralen politischen Forderung erhoben. In der Regel verband sich in dieser Forderung beides, die Erfüllung der Gleichheitsforderung auch für die bisher ausgeschlossenen gesellschaftlichen Schichten und die Erringung eines Hebels für die wirkungsvolle und legitime Durchsetzung ihrer weitergehenden Interessen nach wirtschaftlicher und sozialstaatlicher Umgestaltung.

Zugleich bildete sich aber auch innerhalb der Arbeiterbewegung eine gegenläufige Tendenz heraus, die im Verlauf des 20. Jahrhunderts zu einem der mächtigsten Gegner der Demokratie werden sollte. Die frühe Erfahrung, dass die liberalen parlamentarischen Systeme, soweit sie in den europäischen Ländern bis zum Beginn des 20. Jahrhunderts schon institutionalisiert waren, als eine systematische Sperre gegen das von der Arbeiterorganisationen verfochtenen Ziel einer sozialen Demokratie wirkten, veranlassten den russischen Revolutionär W.I. Lenin und seine Anhänger dazu, die sozialistische Theorie von Karl Marx, an sich der Demokratie nicht prinzipiell entgegengesetzt, zu einem Instrument antidemokratischer Theorie und Praxis zu entwickeln. Sie gaben den Marxschen Argumenten eine geschichtsideologische Deutung, indem sie den Anspruch erhoben, das erst durch die Umgehung des demokratischen Entscheidungsverfahrens in der Gegenwart dann in der ferneren Zukunft eine Gesellschaftsordnung entstehen könne, in der die Interessen der Mehrheit und sogar das einheitliche Gesamtinteresse der ganzen Gesellschaft verlässlich und dauerhaft in politisches Handeln übersetzt werden können.

Diese Instrumentalisierung der Marxschen Theorie, der sogenannte Marxismus-Leninismus, ist zwischen der russischen Revolution von 1917 und dem Ende des von ihr errichteten sowjetkommunistischen Regimes in der europäischen demokratischen Revolution von 1989 als Herrschaftslegitimation für die kommunistischer Parteidiktatur gehandhabt worden, die gleichwohl eines legitimierenden Bezugs auf den normativen Anspruch der Demokratie nicht ganz entbehren wollte. Im Kern besagte die Argumentation dieser Ideologie, dass wirkliche Demokratie nur dann und dort herrsche, wo eine sozialistische Wirtschafts- und Gesellschaftsordnung realisiert ist, weil diese allein den eigentlichen Interessen der gesellschaftlichen Mehrheit an Gleichheit entspräche. Folglich sei Demokratie nicht durch ein formales Entscheidungs*verfahren*, sondern allein durch die Garantie eines bestimmten Entscheidungs*inhaltes* bestimmt. Um diesen sicher und unabhängig von den unaufgeklärten Meinungen der unter fremden Einfluss stehenden Arbeiter realisieren zu können, sei die vorübergehend uneingeschränkte Herrschaft der politischen Organisation erforderlich, die sich durch theoretische Einsicht in die wirklichen Interessen der Mehrheit inhaltlich auszuweisen vermag. Dies könne nur eine Partei sein, die über eine wissenschaftlich fundierte Erkenntnis der eigentlichen Arbeiterinteressen und der geschichtlichen Prozesse verfügt, die schließlich zu deren voller Berücksichtigung führen. Die kommunistischen Parteien, die allein diese Bedingungen erfüllen, wurden auf diesem Wege zu Anwälten der „wahren" Demokratie und die Herrschaftsform ihrer Diktatur, in der weder Grundrechte noch die Mehrheitsregel galten, im Vorgriff auf das geschichtliche Endziel der vollständigen Gleichheit, das damit erreicht werden sollte, als „Volksdemokratie" deklariert.

Die dem normativen Anspruch nach allein aus faktischen Gleichheitsbedingungen gerechtfertigte prozedurale Demokratie der Grundrechtsgeltung und Volkssouveränität wurde von den Vertretern der „Volksdemokratie" hingegen

I. Wurzeln und Erfahrungen 37

als bloß „bürgerliche" oder „formale" Demokratie abgewertet, in der die demokratischen Institutionen in letzter Instanz durch die bestehende Wirtschafts- und Sozialordnung auf der dauerhaften Ausschließung gesellschaftlicher Mehrheitsinteressen gründen. An die Stelle der faktisch gewährleisteten Mehrheitsregel und der verbindlich institutionalisierten Grundrechte trat daher in der marxistisch-leninistischen Vorstellung von „wirklicher" oder „inhaltlicher" Demokratie ein vermeintlicher Wahrheitsanspruch, über den nur eine selbsternannte Gruppe verfügt. Dem überlegenen Legitimationsanspruch der Demokratie im 20. Jahrhundert zollte diese Ideologie gleichwohl auf doppelte Weise Tribut. Zum einen, indem sie die von ihr verfochtene Variante der Parteidiktatur als eine überlegene Form der Demokratie deklarierte und zum anderen dadurch, dass sie in allen Ländern, in denen sie die Macht errang, die Realität der Diktatur mit demokratischen Versatzstücken garnierte, die ihr in wichtigen Fragen den Anschein großer Ähnlichkeit zur liberalen Demokratie verleihen sollten, etwa durch das Abhalten allgemeiner Wahlen oder die formelle Existenz mehrerer Parteien, jedoch unter der gesicherten Vorherrschaft der kommunistischen Partei selbst.

Die Staatsbürger

Die komplexen Gesellschaften der Gegenwart mit ihrem umfassenden Bedarf an Regulation und der in den modernen Demokratien überall auf der Welt vorherrschenden Tendenz, den Staat in eine Gesamthaftung für gesellschaftliche Probleme und Defizite zu nehmen, haben es mit sich gebracht, dass fast alle wirtschaftlichen und sozialen Interessen sowie gesellschaftlichen Lebenslagen in erheblichem Maße durch politisches Handeln beeinflusst sind. Dies kann ebenso durch staatliche Intervention wie auch durch unterlassenes Handeln geschehen. Folglich haben unter den Bedingungen der modernen Welt alle Bürgerinnen und Bürger ein Interesse daran, auf staatliches Handeln Einfluss nehmen zu können. Das Interesse an der Demokratie ist universell geworden. Gleichwohl bestehen erhebliche Asymmetrien im Gewicht des Interesses an demokratischer Teilhabe und in der Erkenntnis der damit bestehenden Einflussmöglichkeiten fort. Vor allem aber besteht in allen Demokratien ein, freilich erheblich unterschiedliches, Maß an Ungleichheit in der Verfügbarkeit der Ressourcen zur wirksamen individuellen und kollektiven Teilhabe an den Willensbildungs- und Entscheidungsprozessen der Demokratie. Infolgedessen wird das universelle Bürgerinteresse an Demokratie überall nur von einem Teil der Bürgerinnen und Bürger in praktische demokratische Teilhabe umgesetzt. Entscheidender aber als der in einem gegeben Augenblick tatsächlich am politischen Prozess mitwirkende Teil der Bevölkerung ist es für die Qualität einer Demokratie, ob alle Bürger dann, wenn sie es wollen und für nötig erachten, die reale Möglichkeit folgenreicher Teilnahme haben. Nur wo dies der Fall ist, wird demokratische Herrschaft ihrem Anspruch gerecht.

Entwicklungsländer
Der Ökonom und Sozialphilosoph Amartya Sen hat als Ergebnis seiner vergleichenden Forschungen einen direkten Zusammenhang zwischen der demokratischen Verfassung von Gesellschaften und ihren Entwicklungsfortschritten beschrieben. In denjenigen Entwicklungsländern, in denen die Demokratie im Kern funktioniert, lässt sich sowohl ein größerer Fortschritt in der wirtschaftlichen und sozialen Entwicklung des Landes wie auch eine gerechtere Verteilung seiner Früchte feststellen. Ein messbar größerer Anteil der Gesellschaft kommt in den Genuss des produzierten Reichtums. Die demokratischen Kontrollen der Einflussnahme der Bürgermehrheit auch auf Wirtschafts- und Sozialpolitik erweisen ihren praktischen Wert. Die allgemeinen Wahlen und die Parteienkonkurrenz, dort wo beide im Sinne des demokratischen Anspruchs wirklich funktionieren, gewährleisten einen Mindestmaß der Berücksichtigung von Mehrheitsinteressen und verantwortlicheres Staatshandeln als es in jenen Ländern zu beobachten ist, in denen es an demokratischen Kontrollen fehlt.

Ganz im Gegensatz zu der Behauptung der Verfechter so genannter Entwicklungsdiktaturen, wonach autoritäre Herrschaft die beste Voraussetzung für die zielstrebige Entwicklung eines Landes sei, liefert die Forschung ein entscheidendes Argument für die Möglichkeit und die politische Bedeutung der Demokratie gerade auch in Entwicklungsländern. Offenbar werden die noch geringe Bildung und die Armut, die in Entwicklungsländern als machtvolle Hindernisse gegen eine breite demokratische Beteiligung wirksam sind, in ihrer Wirkung auf das Handeln der Regierenden durch den Druck aufgewogen, den die prinzipielle Teilhabemöglichkeit der ganzen Gesellschaft am politischen Prozess ausübt. Tendenziell hat daher gerade in Entwicklungsländern die ganze Gesellschaft ein Interesse an der Demokratie. Eine Ausnahme bildet nur derjenige Teil der politischen Klasse, der den Staat ausschließlich zur Befriedigung seiner eigenen privaten Sonderinteressen auf Kosten der Gesellschaft und regelmäßig gerade ihres ärmsten Teils benutzen möchte. Nichts spricht für das Argument, dass zunächst einmal eine autoritäre Regierung für die zielstrebige Entwicklung des Landes sorgen müsse, um die Voraussetzungen dafür zu schaffen, dass zu einem späteren, von ihr selbst zu bestimmenden Zeitpunkt dann die Demokratie eingeführt werden kann. Erfolgversprechend ist vielmehr ein anderer Weg, bei dem zunächst die Mindestbedingungen der Demokratie erfüllt und dann im Maße der

I. Wurzeln und Erfahrungen

wirtschaftlichen Entwicklung des Landes unter demokratischer Kontrolle schrittweise vervollständigt werden.

Im Ganzen gesehen kann folglich davon ausgegangen werden, dass in allen modernen Gesellschaften der ganz überwiegende Teil der Gesellschaft ein Interesse an der Demokratie hat. Außer in Krisensituationen, in denen es antidemokratischer Agitation gelingt, Teilgruppen davon zu überzeugen, dass ihre Interessen in der einen oder anderen Form autokratische Herrschaft besser aufgehoben sei, können sich moderne Demokratien daher auf ein breites, in der ganzen Gesellschaft verankertes Legitimationsverständnis ihrer Bürgerinnen und Bürger stützen, das nicht lediglich auf ethischen Normen beruht, sondern auf aufgeklärten Interessen. Das setzt aber auch voraus, dass die Demokratie „liefert", dass sie den legitimen Interessen der Gesellschaft in den Ergebnissen ihres Regierungshandelns gerecht wird. Wo dies nicht gelingt, trägt sie selbst dazu bei, dass enttäuschte Gruppen von Bürger für die Verlockungen autoritärer Herrschaft anfällig werden.

 Weiter führende Literatur

Mill, John Stuart 2006: Considerations on Representative Government, Michigan.

Kocka, Jürgen 1983: Europäische Arbeiterbewegung im 19. Jahrhundert, Göttingen.

Saage, Richard 2005: Demokratietheorien, Wiesbaden.

Schönhoven, Klaus / Vogel, Hans-Jochen / Ruck, Michael 2002: Arbeiterbewegung und soziale Demokratie in Deutschland, Bonn.

Sen, Amartya 2000: Development and Freedom. Oxford.

II. Theoretische Grundlagen

5 Grundrechte und Volkssouveränität

Gleicher Ursprung
Die beiden modernen Legitimationskonzepte politischer Herrschaft, universelle individuelle Grundrechte, die jeder Person als solcher unaufhebbar zustehen und Volkssouveränität, die Vorstellung, dass allein die Zustimmung aller von ihr Betroffenen die Ausübung politischer Herrschaft zu rechtfertigen vermag, sind intern miteinander verknüpft. Sie setzen einander voraus und bedingen einander. Das zeigte sich bereits im Stadium der historischen Ausbildung des Gesellschaftsvertragsdenkens im siebzehnten Jahrhundert. Noch vor den großen Gesellschaftsvertragstheorien von Baruch Spinoza, Thomas Hobbes und John Locke erhoben die *Leveller* in der englischen Revolution gegen die Krone 1642-1649 die Forderung, gerechtfertigte politische Herrschaft könne nur aus einem Vertrag der Bürger untereinander entspringen, in dessen Zentrum die Garantie der „angeborenen Rechte" eines jeden Bürgers steht. Angeboren sind die persönlichen Grundrechte in dem Sinne, dass sie der natürlichen Person als solcher unmittelbar, unabdingbar und unabhängig von allen anderen Zugehörigkeiten und von religiösen Annahmen zustehen.

Damit war die Wahrung der individuellen Grundrechte zur Grundlage, zum Ziel und zum Sinn moderner politischer Herrschaft geworden. Es war dann der liberale Vertragstheoretiker *John Locke*, der diese Forderung mit der bis in die Gegenwart größten wirkungsgeschichtlichen Bedeutung in seinem Werk *Zwei Abhandlungen über die Regierung* 1689 begründete. Für ihn waren es vorrangig die individuellen Grundrechte der Freiheit und des Eigentums, die Ziel und Grenze staatlichen Handelns markieren. Eigentum galt ihm als ein weit gespannter Begriff, der nicht nur Sacheigentum, sondern vor allem das Eigentum an der eigenen Person umfasste, zu dem insbesondere der eigene religiöse Glaube und die persönlichen Meinungen gehören. Damit war der Kern der *bürgerlichen* Grundrechte zum Hauptinhalt der politischen Verfassung geworden. Im ursprünglichen staatlichen Gründungsakt des Gesellschaftsvertrags zwischen Gleichen wurden die natürlichen, in diesem Sinne moralischen Rechte der Freiheit und Gleichheit zu *politischen* Grundrechten, die über den Vertragsschluss hinaus als dauerhafte Mitwirkungsrechte in Geltung blieben.

II. Theoretische Grundlagen

Der alle Personen als gleiche Bürger bindende politische Grundvertrag, eine Art erste Verfassung, wurde möglich, weil die Freiheit und Gleichheit aller Vertragschließenden von allen Beteiligten vorausgesetzt und anerkannt wurde. Sobald er in Kraft getreten ist, garantiert er mit der vereinigten politischen Macht aller, deren Mandat und Grenzen in diesem Vertrag verbindlich festgesetzt werden, die dauerhafte Respektierung dieser Grundrechte. Deren fortwährende aktive Ausübung durch die Bürger wiederum ist die bestmögliche Gewährleistung dafür, dass das in den Grundrechten enthaltene Versprechen im aktuellen Vollzug politischer Herrschaft auch kontinuierlich eingelöst wird. Es wäre folglich ein Widerspruch in sich selbst und bezogen auf die Interessen der Bürger ein irrationaler Akt, würden sie ihre ursprünglichen Freiheitsrechte dazu nutzen, miteinander einen Vertrag zu schließen, der fortan irgendeine Art von Willkürherrschaft, sei es die eines Einzelnen oder die der Mehrheit möglich macht.

Eine dieser Konsequenz nahe kommende Vertragskonstruktion erschien nur in der besonderen Situation eines religiösen Bürgerkrieges plausibel. Sie wurde von Thomas Hobbes in seinem großen Werk *Leviathan* 1651 gezogen. Darin setzte er voraus, dass legitime staatliche Herrschaft vor allem das Leben selbst als das höchste aller Grundrechte gewährleisten muss, das im Bürgerkrieg, der einem Rückfall in den völlig ungeschützten Naturzustand gleich kommt, für alle beständig gefährdet ist. Garantiert werden kann der Schutz des Lebens nach Hobbes Überlegung aber in einer Zeit der kulturellen Konfessionskämpfe am besten dadurch, dass eine oberste, von allen gemeinsam eingesetzte, aber danach nicht mehr beeinflussbare Autorität alle Fragen der staatlichen Ordnung allein entscheidet, die den inneren Frieden und die Sicherheit des Lebens der Bürger betreffen. Dazu gehören angesichts ihrer besonderen Konfliktbrisanz insbesondere auch die religiösen Bekenntnisfragen und die politischen Meinungsäußerungen.

Diese Lösung der modernen politischen Legitimationsfrage, wie aus der ursprüngliche Freiheit und Gleichheit der Bürger politische Herrschaft begründet werden könne, büßte nach dem Ende der ersten großen religiösen Bürgerkriege vollends ihre Plausibilität ein. Als bessere und dauerhaftere Antwort auf die neue historische Herausforderung der religiösen Uneinigkeit setzte sich die Lockesche Position der Gewährleistung von Grundrechten durch, die allen Bürgern die Ausübung ihrer Religion ermöglichen, aber in den Grenzen des gleichen Rechtes aller anderen. Das ist zivilisationsgeschichtlich die große Errungenschaft des Rechtsstaats, der trotz seiner ursprünglichen Begrenzung auf die Interessen des Besitzbürgertums der inneren Dynamik seiner Wertgrundlagen entsprechend unwiderstehlich auf die rechtsstaatliche Demokratie hinaus lief.

Für den unauflöslichen inneren Zusammenhangs von Volkssouveränität und universellen Grundrechten sind zwei Gründe maßgeblich.

Erstens: Die Zustimmung zur künftigen Unterwerfung unter einen für alle geltenden Gesellschaftsvertrag ist als vernunftbestimmte Entscheidung von Personen nur dann zu erwarten, wenn sie die Gewissheit haben können, dass ihre grundlegenden persönlichen Freiheitsrechte gewahrt werden.

Zweitens: Die Sicherheit auch nach dem ursprünglichen Vertragsschluss beständig als Freie und Gleiche an der Ausübung und Kontrolle politischer Herrschaft teilhaben zu können, setzt für jede Person die beständige Garantie ihre Grundrechte voraus, da diese allein die Bedingungen ihres selbstbestimmten Handelns gewährleisten kann.

Volkssouveränität und Grundrechte bedingen also einander wechselseitig. Denn die auf Freiheit und Gleichheit aller beruhende Legitimation politischer Herrschaft ist einerseits die beste Gewähr für die Sicherung der Freiheits- und Gleichheitsrechte, während Garantie und Ausübung dieser Rechte andererseits die Bedingung für praktizierte Volkssouveränität sind, die ja nur dort wirklich möglich ist, wo sich die Bürger als freie und gleiche über die gemeinsam ausgeübte Herrschaft verständigen können. Moderne Demokratie, Demokratie unter den Gegenwartsbedingungen der Kultur der Moderne, kann es daher nur als rechtsstaatlich verfasste geben, eingebettet in die universellen Grundrechte.

Die historisch- systematische Entfaltung der Dimensionen
Am Anfang des Verständnisses dieses notwendigen Zusammenhangs standen seit dem siebzehnten Jahrhundert eine liberale, auf das Besitzbürgertum zentrierte Idee des Gesellschaftsvertrags und eine gleichfalls sozial eingeschränkte Vorstellung der universellen Grundrechte. Universell sollten ursprünglich allein die bürgerlichen Grundrechte sein, vor allem Meinungs- und Religionsfreiheit, Rechtssicherheit und persönliche Handlungsfreiheit. Schon an der als grundlegend verstandenen Eigentumsfreiheit, die in Wahrheit nur die Interessen einer Minderheit schützte und die meisten ausschloss, zeigte sich die soziale Selektivität dieses Verständnisses. Es wurde deutlicher in der Fassung der politischen Grundrechte, die die Bedingungen der politischen Teilhabe normierten, im Zentrum das Recht auf Teilhabe an den Wahlen für die Legislative. Dieses Recht war fast überall in Europa bis ins zwanzigste Jahrhundert hinein eingeschränkt auf

II. Theoretische Grundlagen 43

die Verfügung einer Person über eigenes Eigentums oder einen, in der Praxis daran gekoppelten, Bildungsnachweis. Nur schrittweise und auf dem Wege anhaltender sozialer und politischer Krisenerfahrungen und Konflikte konnten sich die modernen Grundrechte in ihrer vollen Universalität entfalten. Im Verlaufe des achtzehnten Jahrhunderts zeigte sich in der gesellschaftlichen Praxis, dass die *bürgerlichen* Rechte egalitär und umfassend in Kraft treten müssen, wenn sie ihrem Geltungsanspruch überhaupt genügen wollen[5]. Die uneingeschränkte Erfüllung der bürgerlichen Grundrechte setzt nämlich, wie die politischen Kämpfe um die Verwirklichung eines solchen Programms im neunzehnten Jahrhundert erwiesen, die Institutionalisierung gleicher *politischer* Teilhaberechte voraus, da nur unter diesen Bedingungen der Universalismus der bürgerlichen Grundrechte von seinen ungerechtfertigten Einschränkungen befreit werden kann. Die Widersprüche beim Versuch der Verwirklichung beider zeigten dann im zwanzigsten Jahrhundert, dass weder die bürgerlichen noch die politischen Freiheitsrechte als Rechte von Gleichen realisiert werden können, wenn nicht positive Freiheitsrechte hinzu treten, die sie unabhängig vom sozialen und wirtschaftlichen Status der Person, so wie es ihr universalistischer Geltungsanspruch verlangt, real wirksam werden lassen.

Der britische Sozialwissenschaftler Thomas H. Marshall hat für diese Erweiterung im Verständnis der Grundrechte den Begriff *social citizenship*, soziale Bürgerschaft, geprägt. Die vordergründige Gleichheit der formalen Geltung der Grundrechte fordert in der Konsequenz ihrer eigenen Logik schrittweise eine positive Fundierung, die ihre reale Geltung für alle Bürger überhaupt erst ermöglicht. So hat für Personen dann das Recht auf Redefreiheit nur wenig wirkliche Substanz, wenn sie aufgrund fehlender Erziehung nichts zu sagen haben, was der öffentlichen Rede Wert ist oder sie nicht die Mittel haben, sich Gehör zu verschaffen. Diese offensichtlichen Ungleichheiten sind aber nicht auf unzureichende Freiheitsrechte zurückzuführen, sondern auf das Fehlen sozialer Rechte[6]. Eine neue Kategorie von Grundrechten erweist sich als notwendig, um den Geltungsanspruch der Grundprinzipien der gleichen Freiheit und Würde, deren Ausdruck die Grundrechte selbst sind, mit realer Geltungskraft zu erfüllen. Erst mit der Einführung der neuen Kategorie sozialer Grundrechte lässt sich der Anspruch der historisch vorangehenden Kategorien der bürgerlichen und politischen Grundrechte sowohl erhalten wie, im Angesicht der realen gesellschaftlichen Bedingung ihrer Erfüllbarkeit, erneuern.

---

[5] Marshall 1992: 40 ff
[6] Marshall 1992: 58

Die Entfaltung der *sozialen* und *wirtschaftlichen* Grundrechte im zwanzigsten Jahrhundert entspringt der Selbsterkenntnis der Staatsbürger, dass die im Grundrechtsprinzip überhaupt enthaltene Legitimationsnorm der Gleichheit unter den gegebenen Bedingungen sozialer Ungleichheit anhand der ihnen zugrunde liegenden Norm ihres „gleichen sozialen Werts"[7] interpretiert und konkretisiert werden muss, weil sie sonst für viel Bürger zu einer bloßen Fiktion werden. Die Garantie der Grundrechte muss das Recht auf die „Mittel ihrer Verwirklichung" einschließen oder sie läuft das Risiko ihrer Entleerung für viele Bürger in der Praxis. Die Grundrechte, das ist der Kern des Rechtsverständnisses in Marshalls Konzept von *social citizenship*, lassen sich im Fortschritt der historischen Erfahrungen nur dann ohne Selbstwiderspruch begründen, wenn sie ein *Grundrecht auf die sozialen Mittel ihrer Verwirklichung* einschließen.

Völkerrechtliche Geltung
Die *Internationalen Pakte* der universellen Grundrechte der Vereinten Nationen von 1966 enthalten neben den grundlegenden bürgerlichen und politischen Grundrechten daher auch eine dichte Version sozialer, ökonomischer und kultureller Grundrechte. Sie beruhen in dieser Mehrdimensionalität auf einem ausdifferenzierten materiellen Freiheitsverständnis, auf das sich der strikte Gleichheitsbegriff der Erklärung bezieht. Sie beschreiben in einer, verglichen mit nationalen Verfassungen bemerkenswert konkreten, umfassenden und detaillierten Form die realen Bedingungen, die jede gesellschaftliche Gesamtverfassung auf der Welt erfüllen muss, um den universellen Menschen- und Bürgerrechten ohne Einschränkungen gerecht zu werden.

Als übergeordnetes Leitbild, dem die einzelnen Rechte zugeordnet werden, gilt das für alle Menschen gleichermaßen zu erfüllende *Ideal des freien Menschen, der von Furcht und Not befreit ist*. Die Pakte nennen als zentrale bürgerliche und politische Grundrechte:

- Meinungsfreiheit
- Informationsfreiheit
- Versammlungsfreiheit
- Gleiches und freies Wahlrecht
- Organisationsfreiheit.

---

[7] Marshall 1992: 61

II. Theoretische Grundlagen

In den Kapiteln über *wirtschaftliche, soziale und kulturelle Rechte* nennt der Pakt vor allem die folgenden Grundrechte:

- Gleichberechtigung von Männern und Frauen,
- Recht auf Arbeit,
- Soziale Sicherheit,
- Sicherung eines angemessenen Lebensstandards,
- Recht auf ein Höchstmaß an körperlicher und geistiger Gesundheit und der dafür notwendigen ärztlichen Behandlung,
- Recht auf Bildung, Ausbildung und eine Erziehung mit dem Ziel der vollen Entfaltung der menschlichen Persönlichkeit und der gesteigerten Achtung vor den Menschenrechten und Grundfreiheiten,
- Recht auf Teilhabe an Kultur.

Da beide Kategorien von Grundrechten, die bürgerlichen und die sozialen, gleichrangig gelten, mit dem einzigen Unterschied, dass das Ausmaß der Realisierung der sozialen Grundrechte naturgemäß von den dafür verfügbaren ökonomischem Ressourcen abhängt, verweisen sie in ihrer Gesamtheit auf die rechtsstaatliche und soziale Demokratie als die ihnen allein in vollem Maße angemessene Staatsform. Erst wenn beide realisiert sind, ist demokratische Teilhabe für alle Bürger uneingeschränkt möglich. Demokratie wiederum lässt die Verwirklichung der Gesamtheit der Grundrechte um so eher erwarten, je besser sie selbst ihrem Anspruch gerecht wird.

Weiter führende Literatur

Dworking, Ronald D. 2005: Taking Rights seriously, Cambridge/ Mass.

Dworking, Ronald D. 1997: Freedom's Law: The Moral Reading of the American Constitution, Cambridge/ Massachussets, Havard.

Gerstenberg, Oliver 1997: Bürgerrechte und deliberative Demokratie, Frankfurt/M.

Habermas, Jürgen 1992: Faktizität und Geltung, Frankfurt/M.

Marshall, Thomas H. 1992: Bürgerrechte und Soziale Klassen,. Frankfurt/M.

Meyer, Thomas 2005: Theorie der Sozialen Demokratie. Wiesbaden.

Mill, John Stuart 1974: Über die Freiheit, Ditzingen.

Rawls, John 2003: Politischer Liberalismus, Frankfurt/ M.

6   Religion und Bürgerschaft

Der Geltungssinn der rechtsstaatlichen Demokratie
Die moderne Demokratie ist rechtsstaatlich verfasst. Sie grenzt die Reichweite der Entscheidungsmacht von Mehrheiten durch die unbedingte Geltung der auf die einzelne Person bezogenen Grundrechte ein. Sie unterscheidet sich von ihrer antiken Vorläuferin vor allem in zwei wesentlichen Grundlagen. Erstens schließt sie alle erwachsenen Personen in den Kreis der gleichberechtigten Bürgerinnen und Bürger ein. Zweitens verleiht sie den persönlichen Grundrechten und der gemeinsamen Entscheidungssouveränität aller gleiche Bedeutung und gleichen Rang.

Die rechtstaatliche Demokratie ist im Kern die historische Antwort auf das politische Legitimationsproblem, das aus dem Zerfall der Gewissheitsansprüche christlicher Metaphysik seit der frühen Neuzeit entstand. Ein für die ganze Gesellschaft unstreitig gewisser Wahrheitsanspruch kann ja unter modernen Bedingungen nicht mehr Grundlage der Rechtfertigung öffentlicher Herrschaft sein. Vielmehr muss nun, um den Gesellschaftsfrieden zu wahren und die konkurrierenden religiösen Wahrheitsansprüche in ihren öffentlichen Beziehungen zueinander verträglich zu machen, eine Ordnung errichtet werden, die dieser neuartigen Herausforderung mit einer für alle Beteiligten wirksamen Überzeugungskraft gerecht werden kann. Sie muss vor allem sicherstellen, dass die unterschiedlichen Wahrheitsansprüche und Gewissheitsüberzeugungen der Bürger in Bezug auf ihre persönlichen Glaubensentscheidungen, deren zwanglose Übereinstimmung nicht mehr vorausgesetzt werden kann, von diesen selbst je für sich unbehindert getroffen und praktiziert werden können, ohne dass dabei das gleiche Recht aller anderen in Mitleidenschaft gezogen wird. Die rechtstaatliche Demokratie ist in dieser Hinsicht eine politische Ordnung, die nur dasjenige kulturelle Minimum für alle verbindlich institutionalisiert, nämlich Rechstaatlichkeit und Demokratie, das sicherstellt, dass im Übrigen die Bürger in ihren kulturellen und religiösen Lebensäußerungen so unterschiedlich sein können, wie sie es selber in freier Entscheidung für richtig halten.

Eine für alle Bürger verbindliche Wahrheitsfrage im Verhältnis der konkurrierenden Konfessionen und Religionen kann sich aus prinzipiellen Gründen nicht mehr stellen. Nur im Hinblick auf die Normen und Projekte der politischen Kultur und der gemeinsamen politischen Institutionen moderner Gesellschaften kann eine prinzipielle Übereinstimmung aller Bürger erwartet werden. Würde sich im öffentlichen Raum der religiösen und kulturellen Geltungsansprüche die Wahrheitsfrage im Ernst entscheiden lassen- und andernfalls machte es wenig Sinn, sie zu stellen- so wären Rechtsstaat und Demokratie nicht nur entbehrlich, sondern illegitime Hindernisse des richtigen Lebens. Sie sind aber gerade die große zivilisatorische Errungenschaft als Antwort auf die nun prinzipiell gewordenen Unentscheidbarkeit dieser Frage. Sie beruht auf der historischen Einsicht, dass sich im direkten Gegensatz zu den kulturellen Grundlagen des vormodernen Zeitalters nun kein Standpunkt außerhalb des religiös kulturellen Pluralismus mehr definieren lässt, von dem aus in dieser Fragen für alle verbindlich entschieden werden kann.

Das ist kein Verzicht auf die Wahrheitsfrage überhaupt und auch kein verordneter Relativismus, wie Kritiker meinen, sondern der institutionalisierte Respekt vor ihr, weil nun auf jeweils selbst gewählten Wegen nach Antworten auf sie gesucht werden kann und nicht eine der suchenden Gemeinschaften mit ihrer eigenen Gewissheit die Wege der anderen verlegen darf. Der Glaube, die eigene Wahrheit, auch wenn sie dem jeweils Glaubenden selbst ganz gewiss erscheint, müsse oder dürfe zur verbindlichen Gewissheit für alle gemacht werden, wird nun zum Kenzeichen des intoleranten Fundamentalismus. Er widerspricht den Grundlagen der rechtsstaatlichen Demokratie fundamental und zielt auf das autokratische, wo nicht totalitäre Regime einer Theokratie, in der die Verwalter vermeintlicher religiöser Gewissheitsansprüche uneingeschränkt herrschen.

Glaubensgewissheit und Demokratie
Auf den eigenen Wahrheitsanspruch kann zwar keine Religion verzichten, solange sie sich nicht selbst preis gibt oder in ein zynisch- funktionales Verhältnis zu sich selbst tritt, indem sie sich allein noch aus ihrem individuellen oder gesellschaftlichen Nutzen rechtfertigt. Da dieser Anspruch aber für jede Religion gilt, kann keine der Religionen oder Weltanschauungen ihn für alle erheben. Das ist die Bedingung für das friedliche und gerechte Zusammenleben von Menschen unterschiedlicher Religion in einem gemeinsam geteilten Gemeinwesen. Zivilisierte Religion im rechtsstaatlich demokratisch verfassten Gemeinwesen übernimmt stattdessen ihrerseits die öffentliche Gewährleistung dafür, dass alle Religionen und Weltanschauungen ihre Wahrheiten autonom und ohne öffentliche Einflussnahme suchen, definieren und bekennen können, solange sie die Regeln verteidigen, die allen anderen dasselbe Recht ohne Einschränkungen garantieren.

In diesem Sinne lässt sich in der modernen Kultur an alle Religionen zwar die Frage nach der politisch- moralischen Richtigkeit, ihrem Einverständnis mit Grundrechten und Demokratie stellen, aber nicht mehr die nach der kognitiven Wahrheit ihres Glaubensbekenntnisses. Die Pluralismusverträglichkeit zeitgenössischer Religion entscheidet sich mithin gerade an der Frage ihrer Fähigkeit, im Dialog über das Gemeinwesen, seine Grundlagen und seine ethisch politischen Projekte die Wahrheitsfrage im Bezug auf das Bekenntnis der Anderen offen zu lassen, aber Eindeutigkeit in zwei anderen religiösen Grundfragen herzustellen, nämlich bezogen auf den öffentlichen Gebrauch der eigenen Glaubensgewissheit und die Richtigkeit der politisch moralischen Konsequenzen, die aus ihr gezogen werden.

Die Gewissheit des Wahrheitsbewusstseins muss in ihrer subjektiven Bedingtheit erkannt werden, damit der Wahrheitsgewissheit der Anderen Recht widerfahren kann. Auf dieser Grundlage ist eine Konvergenz in den politisch moralischen Überzeugungen möglich, die die politische Kultur des demokratischen Rechtsstaates fundieren und damit den religiös-kulturellen Pluralismus gleichzeitig möglich machen und einhegen. Freilich kann es zur Anerkennung der Anderen zusätzlich motivieren, wenn in persönlichen interreligiösen Gesprächen nachvollziehbar wird, wie jede Seite ihren Wahrheitsanspruch versteht und begründet.

Geistige Voraussetzungen der Demokratie
Zu einem schwerwiegenden Missverständnis des Zusammenhangs von religiöser Wahrheit und rechtsstaatlicher Demokratie hat die berühmt gewordene Feststellung des Juristen *Wolfgang Böckenfördes* geführt, der moderne Rechsstaat lebe von Voraussetzungen, die er selbst nicht garantieren könne.[8] Sie wird oft so ausgelegt, als bleiben die Religionen unweigerlich die eigentliche Grundlage der modernen Demokratie, als könnten sie allein noch garantieren, wozu der moderne Rechtsstaat gerade nicht in der Lage ist, wovon wer aber lebt. Klar zu unterscheiden sind in dieser Hinsicht jedoch Fragen der *Begründung* und der *Motivation* des Handelns. Zutreffend ist zweifellos, dass der Staat die *persönlichen Motivationen* der einzelnen Bürger nicht gewährleisten kann, die ein Handeln nach seinen politischen Grundwerten zuverlässig erwarten lassen. Das können nur intakte Verhältnisse gelebter Überzeugungen in gesellschaftlichen Milieus, die sie hervorbringen und in dichter sozialer Einbettung von der einzelnen Person dauerhaft erfolgreich einfordern. Wollte der demokratische Rechtsstaat in die Gesell-

---

[8] Böckenförde 1991

II. Theoretische Grundlagen 49

schaft durchgreifen, um dort die Bedingungen so zu ordnen, dass die entsprechenden Milieus in ihrer Organisations- und Funktionsweise oder wohlmöglich gar in den Inhalten ihrer sinnstiftenden Orientierungsangebote die Motivation verlässlich und dauerhaft erzeugen, von denen er selbst lebt, so müsste er sich in der Tat in seinem eigenen normativen Anspruch selbst dementieren und zum totalen Regulierungsstaat werden. Darüber hinaus wäre ein solches Unterfangen aber, wie die Geschichte des zwanzigsten Jahrhunderts überzeugend belegt, zum Scheitern verurteilt und würde auf die Dauer eher denjenigen Argumenten und Motiven zugute kommen, die sich gegen solche Verhältnisses im Namen der Bürgerfreiheit zur Wehr setzten. Dieser Teil des berühmten Diktums von Böckenfördes ist unstrittig.

Böckenförde selbst und viele seiner Interpreten ziehen daraus aber einen viel weiter gehenden Schluss. Er besteht in der Annahme, dass der demokratische Rechtsstaat den Schritt ins Totalitäre schon unternimmt, sobald er einen Werteunterricht an seinen Schulen verbindlich macht, der der Begründung jener politischen Grundwerte gewidmet ist, die seine Institutionen und die politische Kultur, die sie trägt, möglich machen. Diese Grundwerte, allen voran Freiheit, Gerechtigkeit, Solidarität, Pluralismus, Toleranz, Anerkennung des Anderen, Verantwortung, Beteiligung, um die Wichtigsten zu nennen, sind einer profan vernünftigen Begründung fähig, die unabhängig ist von spezifischen Glaubensüberzeugungen oder konfessionellen Bindungen. Wären sie es nicht, so hätte eine politische Kultur der Demokratie in kulturell pluralistischen Gesellschaften keine Chance.

Die praktische Philosophie der Gegenwart führt dies in zahlreichen Varianten vor, die in je unterschiedlicher Annäherung Argumente für den Geltungsanspruch dieser politischen Grundwerte bieten und zwar, wie es sich auch für einen Unterricht an Schulen der Demokratie gehört, in der offenen und kritischen Abwägung aller Argumente und Gegenargumente. Nicht nur die Annäherung an die Ziele eines solchen Ethikunterrichts, also die überzeugende Grundlegung der politischen Grundwerte selbst, sondern auch der Prozess, in dem sie erarbeitet wird, nämlich die Fähigkeit zum Verständnis und zum Führen einer argumentativen Debatte, sind kulturelle Lebensbedingungen der rechtsstaatlichen Demokratie, auf die in geeigneter Weise hinzuwirken dem wertgestützten Staat nicht nur erlaubt sein muss. Derlei gehört vielmehr sogar zu seinen primären Verpflichtungen und ist durch denselben Akt der Konstitutionalisierung legitimiert, in dem die Bürgerinnen und Bürger sich wechselseitig die unverlierbaren Grundrechte und die demokratische Gleichheit als Bürger garantieren.

Entgegen der Befürchtung Böckenfördes ist ein solcher Unterricht, wenn er nicht in den vergeblichen Formen der versuchten geistigen Überwältigung der nachwachsenden Generationen geschieht, gerade nicht tagespolitisch immunisierend, sondert fördert Bürgerbewusstsein und Kritikfähigkeit, weil er gegen die bloße Hinnahme des Handelns der politischen Macht sensibilisiert, sobald diese ihre eigenen Grundwerte verletzt. Einer nachwachsenden Generation, die die guten Gründe für Freiheit, Gerechtigkeit und Solidarität genau kennt, weil sie sich bereits in einem konfessionsübergreifendem Unterricht damit systematisch auseinandersetzen konnte, und die auch über Maßstäbe verfügt, nach denen diese Werte in konkreter Lage Anwendung finden können, wird dem tagespolitischen Staatshandeln genauer und kritischer auf die Finger schauen können, als den Urhebern dieser Lehrpläne mitunter lieb sein mag. Richtig bleibt aber, dass auch die besten Gründe nicht schon selber die vollständigen Motive ihrer Befolgung im praktischen Handeln enthalten. Die Stabilisierung der Handlungsmotive können, nach aller bisherigen Erfahrung, am besten jene lebensweltlichen Sozialmilieus und Sinngemeinschaften gewährleisten, die den Einzelnen durch ihre sozialen Bindungen in gewisser Weise ein Leben lang mahnen und stützen können.

Allerdings gilt auch, dass außer in den institutionellen Garantien demokratischer Rechtsstaatlichkeit die politischen Motive gesellschaftlicher Sinngemeinschaften keine sichere Wegweisung finden, um auf die Dauer und unter allen Umständen mit den politischen Grundwerten einer liberalen Demokratie im Einklang zu bleiben. Es sind die Institutionen der Rechtsstaatlichkeit und der Demokratie, die ihrerseits eine entscheidenden Beitrag dazu leisten, dass von den vielen politischen Orientierungsmöglichkeiten, denen sich alle Religionen in der bisherigen Geschichte immer wieder als zugänglich erwiesen, die der Offenheit und Toleranz vorherrscht. Diese Zivilisierungsleistung, die die institutionalisierte Demokratie selbst an den Religionen und Weltanschauungen erbringt, ist ihr wichtigster Beitrag zum Erhalt ihrer eigenen Wertvoraussetzungen im Bewusstsein der Bürgerinnen und Bürger.

Erst wenn der Staat im Unterricht oder in anderen Teilen der Gesellschaftskultur über die guten Gründe hinaus, auf denen seine eigene Legitimation beruht und die seine politischen Grundwerte fundieren, eine weltanschauliche Immunisierung versuchen wollte, die die guten Gründe und das Recht der Kritik an ihnen durch unhinterfragbare Gewissheiten und transzendente Sinnmuster ersetzt, verfiele er zu Recht dem Verdikt, das Böckenförde mangels Unterscheidung zwischen Motiv und Gründen zu unrecht schon auf den Werte begründenden Unterricht beziehen möchte.

Der Philosoph Jürgen Habermas hat die entscheidende Differenz markiert. Sie liegt in dem Unterschied zwischen Entscheidungsgründen und Handlungs-

II. Theoretische Grundlagen 51

motiven. Es sind nicht in erster Linie die Gründe für die Legitimität der Demokratie, die von den Religionen zu erwarten sind, sondern wichtige Beiträge zur Motivation vieler Bürger, als rechtsstaatliche Demokraten zu handeln, sofern sie ein aufgeklärtes, liberales Verständnis von Religion teilen. Es geht also nicht um eine etwaiges Begründungsmonopol der Religion für die moderne Demokratie, sondern um ihren Beitrag zur politischen Kultur der Demokratie.

Demokratie und Relativismus
Kurz vor seiner Wahl zum Papst hat *Kardinal Ratzinger* im Jahr 2005 die moderne Kultur der Gegenwart als eine „Diktatur des Relativismus" bezeichnet. Die säkulare Vernunft sei korrekturbedürftig durch den religiösen Glauben, wenn sie mit der Achtung vor der menschlichen Würde zuverlässig verträglich bleiben soll. Die säkulare Vernunft mit ihrem Verzicht auf absolute Geltungsansprüche, in der ja die historische Begründung der modernen Demokratie zu sehen ist, führe zu einer „Diktatur des Relativismus", denn jeder ihrer Wahrheitsansprüche kann ja in Frage gestellt, durch Alternativen relativiert werden. Nur die auf absolute Gewissheit gestützten Glaubenswahrheiten könnten folglich selbst noch die modernen Grundrechte und die Werte der Demokratie vor den Anfechtungen des Relativismus schützen.

Eine bestimmte Art von Relativismus gehört tatsächlich zur modernen Kultur notwendigerweise hinzu. Es ist der begründete, aber begrenzte Relativismus der Achtung von Meinungsvielfalt, Wissenschaftsfreiheit, Religionsvielfalt und dem Recht auf individuelle Lebensführung, der nichts anderes ist als die Kehrseite des Verzichts auf ihre Gängelung durch eine sie alle dirigierende absolute Autorität. Für all diese Freiheiten gelten freilich die unantastbaren Grenzen der universellen Grundrechte und der Demokratie. Der Relativismus der modernen Kultur ist also nicht bodenlos. Der begrenzte kulturelle Relativismus setzt, um seine eigenen Voraussetzungen zu gewährleisten, gerade den selbst nicht relativierbaren Rahmen universeller Grundrechte und demokratischer Einscheidungsregeln voraus.

Der Relativismus der modernen Kultur bedeutet daher nicht, dass es irgendeiner Person verwehrt wäre, für sich selbst eine absolute Wahrheit zu finden und mit Leben zu füllen, sondern nur, dass es eine absolute Wahrheit für alle nicht mehr geben kann, die im öffentlichen Raum verbindlich gemacht werden dürfte. Darum ist dieser in Rechte eingebettete Relativismus vielmehr seinerseits die Gewährleistung dafür, dass die ernsthafte Suche nach Wahrheit über die Welt, das Leben und die letzten Fragen, die Menschen, die diesen Weg beschreiten, zu ganz unterschiedlichen Zielen führen kann. Dieser Pluralismus ist daher die notwendige Bedingung der Möglichkeit von Wahrheit in der modernen Kultur, aber er kann nicht garantieren, dass jede einzelne Person diesen Weg dann auch beschreitet. Wer ihn zugunsten einer der konkurrierenden Glaubenspositionen wieder aufheben möchte, greift in Wahrheit selbst nach einer Diktatur und wenn es „nur" die des Geistes ist.

Etwas ganz anderes ist der Relativismus auf der Ebene der persönlichen Überzeugungen und Ethiken selbst, die „metaphysische Heimatlosigkeit" der Moderne. Der verwirrende Markt immer neuer Angebote von Lebensstilen und Sinnmustern bringt als unbeabsichtigte Nebenwirkung auch die Verzweiflung derer hervor, denen am Ende alles gleich unwahr und gleichgültig erscheint und die für sich selbst in den Überlieferungen der Tradition und den synthetischen Produkten der Gegenwart nichts Überzeugendes mehr finden können. Für viele von ihnen ist das Wahrheitsangebot der christlichen Konfessionen ein Ausweg aus der Orientierungsnot, sofern sie einen solchen im Ernst suchen. Es aber allen als Heil zu verordnen, hieße das Kind mit dem Bade ausschütten und schlimmer, es hieße auch, dem Wahrheitsanspruch der anderen Religionen und Weltanschauungen die gebührende Anerkennung zu verweigern.

Grundrechte als Grenze
Es sind die Grundrechte selbst, die allen politischen Macht- und Gestaltungsansprüchen eine Grenze setzen. Sie können aus den Quellen säkularer Vernunft, wie Kant demonstriert hat, schlüssig begründet werden, sofern Vernunft sich nicht in Akten der Selbstverstümmelung ihres eigentlichen Potentials und ihrer unveräußerlichen Verantwortung für die Normen des menschlichen Handelns beraubt und zum Kalkulationsautomaten von Mitteln für beliebige Zwecke wird. Die Grundrechte aber können gleichermaßen, jedenfalls unter den Bedingungen der zivilisierenden Wirkung der Kultur der Moderne, aus allen Religionen und Weltanschauungen der Gegenwartswelt abgeleitet oder vielmehr mit ihnen verträglich gemacht werden, wie die Charta der Grundrechte der Vereinten Nationen von 1966 und die Vorgeschichte ihrer Beratung erweisen.

Weil aber Gründe und Motive im menschlichen Handeln nicht immer zusammen fallen, kommt es für die Wahrung der absoluten Grenze politischer Eingriffsmacht am Ende immer darauf an, dass das, was vernünftig begründet wurde, auch wirklich das Handeln der Mächtigen leitet oder, im Falle ihres Versagens, den Protest der Machtlosen beflügelt. Es ist eine offene Frage, die nur konkrete Erfahrung beantworten kann, ob die Berufung auf religiöse Gewissheitsquellen im gegeben Fall diese Lücke schließt oder sie vertieft. Für beides gibt es ja ein Übermaß schlagender Beispiele. Außer Zweifel aber steht, dass erst

II. Theoretische Grundlagen 53

durch Aufklärung und Vernunftkritik zivilisierte Religion überhaupt den argumentativen Anschluss an das Thema einer absoluten Grenze der politischen Macht durch die Rechte der Menschen und Bürger findet. Warum eigentlich sollte einem Glaubenspolitiker, der von der Gewissheit seiner Überzeugungen zweifelsfrei durchdrungen ist, der Gedanke, den Irrenden zu seinem Heil zu zwingen, ferner liegen, als der Gedanke, dessen Irrtum zu respektieren, weil er durch unantastbare Rechte geschützt ist?

Eine paradigmatische *Grenzüberschreitung*, die viele andere nach sich ziehen und legitimieren kann, ist der Versuch, die Anrufung Gottes, erst Recht des Gottes einer Konfession in der Verfassung eines demokratischen Rechtsstaates zu verankern, die doch das Grundgesetz für das sein soll, was allen Bürgern gemeinsam ist. Ginge es dabei nur um das Argument der Tabuisierung von Grenzüberschreitungen des Staates in das Gebiet der absolut geschützten Menschen- und Bürgerrechte, so wäre, wie etwa im Grundgesetz der Bundesrepublik Deutschland, die prinzipielle Unveränderbarkeit dieser Rechte durch legale Verfahren das geeignete und wirksame Mittel. Ein solches Verfassungsprinzip würde die Grenzüberschreitung unwiderruflich ins Abseits illegitimer politischer Handlungsoptionen stellen und ein unübersehbares Tabu an der richtigen Stelle errichten.

Die Anrufung eines Gottes hingegen begründet eine Gefahr und legt die Versuchung der Nutzung eines illegitimen Interpretationsmonopols nahe. Die Gefahr besteht in der prinzipiellen Diskriminierung all jener Staatsbürger, für die die Grundlegung ihres Gemeinwesens in einem Gottesbezug eine moralische Zumutung und eine staatsbürgerliche Kränkung darstellt. Sie säht einen Keim der Entzweiung in den Boden der Verfassung, die doch ausschließlich das allen Bürgerinnen und Bürgern Gemeinsame verbindlichen machen und symbolisch bekräftigen soll, so dass in der Alltagsroutine des politischen Konfliktes, wenn nötig auf das, was in jedem Fall unstrittig bleibt, zurückgegriffen werden kann. Was immer die Motive der Verfechter einer solchen konstitutionellen Strategie auch sein mögen, im Ergebnis treiben sie einen Keil ins Konsensbewusstsein der Bürger, gerade dort, wo es seinen dichtesten und am wenigsten anfechtbaren Ausdruck finden soll.

Der *Gott in* der Verfassung scheint *die Religion über der Verfassung* zu legitimieren. Wenn eine solche Deutung, mit einer entgegenkommenden Gesinnung jener Verfassungsrichter rechnen kann, die im Zweifelsfalle den Streit verbindlich schlichten müssen, so kann aus der vermeintlichen Garantie der Grenze eine Rechtfertigung für ihre Überschreitung werden. Die fragwürdige Privilegierung einer speziellen Ethik in der Rechtsauslegung der für alle Bürger verbindlichen

Verfassung wird dann geradezu nahe gelegt. Im Zweifelsfalle spricht ja mehr für den Anschein, dass dieser Bezug doch eine anwendbare Deutung haben muss, als dafür, dass aus ihm nichts abgeleitet werden kann. Der Gottesbezug in der Verfassung ist daher selber die Verletzung der Grenze, deren Heiligung er nach Meinung seiner Verfechter garantieren sollte.

Eine demokratische Zivilreligion?

Kirchen und Religionsgemeinschaften würden ihre sozialmoralische Rolle missverstehen, wollten sie sich selbst als geborene Wächter einer vermeintlichen „Zivilreligion" sehen, die den Anspruch erheben kann, mit der politischen Kultur der Demokratie identisch zu sein. Aber sie können und sollten der liberalen Demokratie dadurch einen lebenswichtigen Dienst erweisen, dass sie zu einer starken, wenn auch sanften Macht in der Zivilgesellschaft werden. In dieser Rolle können sie grundlegende moralische Beiträge zum politischen Gemeinwesen leisten, die nicht nur für Demokratie und Rechtsstaat, sondern für die Sicherung ihrer Zivilisationsgrundlagen selber unersetzlich sind. Die demokratisch zivilisierte Religion hat das Zeug dazu, wie sie heute vielerorts eindrucksvoll zeigt, einen entscheidenden Beitrag zu Sicherung der moralischen Infrastruktur der modernen Gesellschaft zu leisten, nicht durch die Behauptung eines Moralmonopols im öffentlichen Raum, sondern durch eine verlässliche moralische Praxis in Lebenswelt und Bürgergesellschaft.

 Weiter führende Literatur

Böckenförde, Ernst Wolfgang 1991: Recht. Staat. Freiheit, Frankfurt/M.

Graf, Friedrich-Wilhelm 2007: Die Wiederkehr der Götter: Religion in der modernen Kultur, München.

Habermas, Jürgen 2001: Glauben und Wissen, Frankfurt/M.

Meyer, Thomas 2001: Identitätspolitik, Frankfurt/M.

Meyer, Thomas 2006: Die Ironie Gottes. Religiotainment, Resakralisierung und die liberale Demokratie, Wiesbaden.

Ladeur, Karl-Heinz / Augsberg, Ino 2007: Toleranz, Religion, Recht, Tübingen.

II. Theoretische Grundlagen

7 Klassen und Bürgerschaft

Der italienische Demokratiehistoriker Luciano Canfora hat auf der Basis seiner vergleichenden Untersuchungen der antiken und der modernen Demokratie behauptet, Demokratie sei überhaupt nur als Klassenherrschaft möglich, die den Wenigen erst durch die Arbeit der Vielen, aber vom demokratischen Prozess Ausgeschlossenen, die Möglichkeit schafft, ausreichend Zeit und Muse in die Teilhabe an den öffentlichen Angelegenheiten zu investieren[9]. In der Antike sei die Demokratie erst durch die Sklaverei möglich geworden, in der Moderne zunächst durch den Ausschluss der Arbeiterklasse und nach deren Einschluss in das demokratische Leben durch den Ausschluss der ausgebeuteten Massen in den Entwicklungsländern, der sich als Voraussetzung der Demokratie in den entwickelten Ländern erweise. Dieser Auffassung zufolge beruht die Demokratie daher im Kern auf einem Selbstwiderspruch. Während sie in der Norm die gleiche Teilhabe aller verlangt, setzt sie in der Praxis den Ausschluss der Mehrheit von der Entscheidungsteilhabe voraus. Canforas These beruht in ihrer verallgemeinerten, ins Prinzipielle gewendeten Form auf der Marxschen Demokratietheorie.

Das Marxistische Demokratieverständnis

Im kurzen 20. Jahrhundert, vom Beginn des 1. Weltkrieges bis zur demokratischen Revolution in Osteuropa 1989, war die politische Theorie des Marxismus weltweit höchst einflussreich. Dies galt nicht nur für den wissenschaftlichen Bereich, sondern gleichermaßen für die machtpolitische Ebene der Herrschaftslegitimation. In den von kommunistischen Parteien regierten Staaten war oder ist die marxistische Theorie der Demokratie die unmittelbare staatliche Legitimationslehre für die kommunistischen Parteien. Dort, wo sie noch nicht zur Macht gelangt sind, legitimiert sie deren Kampf gegen demokratische Herrschaft. An vielen Universitäten innerhalb demokratisch verfasster Gesellschaften stellten sie lange Zeit eine wichtige Strömung innerhalb der akademischen Demokratietheorie dar.

Ihre Grundthese beruht auf der Annahme, dass die staatliche Organisation politischen Handelns in letzter Instanz niemals etwas anderes sein kann, als ein Instrument in den Händen der wirtschaftlich herrschenden Klasse. Die Wirtschaftsverfassung der Gesellschaft mit ihren realen Machtverhältnissen und den sich daraus ergebenden Interessen und Gesetzen dominiert demzufolge das

---

[9] Canfora 2006

Handeln in allen anderen gesellschaftlichen Bereichen so nachhaltig, dass sie im Kern auf den Vollzug der ökonomischen Logik des jeweiligen Wirtschaftssystems festgelegt sind, ganz gleich, was die Absichten der jeweiligen Akteure auch sein mögen. Folglich ist für die wirklichen Ergebnisse politischen Handelns die Verfassung des Staates von sehr viel geringerer Bedeutung als die wirtschaftlichen Produktionsverhältnisse und die in ihnen jeweils dominierenden Interessen.

Für die moderne Welt ergibt sich daraus die Schlussfolgerung, dass die politisch verfasste Demokratie keinen Eigenwert hat. Solange kapitalistische Produktionsverhältnisse vorherrschen, bestimmen sie allein die Logik und die Ergebnisse politischen Handelns, wie auch immer das politische System konkret organisiert sein mag. Der in der marxistischen Staatstheorie gebräuchliche Begriff „bürgerliche Demokratie" soll dem entsprechend zum Ausdruck bringen, dass es trotz eines parlamentarisch rechtsstaatlichen Institutionensystems allein das kapitalistische Besitzbürgertum ist, das über den Staat verfügt. Für die Einschätzung des Charakters eines politischen Systems ist es in dieser Vorstellungswelt daher auch zweitrangig, ob es sich um ein autokratisches oder demokratisches Institutionengefüge handelt, denn die zugrunde liegenden Interessen und der stets sich durchsetzenden Herrschaftsinhalt, auf den es in Wirklichkeit allein ankomme, ist in beiden Fällen durch die Realität der Wirtschaftsverfassung determiniert. Marxistischen Theoretikern war in dieser Konsequenz die These nicht fremd, dass selbst das totalitäre Regime des Faschismus nur eine „Form bürgerlicher Herrschaft" sei und in sofern mit der „bürgerlichen Demokratie" austauschbar.

Demokratie lässt sich in diesem Rahmen nicht durch die Strukturen der politischen Willensbildung definieren, sondern nur finalistisch, im Hinblick auf die Ziele staatlichen Handelns. Erst wenn eine Wirtschaftsverfassung eingerichtet ist, die nach der marxistischen Theorie die Orientierungen an den Interessen aller sicher stellt, ist Demokratie im eigentlichen Sinne möglich. Diese Bedingung erfüllt nur eine Wirtschaftsordnung auf der Basis von gesellschaftlichem Eigentum und staatlicher Planung der maßgeblichen Entscheidung über Produktion und Verteilung. Da diese nur in Form des Staatssozialismus möglich erschien, galten dem orthodoxen Marxismus Sozialismus und Demokratie als gleichbedeutend. Daher konnte unter den Bedingungen einer realisierten sozialistischen Wirtschaftsordnung auch ein politisches System Demokratie, nämlich „sozialistische Demokratie" genannt werden, in dem die universalistischen Grundrechte keine Geltung hatten und die pluralistische Konkurrenz der Parteien und gesellschaftlichen Gruppen um die Regierungsmacht auf der Grundlage allgemeiner und gleicher Wahlen zu Gunsten eines ein für allemal festgelegten Monopols der kommunistischen Partei ausgeschaltet war. Der demokratische Charakter sei ja

II. Theoretische Grundlagen 57

schon durch die Überwindung aller Einzelinteressen im ökonomischen System selbst garantiert.

In diesem Sinne galt die Demokratie ausschließlich als eine Klassenfrage. Die wirtschaftlich herrschende Klasse war unweigerlich auch die politisch herrschende Klasse, ganz gleich, wie das politische System im Einzelnen organisiert war. Die Defekte dieser Klassentheorie der Demokratie liegen auf der Hand. Sie zeigen sich schon in der Konstruktion der Theorie selbst, aber deutlicher noch in der empirischen Erfahrung mit den beiden von ihr einander entgegen gestellten Systemen der „sozialistischen Demokratie" und der „bürgerlichen Demokratie". Ein politisches Institutionensystem, das die Grundrechte und die demokratische Herrschaftslegitimation gewährleistet, begrenzt in der Theorie und wie sich auch zeigte, in der Praxis, zum einen den Gebrauch der wirtschaftlicher Macht und bestimmt zum anderen den Spielraum der wirtschaftlichen Logik durch Entscheidungen mit, die im politischen System getroffen werden. Dem gegenüber können im sozialistischen System die Gruppen, die sich jeweils in den realpolitischen Machtkämpfen als die wahren Sachverwalter der gesellschaftlichen Interessen durchsetzen, ohne Kontrolle durch eine unabhängige Öffentlichkeit, konkurrierende Parteien, in ihren Grundrechten geschützte Bürger und freie Wahlen willkürlich entscheiden, was sie als die gesellschaftlichen Mehrheitsinteressen definieren, auf die sich ihr Anspruch auf demokratisch legitime Herrschaft stützt.

Ihr demokratischer Anspruch, inhaltlich die Mehrheitsinteressen auf der Grundlage der dafür geeigneten ökonomischen Ordnung zu vertreten, beruht auf einem logischen Fehlschluss. Letzten Endes werden einfach die jeweiligen Entscheidungen der herrschenden Gruppe als Mehrheitsinteressen definiert, unabhängig davon, ob sie sich in einer offenen Willensbildung als solche bewähren oder nicht. Dies erlaubt es den jeweiligen Machthabern, jegliche Kritik an ihrer Herrschaftsausübung als einen Kampf gegen die wahren gesellschaftlichen Interessen zu brandmarken und die Kritiker zu kriminalisieren. Widerspruch zu jeder besonderen Politik der kommunistischen Regierungsparteien kann somit als Verbrechen gegen die eigentliche Demokratie gebrandmarkt werden. In diesem zirkulären Verfahren definierten sich selbstermächtigte Minderheitsgruppen für alle Zeit als qualitative politische Mehrheiten.

Tatsächliche Probleme
Der vergleichsweise große Erfolg, den eine solche Theorie der Demokratie als Klassenherrschaft auch im freien wissenschaftlichen Diskurs pluralistischer Gesellschaften während des 20. Jahrhunderts hatte, erklärt sich aus dem Umstand, dass sie eine gravierende Schwäche der rechtsstaatlichen Demokratie tatsächlich

trifft, wenn auch in maßlos überzogener Weise. In der Realität aller rechtsstaatlichen Demokratien zeigen sich nämlich zwei für die Glaubwürdigkeit ihres Legitimationsanspruchs bedeutsame Herausforderungen. Die eine besteht darin, dass sie stets nur unter Bedingungen einer marktwirtschaftlichen Wirtschaftsverfassung und der mit ihr verbundenen zentralen Rolle des Privateigentums an den Produktionsmitteln entstanden. Damit ist unweigerlich eine Reihe von Problemen verbunden, die den demokratischen Legitimationsanspruch belasten und häufig genug auch infrage stellen. Primäre Folgen privatkapitalistischer Wirtschaftsverfassung sind stets erhebliche Ungleichgewichte der Akteure im Hinblick auf ihre wirtschaftlichen, organisatorischen und finanziellen Ressourcen, mit denen Einfluss auf den demokratischen Willensbildungsprozess genommen werden kann.

Märkte führen von sich aus stets zu beträchtlichen Ungleichheiten der Vermögen, der Einkommen und der wirtschaftlichen Handlungsfreiheit mit der Tendenz zu einer die Generationen übergreifenden sozialökonomischen Klassenbildung. Nur wenn die politischen Akteure auf der Grundlage aktiver Mehrheitsunterstützung zielstrebig und über längere Zeiträume hinweg die demokratischen Machtmittel des politischen Systems dafür einsetzen, diese Probleme zu entschärfen und Mindestbedingungen der Handlungsgleichheit der Staatsbürger und der Einflussgleichheit der Akteure auf das politische System durchzusetzen, kann es gelingen, das Ungleichheitsproblem so weit zu entschärfen, dass es nicht mehr die Funktionsbedingungen moderner Demokratie selbst in Frage stellt. Dies kann, solange die marktwirtschaftliche Verfassung in Kraft bleibt, niemals ganz gelingen. In der Geschichte der rechtsstaatlichen Demokratien hat sich gleichwohl stets gezeigt, dass die Mehrheit der Bürgerinnen und Bürger die Wohlstands- und Freiheitsgewinne der Marktwirtschaft weit höher veranschlagen als die Gleichheitsverluste, die damit in wechselndem Maße immer verbunden bleiben.

In den darauf bezogenen Debatten hat sich die Erkenntnis durchgesetzt, dass die fundamentale Alternative zur Marktökonomie gerade nicht die Gewährleistung dafür bietet, dass dann eine verbesserte Bilanz von Freiheit und Gleichheit erreicht werden kann. Vielmehr geht mit der wirtschaftlichen Freiheit in planwirtschaftlich verfassten Systemen die Freiheit und darüber hinaus auch die Gleichheit verloren, da nunmehr die Kontrolle über die herrschenden Machtgruppen und die durch sie bestimmten Verteilungsverhältnisse nicht mehr gewährleistet werden kann. Was in realistischer Betrachtung bleibt, ist letzten Endes nur die Wahl zwischen zwei Systemarrangements, die beide hinter ihren selbstgesetzten Idealen deutlich zurück bleiben, jedoch auf eindeutig asymmetrische Weise. Während die rechtsstaatlichen Demokratien sich den Normen der politischen Freiheit und weitgehend auch der Gleichheit je nach demokratisch durchgesetzter Politik immerhin in beträchtlichem Maße anzunähern vermögen, kann in nicht-marktwirtschaftlich verfassten Gesellschaften zwar eventuell ein höheres Maß an Gleichheit erreicht werden, aber eindeutig zu Lasten der Freiheit. Das gilt nicht nur im politischen und gesellschaftlichen Bereich, sondern in Folge der dann gegebenen Herrschaftsbedingungen sogar in der privaten Lebenswelt.

Dieser Unterschied macht eine entscheidende Asymmetrie der politischen Systeme deutlich. Dort wo formell Freiheit und Gleichheit institutionalisiert sind, ist die Voraussetzung gegeben, dass die Bürgerinnen und Bürger die damit gegebenen Spielräume nutzen können, um beide weiter zu entwickeln und die Bedingungen, denen sie unterliegen, zu verbessern. Sie haben gemäß dem demokratischen Anspruch einen erheblichen Spielraum der Gestaltung der wirtschaftlichen und gesellschaftlichen Verhältnisse und können selbst entscheiden, welche Bilanz sie im Falle der unvermeidlichen trade off' s zwischen Freiheit und Gleichheit ziehen wollen. Diese Möglichkeit haben sie hingegen dort, wo Grundrechte und Mehrheitsregeln nicht institutionalisiert sind, gerade nicht. Darüber hinaus haben sie unter diesen Bedingungen aber auch nicht die Möglichkeit, aus eigener Entscheidung die politischen Rahmenbedingungen zu verändern, wenn sie die Erfahrung machen, dass diese ihren eigenen Vorstellungen einer akzeptablen Balance von Freiheit und Gleichheit nicht entsprechen.

Demokratie und Bürgerschaft

Dies widerspricht dem demokratischen Anspruch grundlegend, ganz unabhängig davon, welches Maß an Gleichheit die entscheidenden Herrschaftsgruppen jeweils für zuträglich erachten. Im Hinblick auf die marxistische Gleichsetzung von Demokratie und Klassenherrschaft kann folglich die These des britischen Soziologen *Thomas S. Marshall* überzeugend begründet werden, dass es, sobald die politische Demokratie gewährleistet ist, in hohem Maße eine Frage der Entscheidung der Staatsbürger selbst ist, in welchem Maße und mit welchen Konsequenzen sozialökonomische Klassen auf den Prozess der politischen Willensbildung Einfluss haben können und in welchem Maße Klassenbildung selbst dauerhaft akzeptiert wird. Eine soziale Demokratie gewährleistet, dass der sozialökonomischen Klassenbildung in den realen Lebensverhältnissen der Bürgerinnen und Bürger die Spitze gebrochen und ihrem Einfluss auf die politischen Entscheidungen enge Grenzen gezogen werden kann.

Die These von Canfora, wonach Demokratie nur als Klassenherrschaft möglich sei, ist vom Marxismus inspiriert, bezieht sich zugleich aber auch auf die

Erfahrung mit der antiken Polis- Demokratie, bei der die Voraussetzung für eine annähernd gleichberechtigte Entscheidungsteilhabe der wenigen Besitzbürger der Ausschluss der großen Mehrheit der Sklaven, Frauen und Nicht-Besitzbürger aus dem politischen Leben war. Die Sklaven erarbeiteten den gesellschaftlichen Reichtum, der die Voraussetzungen dafür schuf, dass die Minderheit gänzlich vom Zwang der Erwerbsarbeit befreit war und sich daher dem politischen Leben in der Polis widmen konnte. Auch dieser Teil von Canforas These enthält aber einen gravierenden Widerspruch, diesmal im Begriff der Demokratie selbst. Das freie und allein dem politischen Leben gewidmete politische Engagement der Wenigen, für das die Arbeit der Mehrheit der Gesellschaft die Voraussetzungen schafft, hat mit dem Anspruch der Demokratie schon begrifflich nichts zu tun. Es handelt sich vielmehr um eine Variante der Aristokratie.

Demokratie ist immer von den Asymmetrien des Marktkapitalismus begrenzt und bedroht. Wie weit dabei die Abweichung von den Zielen der gleichen Freiheit und der gleichen Handlungschancen reicht, ob sie mit dem grundlegenden Anspruch der Demokratie selbst kollidiert oder eine jederzeit kontrollierbare und korrigierbare Einschränkung bleibt, ist letzten Endes allein eine Sache der Bürger, ihres Problembewusstseins, ihrer Wertpräferenzen und ihres Handlungswillens. Demokratie ist ihrem wesentlichen Anspruch nach als Klassenherrschaft nicht möglich. Ob sie trotz des unvermeidlichen Maßes sozialökonomischer Klassenbildung und Ungleichheiten, die mit jeder Form der Marktwirtschaft verbunden sind, ihren eigenen Anspruch im wesentlichen gerecht wird oder nicht, ist Sache der konkreten Handlungspraxis der Bürgerinnen und Bürger in einem gegebenen Gemeinwesen.

Die politische Theorie des Liberalismus hat die Bedingungen formuliert, die erfüllt sein müssen, damit in der nachmetaphysischen Ära politische Herrschaft mit Anspruch auf universelle Gültigkeit legitimiert werden kann. Das entscheidende Kriterium liegt dieser Theorie zufolge in der *politischen* Gleichheit der Bürger als Partner und Teilhaber des Gesellschaftsvertrags, auf den sich in letzter Instanz alle politische Herrschaft zurückführen lassen muss. Das gilt nicht nur für die Gewinnung abstrakter Legitimationsnormen im Sinne eines fiktiven Gründungsaktes, sondern ebenso im Hinblick auf die Gesamtheit der gegenwärtigen Formen und Akte legitimer politischer Herrschaft. Bürgerschaft, der gleichermaßen legitimierende und verpflichtende Bürgerstatus, kann folglich unter modernen Bedingungen nur das Recht jedes Bürgers bedeuten, gleichberechtigt mit allen anderen Bürgern über die Regeln der Konstituierung des politischen Ge-

II. Theoretische Grundlagen

meinwesens zu entscheiden und in fortwährender Gleichberechtigung an den politischen Entscheidungsprozessen des Gemeinwesens beteiligt zu sein[10].

Die Gleichverteilung der politischen Rechte und Pflichten ist die generative Idee politischer Herrschaftslegitimation der Moderne. Sie bezieht sich, in den Grenzen des unantastbaren Kerns der Menschen- und Bürgerrechte selbst, auch auf die immer wieder neu gestellten *meta-politischen* Entscheidungsfragen, wie die Rechte der Menschen und Bürger auszulegen und im Widerspruchsfall zueinander zu regulieren sind und welchen Umfang bezogen auf die unterschiedlichen Dimensionen des Handelns sie haben müssen, um ihren elementaren Sinngehalt der Gewährleistung gleicher Freiheit in wechselnden Situationen behaupten zu können. Aus diesem Grund hat sich sowohl in der politischen Realgeschichte der Entfaltung der liberalen Grundrechte und ihrer Widersprüche in der Praxis wie in ihrer sozialwissenschaftlichen Erörterung der Bürgerstatus als der *begriffliche und rechtliche Fokus* für die Bearbeitung der Widersprüche zwischen der Formalgeltung und der Realwirkung der Grundrechte der Bürger erwiesen.

Soziale Bürgerschaft
Die Geschichte der sukzessiven historischen Entfaltung der politischen und sozialen Bürgerrechte hin zu dem im zwanzigsten Jahrhundert erreichten Stand der rechtlichen Institutionalisierung eines mit umfangreichen Rechten ausgestatten sozialen Bürgerstatus ist eine Geschichte der zunehmenden Überwindung der „Hindernisse, die die bürgerlichen Rechte von den Mitteln ihrer Verwirklichung trennen" und der politischen Durchsetzung derjenigen Konsequenzen, die gezogen werden müssen, um diese Mittel allen Bürgern verfügbar zu machen[11]. In der Konsequenz derselben Entwicklung wurde, konzeptionell und praktisch, die Herausforderung angenommen, die Hindernisse zu identifizieren und zu überwinden, die einen Teil der Staatsbürger von den Mitteln der Verwirklichung ihrer Grundrechte und den Voraussetzungen der Gleichheit ihrer privaten Autonomie trennen. Die Universalität der gleichen bürgerlichen Rechte treibt unwiderstehlich einen politischen Prozess aus sich hervor, der all diese Hindernisse nach und nach identifiziert und durch eine allmähliche Erweiterung und Materialisierung

---

[10] Der englische Begriff citizenship ist nicht ohne beträchtliche Bedeutungsverschiebungen ins Deutsche zu übersetzen. Das Bedeutungselement des internen Zusammenhangs von Rechten und Pflichten sowie die Vorstellung einer aktiven Staatsbürgerrolle im Rahmen einer politischen Gemeinschaft gehen im Begriff der Staatsbürgerschaft weit gehend verloren. Ich greife im vorliegenden Text daher überwiegend auf die Begriffe des Bürgerstatus und der Bürgerschaft zurück, gelegentlich auch auf Bürgerrechte.
[11] Marshall 1992: 61

von universellen Statusrechten der Bürger überwindet. Die Antriebsenergien und das Ziel dieses Prozesses liegen in der Herbeiführung gesellschaftlicher Verhältnisse, in denen die Formalgeltung und die Realwirkung der Grundrechte für alle Bürger zur Deckung gelangen, in der Terminologie von Marshall die Verfügung über die Mittel zur Verwirklichung der Rechte ebenso universell geworden ist wie die Geltung dieser Rechte selbst.

Marshall präsentiert in seiner systematisierenden Rekonstruktion der historischen Stufenfolge der Entfaltung der bürgerlichen, politischen und sozialen Dimensionen von Bürgerschaft die gesellschaftlichen Erfahrungen und ihre argumentative Verarbeitung in der Theorie, die diesen Prozess in der Logik des ursprünglichen egalitären Legitimationsanspruchs zu immer neuen Stufen und Graden der Universalität seiner Einlösung vorangetrieben hat. Seine rekonstruktive Theorie der notwendigen Dimensionen eines vollen Bürgerstatus bildet die Brücke zwischen dem ursprünglichen liberalen Verständnis universeller Grundrechte und dem gegenwärtig gültigen Völkerrecht, das in den UN-Pakten von 1966 diese Grundrechte in einer ausdifferenzierten Palette von Geltungsdimensionen negativer und positiver Freiheitsrechte in Kraft gesetzt hat.

Die paradigmenbildende Bedeutung von Marshalls Theorie des Zusammenhangs der Bestandteile des Staatsbürgerstatus besteht darin, dass er zwischen den Stufen dieser Entfaltungsgeschichte und ihrer jeweiligen Legitimation einen Deutungszusammenhang herstellt, der zugleich erklärende und systematisch begründende Bedeutung gewinnt. Die wirkungsgeschichtliche Bedeutung von Marshalls *social-citizenship*-Theorie ergibt sich daraus, dass er mit systematischem Geltungsanspruch zeigen kann, dass die in der historischen Stufenfolge jeweils voranschreitenden Grundrechtsdimensionen überhaupt nur dadurch ihre legitimierende Kraft entfalten und behaupten konnten, dass sie zu gegebener Zeit in der nächst folgenden Stufe aufgehoben wurden. Die liberalen bürgerlichen Abwehrrechte gegen staatliche Übergriffe, wie sie im 18.Jahrhunderts Anerkennung fanden, mussten im 19. Jahrhundert durch die politischen Gleichheitsrechte ergänzt werden, um ihren Geltungsanspruch zu erfüllen. Und beide bedurften im 20. Jahrhundert der Ergänzung durch soziale Grundrechte, um sie tatsächlich für alle Personen wirksam werden zu lassen.

Es ist der universelle Anspruch der Grundrechte selbst, der sich angesichts neuartiger oder auf neue Weise interpretierter Handlungsbarrieren im Prozess ihrer stufenförmigen Erweiterung geltend macht. Die Logik wird dadurch vorangetrieben, dass niemand sonst als die Staatsbürger selbst die Interpretation ihrer Grundrechte im Lichte neuer Erfahrungen vornehmen kann. In diesem Sinne enthält Marshalls Theorie der sozialen Grundrechte zugleich eine Theorie der

II. Theoretische Grundlagen

Staatsbürgerschaft selbst. Sie hat in den Grundrechtspakten der UNO von 1966 ihren völkerrechtlich gültigen Ausdruck gefunden. Bürgerschaft unter den egalitären Geltungsbedingungen der modernen Kultur ist daher, wie Marshalls Rekonstruktion ihrer Selbstauslegung seit den Anfängen des politischen Liberalismus zeigt, unvermeidlich reflexiv. Ihre reflexive Dynamik ist eine durch Erfahrung voranschreitende Besinnung darauf, wie die Geltungsbedingungen gleicher Bürgerrechte in wechselnden empirischen Handlungskontexten jeweils zu bestimmen und einzulösen sind. Diese Dynamik bietet unter demokratischen Voraussetzungen den entscheidenden Hebel dafür, Klassenbildungen unterschiedlicher Art so zu begrenzen, dass sie nicht die Demokratie selbst und die Souveränitätsstellung der Staatsbürger zunichtemachen können. Ach wenn Ungleichheit der Einkommen und Vermögen sowie des Zugangs zu wirtschaftlicher Entscheidungsmacht unter marktwirtschaftlichen Bedingungen, also soziale Klassenbildung, in einem bestimmten Ausmaß unvermeidlich sind, sollen und können die sozialen und ökonomischen Bürgerrechte gewährleisten, dass allen Bürgerinnen und Bürger jederzeit die sozialen und wirtschaftlichen Vorasssetzungen zur Verfügung stehen, die ihre volle bürgerliche und politische Handlungsfähigkeit gewährleisten. Sie verhindern soziale und politische Exklusion, die Ausschließung von Bürgern aus den gesellschaftlichen und politischen Verständigungs- und Entscheidungsprozessen. Auch in den Fällen, in denen die Einflusschancen sozialer Klassen im demokratischen Prozess asymmetrisch bleiben, verhindert sozialen Bürgerschaft, dass Demokratie zur Klassenherrschaft werden kann.

Weiter führende Literatur

Andersen, John / Siim, Birte 2004: The Politics of Inclusion and Empowerment: Gender, Class and Citizenship, New York.

Canfora, Luciano 2006: Eine kurze Geschichte der Demokratie. Köln.

Marshall, Thomas Humphrey 1974: Class, Citizenship and Social Development, New York.

8 Geschlecht und Bürgerschaft

Die Last der Tradition
Das Kennzeichen so gut wie aller Theorie und Praxis der Demokratie war bis in die jüngste Vergangenheit ihre charakteristische „Halbierung" im Hinblick auf die Einbeziehung der Geschlechter. Demokratie war Männersache und die Grundrechte waren es in erheblichem Maße ebenfalls. Bis zum Beginn der Neuzeit und selbst noch für maßgebliche Denker der Aufklärung wie Immanuel Kant galt der vollständige Ausschluss der Frauen aus dem politischen Leben als ein von Natur gegebener Sachverhalt, der kaum einer besonderen Rechtfertigung bedurfte. Erst im zwanzigsten Jahrhundert und bis in die Gegenwart hinein noch immer unvollständig wurden die politischen Gleichheitsrechte der Frauen allmählich anerkannt und in den meisten Demokratien wenigstens teilweise verwirklicht. Die Jahrtausende alte Männerherrschaft wurde dort, wo sie einer besonderen Begründung für notwendig erachtet wurde, stets mit dem Argument vorgeblich intellektueller oder charakterlicher Defizite der Frauen gegenüber dem männlichen Geschlecht gerechtfertigt. Diese Strategie nahm je nach kulturellen Grundmustern und vorherrschenden Überzeugungen eine andere Gestalt im Detail an, war in Vorgehensweise und Absicht aber weitgehend invariant.

Die faktische Dominanz der Männer und die scheinbare kulturelle Selbstverständlichkeit ihrer Rechtfertigung wirkten so überwältigend, dass sich wirksamer Protest von Frauen gegen diesen Ausschluss erst im Gefolge der europäischen Aufklärung seit der Mitte des 19. Jahrhunderts in der Frauenwahlrechtsbewegung zu formieren bekann. Selbst in modernen Demokratien, die in anderer Hinsicht so partizipationsfreudig sind wie die Schweiz, wurde das Frauenwahlrecht erst im letzten Viertel des 20. Jahrhunderts eingeführt. In kaum einer der Demokratien der Gegenwart ist die Geschlechtergleichstellung bis heute vollständig vollzogen. Ihr am weitesten gehender Erfolg in Kultur, gesellschaftlichem Leben und politischer Beteiligung ist in den skandinavischen Demokratien zu verzeichnen.

Begründungsmuster
In der Antike wurde die Unterordnung der Frauen im häuslichen Leben und ihr Ausschluss aus der öffentlichen Sphäre mit der damals vorherrschenden Seelenlehre begründet. Dieser zufolge ist die Mischung der drei Kräfte Vernunft, Mut und Begehren in jeder einzelnen Seele der Menschen höchst unterschiedlich, bei den Frauen generell jedoch solcher Art, dass die beiden für die aktive Teilhabe am politischen Leben entscheidenden Fähigkeiten, Vernunft und Mut, nur unzu-

II. Theoretische Grundlagen

reichend entwickelt sind. Folglich galt in den Hochzeiten der antiken Demokratie in Griechenland die volle aktive Staatsbürgerschaft von Frauen aus anthropologisch- konstitutionellen Gründen als ausgeschlossen. Während des gesamten christlichen Mittelalters wurde die biblische Lehre so gedeutet, dass die Frauen den Männern nach Gottes Willen prinzipiell untergeordnet seien. Sie galten wie in der Antike in ihren Verstandes- und Charaktereigenschaften als defizitär gegenüber dem männlichen Geschlecht und daher nicht zur Teilhabe am öffentlichen Leben befähigt. Ohnehin war ja auch in dieser Zeit der Staat strikt hierarchisch organisiert, so dass nur die durch den göttlichen Willen unmittelbar legitimierten obersten Herrscher zur maßgeblichen politischen Entscheidung befähigt erschienen. Ihnen waren alle übrigen Männer in hierarchischer Staffelung je nach ihren geistigen Fähigkeiten untergeordnet und diesen dann generell im persönlichen, gesellschaftlichen und politischen Leben wiederum die Frauen.

Selbst in der beginnenden Aufklärung, die ja im Kern eine starke Begründung für die universelle menschliche und politische Gleichheit darstellte, galten die Frauen wiederum als Menschen zweiter Klasse, die prinzipiell der männlichen Herrschaft untergeordnet blieben. Die Denker der Aufklärung, deren Philosophie die stärkste Begründung des Prozesses der modernen Demokratisierung darstellt, gingen gleichfalls noch von der traditionellen Vorstellung aus und versuchten ihr eine Art Begründung mit der These zu verleihen, dass der Verstand der Frauen eine andere Beschaffenheit habe als derjenige der Männer. Er befähige sie zwar passiv zum Verständnis vernünftiger Argumente, aber nicht wie bei den Männern zur aktiven Erzeugung der Vernunftleistungen. Darum galten sie zwar als passive Staatsbürgerinnen, für die wohl das geltende Recht, obgleich ebenfalls mit erheblich geschlechterspezifischen Abstufungen, galt. Aber sie erschienen nicht befähigt, als Aktivbürgerinnen am öffentlichen Leben und an der Schaffung der Gesetze teil zu nehmen.

Dem entsprach es, dass in einem Land wie Deutschland das Frauenwahlrecht erst 1918 eingeführt wurde und eine Mitgliedschaft von Frauen in politischen Parteien bis zu Beginn des 20. Jahrhunderts gesetzlich verboten war. Es war die von England ausgehende Frauenwahlrechtsbewegung in der Mitte des 19. Jahrhunderts, die der vermeintlichen Selbstverständlichkeit des Ausschlusses der Frauen aus dem politischen Leben allmählich die Plausibilität nahm und das Thema in hartnäckigen Kämpfen auf die Tagesordnung der Demokratien der fortgeschrittensten europäischen Länder setzte. Nach und nach wurde im Verlaufe des 20. Jahrhunderts dann zwar in allen Demokratien in formeller Hinsicht das Frauenwahlrecht eingeführt, aber die realen Bedingungen weiblicher Teilhabe an den politischen Willensbildungs- und Entscheidungsprozessen sind, mit großen

Unterschieden von Land zu Land, bis in die Gegenwart hinein einer geschlechterspezifischen Spaltung unterworfen, die es fast überall für die Frauen sehr viel schwerer macht, ihre formalen Teilhaberechte real auch wirksam werden zu lassen.

Bedingungen der Gleichstellung
Eine bedeutende Rolle hat im Prozess der realen Geschlechtergleichstellung die Quotenpolitik gespielt. In einigen Ländern wurden für die Führungsämter der politischen Parteien und teilweise sogar für die Parlamentsmandate Geschlechterquoten eingeführt, die formalrechtlich einen Mindestanteil, häufig die volle Parität, für die Repräsentation von Frauen vorsahen. Trotz aller Kritik, dass der Formalismus einer solchen Quotenregelung entweder die realen Handlungsbedingungen von Frauen verfehlen oder gar die erstrebte Frauengleichstellung in der Politik zusätzlich erschweren würde, da zunächst nur unzureichend qualifizierte Frauen in die entsprechenden politischen Ämter gelangen würden, hat sich das Instrument der Quotenregelung als erfolgreich erwiesen. In den politischen Parteien und Institutionen, in denen es praktiziert wurde, hat sich schnell gezeigt, dass eine ausreichende Zahl angemessen qualifizierter und befähigter Frauen auch in kurzer Frist für die entsprechenden politischen Positionen gewonnen werden kann.

Führende Demokratietheoretikerinnen wie Birgit Sauer gelangen aber in einer an den tatsächlich gegebenen unterschiedlichen Handlungsbedingungen der Geschlechter orientierten Analyse zu dem Ergebnis, dass für eine geschlechtersensible Konzeption und praktische Organisation von Demokratie weit mehr erforderlich ist, als lediglich das formal gleiche Wahlrecht und die Quotenregelung, obgleich beide entscheidende Schritte in Richtung auf die faktische politische Geschlechtergleichstellung darstellen. Diesen Analysen zufolge reicht die Benachteiligung der Frauen auch in den modernen Demokratien bis tief hinein in die unterschiedlich strukturierten Lebenswelten der Geschlechter und können nur durch eine Weiterentwicklung demokratischer Beteiligungsformen wirksam überwunden werden, die sich auf diese gesellschaftlichen und lebensweltlichen Unterschiede einstellen.

Als entscheidende Schritte auf dem Wege zu diesem Ziel erscheinen die folgenden:

Erstens: Die Stärkung der lokalen Demokratie, der dezentralen Partizipationsformen und die direkt- demokratische Ergänzung der repräsentativen Demokratie.

II. Theoretische Grundlagen

Dies erleichtert es vielen Frauen, aktiv am politischen Leben teilzunehmen, die in den Repräsentationsprozessen häufig auf größere Widerstände stoßen.

Zweitens: Die demokratischen Prozesse müssen für neue politische Akteure der Zivilgesellschaft jenseits von Parteien und anderen Großorganisationen geöffnet werden. Hier finden Frauen erfahrungsgemäß bessere Gleichstellungschancen, weil diese Beteiligungsformen eine größeren Nähe zu den Bedingungen ihrer Lebenswelt aufweisen.

Drittens: Die subpolitischen Entscheidungsräume innerhalb der Zivilgesellschaft und der Lebenswelten öffnen ebenfalls bessere tatsächliche Partizipationschancen für Frauen und müssen im politischen Willensbildungsprozess daher aufgewertet werden. Eine Demokratisierungsstrategie, die die dafür geeigneten Entscheidungsverfahren aus der staatlichen Sphäre in die Foren der Subpolitik verlagert, dient demzufolge einer effektiven Gleichstellungspolitik.

Viertens: Die Verbesserung der materiellen Ressourcen der Staatsbürgerinnen für die aktive Teilnahme am politischen Leben ist eine wichtige Bedingung für das Gelingen der Frauengleichstellung. Das bezieht sich gleichermaßen auf Bildungsbedingungen und andere kulturelle Handlungschancen, auf soziale und ökonomische Teilhabe, insbesondere die eigenständige soziale Sicherung von Frauen und ihre Gleichstellung im Berufsleben.

Fünftens: Auch die Zeitpunkte und die Rhythmen der Gremiensitzungen und anderer öffentlicher Veranstaltungen, die über die Einflussnahme auf den politischen Willensbildungsprozesse entscheiden, müssen näher an die Lebensrhythmen und Zeitstrukturen im Leben der Frauen heran gerückt werden. Das Zeitbudget und die Zeitstrukturen in der alltäglichen Lebensführung der Frauen muss für die Organisationsformen der direkten und der repräsentativen Demokratie eine Ausschlag gebende Rolle spielen.

All diese Überlegungen laufen darauf hinaus, dass die Chance einer effektiven Geschlechtergleichstellung in den demokratischen Willensbildungsprozessen dann am besten gelingen kann, wenn drei auf sie bezogene Strategien mit einander verschränkt werden:

1. Quotenregelungen und andere auf eine sanktionierbare formelle Gleichstellung der Geschlechterbeteiligung bezogene Regelungen,

2. Sicherstellung der sozialen, ökonomischen und kulturellen Ressourcengleichheit der Geschlechter und
3. Dezentralisierte demokratische Beteiligungsstrukturen, die den demokratischen Prozess im Kern zu einer Lebensform statt zu einer von den Lebenswelten abgehobenen Angelegenheit repräsentativer Institutionen allein machen.

Tatsächlich erweist die Praxis, dass in denjenigen Demokratien, die sich den von der feministischen Demokratietheorie formulierten Bedingungen weitgehend angenähert haben, wie insbesondere in den skandinavischen Ländern, die faktische Geschlechtergleichstellung im demokratischen Prozess im Vergleich zu den anderen Ländern weit voran geschritten ist. Es hat sich aber auch gezeigt, dass ohne eine beständige und nachdrückliche Einforderung dieser Bedingungen durch die gesellschaftlich und politisch organisierten Frauen selbst, Fortschritte zu diesem Ziel entweder nur schleppend und unter vielen Rückschlägen stattfinden oder sogar gänzlich ausbleiben. Die Geschlechtergleichstellung in der modernen Demokratie erscheint angesichts dieser Erfahrung als eine dauernde Aufgabe.

Weiter führende Literatur

Young, Iris Marion 1993: Das politische Gemeinwesen und die Gruppendifferenz. Eine Kritik am Ideal des universalen Staatsbürgerstatus, in: Herta Nagl-Docekal/Herline Pauer-Studer (Hg.): Jenseits der Geschlechtermoral. Beiträge zu einer feministischen Ethik, Frankfurt/Main: 267-304.

Rosenberger, Sieglinde/ Sauer, Birgit(Hg.) 2004: Politikwissenschaft und Geschlecht. Konzepte- Verknüpfungen- Perspektiven. Wien.

Fraser, Nancy / Honneth, Axel 2003: Umverteilung oder Anerkennung? – Eine politisch-philosophische Kontroverse, Frankfurt/M. (Suhrkamp)

Sauer, Birgit 2007: Die Asche des Souveräns. Staat und Demokratie in der Geschlechterdebatte. Frankfurt/M.

9 Normative und realistische Demokratietheorien

Unvermeidlichkeit des Normativen
Demokratie ist die Verfassung der politischen Gleichheit. Insofern beruht sie in ausschlaggebendem Maße auf normativen Grundlagen, die bei keiner sinnvollen Analyse oder Bewertung von Demokratie außer Acht gelassen werden können. Eine Praxis oder eine Theorie der Demokratie, die glauben, ohne diesen konstitutiven normativen Bezug auskommen zu können, wären folglich ein Widersinn. Freilich reicht die normative Fundierung für die Begründung und die Stabilität in der Realität funktionstüchtiger Demokratie bei weitem nicht aus. Denn über die normative Grundlage der politischen Gleichheit hinaus stellt sich eine Vielzahl praktischer und theoretischer Frage, die alle einer überzeugenden Antwort bedürfen. Zu ihnen gehören die folgenden: Welches Ausmaß faktischer politischer Teilhabegleichheit muss mindestens erfüllt sein? Wie ist diese am besten zu organisieren? Welches Verhältnis zwischen Teilhabegleichheit und Ergebnissicherung im Sinne von Mehrheitsinteressen ist wünschenswert? Die Antworten auf diese Fragen haben in der Geschichte der Demokratietheorie stets ein weites Spektrum umfasst, das von der fast ausschließlichen Betonung der Gleichheitsforderung bis zur überwiegenden Betonung von Ergebnisorientierung und Stabilität reichte. In neuerer Zeit hat sich für die beiden Pole dieses Spektrums die im Grunde irreführenden Bezeichnung *normative* bzw. *realistische* Demokratietheorie eingebürgert.

Seit den 1970er Jahren ist für eine Gruppe vor allem aus dem angelsächsischen Bereich stammender Demokratietheorien mit erheblichen Folgen für die Praxis die Bezeichnung „realistisch" üblich geworden. Diese Charakterisierung soll, direkt und indirekt, einen Gegensatz zu „unrealistischen", nämlich vor allem normativ orientierten Demokratietheorien markieren. Diese Gruppe neuerer Demokratietheorien geht in erster Linie auf die einschlägigen Arbeiten des österreichisch- amerikanischen Wissenschaftlers *Josef Schumpeter* zurück. Ihren theoretischen Höhepunkt erfuhr sie in den idealtypischen Zuspitzungen des amerikanischen Politikwissenschaftlers *Anthony Downs* und dessen in der seitherigen Demokratietheorie stets stark beachteten ökonomischen Theorie der Demokratie, die Demokratie auf die Funktion eines politischen Marktes reduziert. Gemeinsam ist den als „realistisch" bezeichneten Demokratietheorien ein Verständnis von Demokratie als bloßer Methode der Auswahl zwischen konkurrierenden Eliten. Diese sei im wirklichen Leben aller existierenden Demokratien die Realität, während sich darüber hinaus zielende Modelle breiter gesellschaftlicher Entscheidungsbeteiligung als ein machtloses bloßes Sollen erweisen.

Methodologisch ist die „realistische" Demokratietheorie durch die *Rational-Choice-Theorie* gekennzeichnet. Diese Methode verfährt nach den Kriterien des methodologischen Individualismus und geht davon aus, dass alles tatsächlich beobachtbare Verhalten politischer Akteure in der Demokratie auf die individuellen Nutzenkalküle unter dem Vorrang des Eigeninteresses handelnder Personen zurückgeht und erklärt werden muss. Der Begriff des Eigeninteresses kann dabei weiter gefasst sein, oder enger, sodass er in der Hauptsache nur ökonomische Elemente umfasst. Entscheidend für diesen Ansatz ist dabei, dass die Präferenzen, nach denen die Bürgerinnen und Bürger in der Demokratie handeln und entscheiden, für das politische System selber als externe Größen anzusehen sind. Sie werden im privaten Erfahrungsraum ausgebildet, zum Beispiel durch die soziale Zugehörigkeit, die ökonomische Position oder andere Formen der gesellschaftlichen Verortung. Die einzelnen Personen treten mit ihnen als Akteure oder Wähler in das politische System ein und versuchen dort, soweit sie dies für zweckrational erfolgversprechend oder geboten halten, das größtmögliche Maß an Erfüllung zu finden. Das politische System kann sich nach diesen Voraussetzungen nur in der Form eines Marktes konstituieren, auf dem alle beteiligten Akteure die Vorteile, über die sie jeweils verfügen, miteinander tauschen, so dass am Ende alle beteiligten Akteure auf ihre Kosten kommen.

Die Institutionen der Demokratie mit ihrer Begründung der Übernahme politischer Mandate und Ämter auf der Grundlage von Wahlentscheidungen der Bürgerinnen und Bürger lege die politischen Tauschbeziehungen, um die es sich diesem Modell zufolge handelt, für alle verbindlich fest. Die Kandidaten für politische Mandate und Ämter sind demzufolge darauf angewiesen, solche distributiven und regulativen politischen Güter anzubieten, von denen sie annehmen, dass sie den Präferenzen einer Wählermehrheit entsprechen. Die Bürgerinnen und Bürger hingegen vergleichen die Programmangebote der Parteien und Personen, die sich zur Wahl stellen, daraufhin, welche von ihnen ihren eigenen politischen Präferenzen am nächsten kommen und treffen dementsprechend ihre Wahl. So vermitteln sich auf demokratische Weise die Macht- und Amtsinteressen der Kandidaten, die deren individuellen Präferenzen entsprechen, mit den gleichfalls individuellen Interessenspräferenzen der Wählerinnen und Wähler, die allein für ihre Wahlentscheidungen maßgeblich sind. Demokratie reduziert sich in diesem Verständnis auf regelgeleitete Austauschprozesse zwischen eigeninteressiert rational handelnden Personen. Alle in irgendeiner Weise normativ befrachteten politischen Begriffe und Handlungserwartungen an die politischen Akteure erübrigen sich nach den Annahmen dieses Modells vollständig. Darin besteht auch der Anspruch des „Realismus" dieser Theoriegruppe.

II. Theoretische Grundlagen 71

Da rational anzunehmen ist, dass eine größere Zahl von Bürgerinnen und Bürgern ihre eigenen Interessenspräferenzen so verstehen, dass der Ausgang von Wahlen auf sie keinen entscheidenden Einfluss hat oder geringer zu gewichten ist als der Aufwand für das Sammeln von Informationen über die Programmdifferenzen zwischen den Parteien und die Teilhabe an den Wahlen selbst, scheint diese Theorie erklären zu können, warum in vielen Ländern und in vielen Situationen die Beteiligung der Wählerinnen und Wähler an den politischen Wahlen gering ist. Darüber hinaus scheint sie auch eine Begründung dafür zu bieten, dass offenkundig für die große Mehrzahl der Bürgerinnen und Bürger Politik und politische Teilhabe allenfalls von nachgeordneter oder gar keiner Bedeutung sind.

Probleme des „Realismus"
Alles in allem erscheint diese Theoriegruppe daher in mehrfacher Hinsicht als realistisch. Sie erklärt das gesamte politische Geschehen ausschließlich auf der Basis des Eigeninteresses aller beteiligten Personen, sie liefert Begründungen für den politischen Prozess und die geringe Teilnahme der Bürgerinnen und Bürger an ihm und sie hält sich von idealistischen und normative Handlungserwartungen an die politischen Akteure frei, deren Erfüllung doch kaum wahrscheinlich ist, jedenfalls keine zuverlässige Basis für rationale Verhaltenserklärungen und Erwartungen.

Die „realistische" Demokratietheorie ist jedoch zwei Arten von Einwänden ausgesetzt. Der erste Einwand ist logischer Natur und bezieht sich auf den Sachverhalt, dass jedenfalls die demokratischen Regeln und Institutionen selbst unvermeidlicher Weise einen normativen Geltungsanspruch erheben, der von der großen Mehrzahl der Bürgerinnen und Bürger anerkannt sein muss, damit er in der Praxis funktionsfähig wird. In diesem Sinne ist auch die realistische Demokratietheorie im Kern normativ. Der zweite Einwand ist empirischer Natur. Er bezieht sich auf die Ergebnisse politikwissenschaftlicher Tatsachenforschung im Bereich des Verhaltens von Bürgerinnen, Bürgern und Institutionen im politischen Prozess. Zu den in dieser Hinsicht besonders gewichtigen Ergebnissen der empirischen Forschung gehören vor allem die Folgenden:

Erstens: Die empirische Wahlforschung zeigt, dass eine große Mehrheit der Bürgerinnen und Bürger bei den Wahlentscheidungen bis zu einem gewissen Grade ihre sozialen, ökonomischen, oder anders gearteten Eigeninteressen überschreiten und Gemeinwohl-Überlegungen, häufig in handlungsentscheidender Weise, einbeziehen.

Zweitens: Eine von Land zu Land wechselnde, beträchtliche Zahl von Bürgerinnen und Bürgern beteiligt sich kontinuierlich am politischen Prozess, sei es in Initiativen der Zivilgesellschaft oder in politischen Parteien, häufig unter Einsatz privater materieller Ressourcen, ohne dafür eine entsprechende Gegenleistung zu erwarten oder zu erhalten.

Drittens: Eine entscheidende Bedeutung für das Wahlverhalten spielen in großen Teilen aller Gegenwartsgesellschaften Traditionen der politischen Kultur, Milieuzugehörigkeiten oder andere Formen soziokultureller Identität, die nicht auf den Prüfstand der rationalen Interessenkalkulation gestellt werden, die die realistische Demokratietheorie voraussetzt.

Viertens: Das Gewicht einer Einzelstimme für die Ermittlung der Wahlergebnisse ist in den meisten Flächendemokratien der Gegenwart so gering, dass schon die bloße Beteiligung an den Wahlen, geschweige denn die ständige Aufmerksamkeit für das Sammeln der für eine rationale Entscheidung notwendigen politischen Informationen im Hinblick auf die individuellen Interessenspräferenzen einer rationalen Rechtfertigung in den meisten Fällen nicht zugänglich ist.

Das Realitätsbild der realistischen Demokratietheorie erweist sich in seiner Eindimensionalität als empirisch unhaltbar. Es ist nicht in der Lage, eine Reihe wesentlicher, verhaltensbestimmender Faktoren in Rechnung zu stellen, die in der wirklichen Welt eine wichtige und in vielen Fällen sogar die Schlüsselrollen spielen. Die empirische Wahlforschung und andere Zweige der empirischen Verhaltensforschung haben vielmehr gezeigt, dass die meisten Menschen Handlungsstrategien einer *dual- rationality* verfolgen. Sie behalten im wirtschaftlichen Handlungsfeld ihr ökonomisch soziales Eigeninteresse sehr stark im Blick, sind aber bereit, in anderen Handlungsbereichen, einschließlich der Politik Modellen einer kommunikativen Rationalität zu folgen, die durch die Bereitschaft gekennzeichnet ist, die Interessen anderer und das Gemeinwohl in die eigenen Überlegungen argumentativ einzubeziehen. Darüber hinaus sprechen die oft starken Traditionen politisch-kultureller Bindung und sozialer Zugehörigkeit dafür, dass außerrationale und überindividuelle Faktoren bei der Wahlentscheidung einer großen Anzahl von Bürgerinnen und Bürgern eine gewichtige Rolle spielen. Die Ausbildung der politischen Präferenzen der Bürger kann nicht als ein dem politischen Leben selbst externes Faktum verstanden werden, sondern ergibt sich selbst erst aus dem politischen Willens- und Meinungsbildungsprozess.

II. Theoretische Grundlagen

Probleme des Normativismus
Gleichwohl trifft die im Realismusanspruch dieser Gruppe von Demokratietheorien enthaltene Kritik an einem überzogenen demokratischen Normativismus eine entscheidende Schwäche idealistisch- überhöhter Demokratietheorien. Eine politische Dauermobilisierung ist für die meisten Bürgerinnen und Bürger keine verlockende Perspektive, obgleich sich ein beträchtlicher Teil der Gesellschaften in allen modernen Demokratien über sehr lange Zeitabschnitte des Lebens hinweg in Initiativen der Zivilgesellschaft organisiert und ein geringerer, aber nicht zu unterschätzender Teil in politischen Parteien. Es ist auch nicht zu erwarten, dass Bürgerinnen und Bürger in größerer Zahl von ihren wirtschaftlichen, sozialen oder kulturellen Eigeninteressen bei ihrem demokratischen Engagement absehen und stattdessen sich allein an Motiven der Bürgertugend orientieren. In sofern können auch die realistischen Demokratietheorien trotz ihres fragwürdigen Realismus- Begriffs wichtige Gesichtspunkte zu einer Demokratietheorie beisteuern, die in ihren normativen Ansprüchen und Beteiligungserwartungen das starke Gewicht der Eigeninteressen der Bürgerinnen und Bürger nicht aus dem Auge verliert.

Dennoch ist daran zu erinnern, dass der eingebürgerte Sprachgebrauch in die Irre führt, denn demokratisch kann keine Demokratietheorie genannt werden, die den Bezug auf die Gleichheitsnorm vermissen lässt und eine Theorie, die Demokratie jenseits der Sphäre ihrer tatsächlichen Realisierbarkeit ansiedelt, verdiente ihren Namen nicht.

 Weiter führende Literatur

Dahl, Robert A. 1971: Poliarchy: Participation and Opposition, New Haven.

Downs, Anthony 1968: Ökonomische Theorie der Demokratie. Tübingen.

Schmidt, Manfred G. 2006: Demokratietheorien. Wiesbaden.

Schumpeter, Joseph A. 2005: Kapitalismus, Sozialismus und Demokratie, 8. Auflage, Stuttgart.

III. Typen moderner Demokratie

Moderne Demokratien können in mehrfacher Hinsicht voneinander unterschieden werden, wobei sich die verschiedenen Typen, wie die folgenden Darstellungen im Einzelnen zeigen, nicht durchweg gegenseitig ausschließen müssen. Bei den meisten dieser Unterscheidungen geht es auch nicht von vornherein um mehr oder weniger Demokratie, sondern zunächst lediglich um unterschiedliche Wege der praktischen Organisation politischer Gleichheit. Eine Ausnahme machen jedoch die beiden Unterscheidungen zwischen Libertärer vs. Sozialer Demokratie und Defekter vs. Konsoliderter Demokratie, bei denen es im Hinblick auf die Geltung der universellen Grundrechte tatsächlich um einen qualitativen Unterschied geht.

10 Republikanische, liberale und deliberative Demokratie

Unter den vielfältigen Möglichkeiten, Demokratie zu verstehen und zu konzeptualisieren hat die von *Jürgen Habermas* vorgeschlagene Differenzierung einer republikanischen, einer liberalen und einer deliberativen Variante einen gut begründeten Platz. Diese Differenzierung bezieht sich nicht in erster Linie auf das institutionelle Arrangement demokratischer Organisation. Sie orientiert sich viel mehr an den Modi der Integration, durch die aus den vielen Einzelinteressen demokratischer Gesellschaften die Einheit staatlicher Willensbildung hervorgehen kann. Das führt dann unter anderem auch zu institutionellen Anforderungen, insbesondere solche in den Bereichen der Zivilgesellschaft und der politischen Öffentlichkeit. Der Ausgangspunkt dabei ist jedoch eine spezifische Verbindung von demokratischer Kultur, öffentlicher Kommunikation und politischen Partizipationschancen.

Liberale Demokratie
Im Modell der *liberalen Demokratie* orientiert sich der demokratische Prozess im Wesentlichen an der Vermittlung individueller Partikularinteressen, die in der sozial-ökonomischen und gesellschaftlichen Sphäre gebildet und als hartnäckige Anforderungen an staatliches Handeln in den politischen Raum hinein getragen werden. Es sind in erster Linie Vereine und Verbände sowie auf nächst höherer Aggregationsstufe die politischen Parteien, in denen sich die Vielfalt der partiku-

III. Typen moderner Demokratie

lären Interessen organisiert und ins politische System hinein vermittelt. Dabei muss es sich keineswegs ausschließlich oder in erster Linie um soziale und ökonomische Interessen handeln, auch regionale oder kulturelle Interessen sowie Wertorientierungen können als Grundlage partikulärer Interessensstrategien wirksam werden.

Der Anspruch einer liberalen Demokratie beschränkt sich nun angesichts dieser Sachlage lediglich darauf, der Vielfalt dieser Interessen einen angemessenen Raum der Selbstentfaltung und Präsentation zu bieten sowie Institutionen bereit zu stellen, in denen sich die partikulären Interessen vermitteln können. Der politische Pluralismus, der sich daraus ergibt, kann dann auf unterschiedlichen Wegen der Aggregation von Interessen, der Kompromissbildung und der Mehrheitsentscheidung die Integration der vorgegeben Vielfalt zur Einheit einer Staatswillensbildung bewirken. Letztlich geht es dabei aber immer darum, dass sich diese Interessen in ihrer Legitimität und ihrem vorpolitischem Ursprung nur auf äußerliche Weise vermitteln lassen, und nicht in eine neue, übergreifende, politische Gemeinsamkeit aufgelöst werden können.

Das Paradigma der zu diesem Modell gehörigen Interessensvermittlung ist der Lobbyismus. Jedes dieser partikulären Interessen versucht jeweils für sich ein Maximum an Einfluss auf die staatlichen Entscheidungorgane zu gewinnen, ohne die Legitimität der anderen in Frage zu stellen, aber auch ohne die Verständigung mit ihnen im zivilgesellschaftlichen oder öffentlichen Raum zu suchen. Der Prozess des Aushandelns, der Kompromissbildung, der Selektion oder der Zusammenführung bleibt diesen in der Privatsphäre wurzelnden Interessen letztendlich äußerlich und der politische Prozess ist nicht dazu entworfen, die der politischen Sphäre äußerlichen Interessen zu transformieren, sondern lediglich sie zu sortieren, zu selektieren und in unterschiedlichem Grade zu berücksichtigen.

Das liberale Demokratiemodell bedarf folglich neben den Institutionen, die die Grundrechte und den politischen Pluralismus sichern sowie die Einflusschancen der unterschiedlichen Interessen auf den politischen Prozess und die staatliche Willensbildung gewährleisten, lediglich einer informativen Öffentlichkeit, die umfassende Transparenz schafft. Der zugehörige Typ von Öffentlichkeit muss sicher stellen, dass alle gesellschaftlichen Interessen Zutritt zur Darstellung ihrer Ziele im politischen Raum finden und alle Staatsbürger und politischen Akteure einen möglichst vollständigen Überblick über sie gewinnen können. Über eine solche Maximierung der Informativität hinaus folgen aus dem Modell keine weiteren Anforderungen an Organisation und Funktion der politischen Öffentlichkeit.

Im Grenzfall ist Demokratie schon dann in einem für die normativen Ansprüche dieses Modells ausreichendem Maß gewährleistet, wenn die Wahlbürger in die Lage versetzt werden, die Vielfalt der dargestellten Interessen und politischen Handlungsprogramme zu scannen, um nach den Gesichtspunkten der Nähe oder Ferne zu den entsprechenden Interessen ihre eigenen Entscheidungen zu treffen. Gleichzeitig muss es den unterschiedlichen Akteuren erlaubt sein, auf allen Ebenen an die politischen Entscheidungsträger heran zu treten, um für ihre Interessen und deren vermeintliche oder tatsächliche Rolle für das Gemeinwohl zu werben oder auch Druck zu erzeugen.

Dieses Demokratiemodell entstammt der auf John Locke zurück gehenden liberalen Tradition der politischen Philosophie. Es liegt den modernen Pluralismustheorien zugrunde und ist eine der Wurzeln der „realistischen" Demokratietheorie.

Republikanische Demokratie
Das republikanische Modell der Demokratie geht auf die Vorstellung Rousseaus zurück, dass die politischen Tugenden der Bürger, wenn sie in ausreichendem Maße entwickelt sind, eine Konvergenz ihres politischen Willens sicher stellen. Im Maße wie ihr Handeln durch öffentliche Bürgertugenden bestimmt wird, kann sich ein einheitlicher politischer Wille aller Bürgerinnen und Bürger ausbilden. Die Republik ist das allen gemeinsame öffentliche Projekt, das private Partikularinteressen hinter sich lässt. Als Staatsbürger unterscheiden sich die Personen substanziell von ihrem gesellschaftlichen und wirtschaftlichen Rollenverständnis. Während sie im gesellschaftlichen Raum tatsächlich in hohem Maße den Beschränkungen ihres jeweils partikulären Positionsinteresses unterworfen bleiben und in der Konkurrenz mit vielen anderen in fortwährende Durchsetzungskämpfe verstrickt sind, betreten sie den öffentlichen Raum der Demokratie durch die Staatsbürgertugenden geläutert mit dem festen Willen, in dieser öffentlichen Sphäre nur das zur Geltung zu bringen, worin sie mit allen andern Staatsbürgern übereinstimmen, nämlich das Wohl des Gemeinwesens.

Die Tugend der Gemeinwohlorientierung konstituiert die Staatsbürgerrolle und den Willen eines jeden, politisch nur das zu wollen, was als allgemeines Wohl von allen Anderen ohne Einschränkungen gleichermaßen gewollt werden kann und soll. Im Gegensatz zu autoritären oder totalitären Modellen, in denen eine solche Einheit letztlich aus einer selbst wiederum nur partikulären Sicht der Herrschenden allen andern äußerlich nur zugemutet oder aufgezwungen wird, setzt der demokratische Republikanismus voraus, dass sich die Konvergenz des Willens aller Staatsbürger im Rahmen eines verbrieften Schutzes ihrer Grundrechte und einer freien Öffentlichkeit zwanglos ergibt. Die Tugendhaltung selbst ist dabei weniger ein Kommunikationsprodukt als vielmehr eine Voraussetzung der politischen Integration, die die Bürger als Individuen von Hause aus mitbringen. Sie zeigt sich im öffentlichen Raum eher als das sie dort erst entstünde. Es handelt sich um die Bereitschaft aller, eine bestimmte Rolle einzunehmen, von der sie wissen, dass sie für das von allen geteilte Gemeinwesen zur Erfüllung seiner Zwecke nötig und für sie selber gut ist.

Das republikanische Demokratiemodell stellt die Grundrechte und Institutionen der Mehrheitsbildung bereit sowie eine freie Öffentlichkeit, erwartet aber, dass sich die Konvergenz der von ihren Bürgertugenden geleiteten Personen in diesem Rahmen ohne weitere Vorkehrungen zwanglos einstellt.

Diese Theorietradition, die letztlich im antiken Demokratiemodell wurzelt, hat einen unterschiedlich starken Einfluss auf fast alle Varianten demokratischen Denkens, jedoch mit der klaren Ausnahme der „realistischen" Schule, insbesondere der ökonomischen Demokratietheorie.

Deliberative Demokratie
Die deliberative Demokratie verbindet in gewisser Weise Elemente der beiden anderen Modelle und führt sie einen Schritt weiter. Sie rechnet damit, dass die Bürger mit ihren jeweiligen sozialen, kulturellen und ökonomischen Interessen in die politische Sphäre eintreten, aber mit der staatsbürgerlichen Bereitschaft in einem Prozess der öffentlichen Deliberation ihre eigenen Interessen in dem Maße zur Disposition zu stellen, wie dies durch gute Gründe im Interesse des Gemeinwohls nahe gelegt wird. Angestrebt wird von allen eine Verständigung über die gemeinsamen Angelegenheiten auf dem Wege einer argumentativen Beratung.

Die eigenen Interessen werden in der Perspektive dieses Modells nicht beim Eintritt in die öffentliche Sphäre einfach bei Seite gelegt, um einer ganz anderen Art von Handlungsorientierung zu weichen. Unter dem Gewicht der Überzeugungskraft öffentlicher Argumente zugunsten bestimmter politischer Institutionen oder Handlungsprogramme und im Hinblick auf die von allen Bürgerinnen und Bürgern geteilte Orientierung an der Geltung der Norm der Gerechtigkeit treten aber die Bürger mit der Bereitschaft in den öffentlichen Deliberationsprozess ein, sich von besseren Überzeugungen in ihrer politischen Willensbildung beeinflussen zu lassen. Damit wird der öffentliche Raum zu einem Forum, auf dem sich stets auch, aber nie nur an ihrem eigenen Interesse orientierte Bürger darauf einlassen, mit allen anderen kooperativ nach denjenigen Lösungen politischer Probleme zu suchen, die im Hinblick auf die Maßstäbe der Gerechtigkeit die größte Überzeugungskraft entfalten. Dabei können sie erwarten, dass ihre eigenen Interessen in dem von allen gemeinten Gerechtigkeitskonzept auf ihre Weise aufgehoben sind, die Übernahme einer moralisch politischen Perspektive also nicht den Verzicht auf die eigenen Interessen verlangt, sondern lediglich die Bereitschaft, diese im Licht der öffentlichen Argumentation gemeinwohlorientiert zu transformieren, soweit dies notwendig erscheint.

Das Modell der deliberativen Demokratie basiert auf der Prämisse, dass sich die Staatsbürger letztlich unter dem Gesichtspunkt der Gerechtigkeit immer auf ein gemeinsames Verständnis gerechten, politischen Handelns einigen könnten, sofern ihnen die Gelegenheit und die Zeit zu einem unbegrenzten Austausch der Argumente zur Verfügung stünden. Mehrheitsentscheidung und Kompromisse erscheinen unter diesen Umständen lediglich als Hilfsmittel, die dort nötig werden, wo die Bedingungen einer ausreichenden Deliberation nicht erfüllt werden können. Gleichwohl müssen politische Integrationsprozesse immer so angelegt sein, dass sie auf die deliberative Verständigung abzielen und die größtmöglichen Anstrengungen unternehmen, sie auch zu erreichen.

Wie die anderen Modelle setzt die deliberative Demokratie die Geltung der Grundrechte und der Institutionen demokratischer Mehrheitsbildung voraus. Sie hat dabei eine besondere Nähe zu den sozialen und ökonomischen Grundrechten. Hohe Ansprüche stellt das Modell freilich im Bereich der Öffentlichkeit. Es verlangt eine öffentliche Kommunikationsstruktur und –kultur, die nicht nur auf die Information über unterschiedliche politische Positionen und Interessen bezogen ist, sondern argumentative Verständigungsprozesse ermöglicht und fördert. Dies erfordert in modernen Gesellschaften ein Mediensystem und eine Medienkultur, in denen die argumentativen Qualitätsmedien dominieren und eine zivilgesellschaftliche Öffentlichkeit, die in der Lage ist, argumentationsorientierte Diskussionsforen gesellschaftsweit zur Verfügung zu stellen und darüber hinaus die Defizite der medialen Öffentlichkeit aufzufangen und zu kompensieren.

Das deliberative Demokratiemodell geht auf den aristotelischen Begriff des Politischen als einem Verständigungsprozess zurück, der durch eine von allen Bürgern geteilte Ethik und Argumentationsfähigkeit ermöglicht wird. Es rückt die Prozeduren und Voraussetzungen dieses Prozesses in den Mittelpunkt. In der modernen, vor allem von Jürgen Habermas vertretenen, Fassung wird auf die Annahme verzichtet, eine der Deliberation voraus liegende substantielle Ethik sei die Bedingung gelingender Verständigung. Im Einklang mit den Annahmen der Diskursethik gelten die gemeinsamen ethischen Überzeugungen der Bürger vielmehr ihrerseits als Resultate eines herrschaftsfreien Diskurses. Der erkennbare Idealismus dieses Modells hat die kritische Funktion, die tatsächlichen öffentlichen Diskurse in den jeweils empirisch gegeben politischen Öffentlichkeiten immer wieder den gerechtfertigten Maßstäben anzunähern. Diese sind „kontrafaktisch" in dem Sinne, das sie beim Argumentieren von allen Beteiligten notwendigerweise immer schon vorausgesetzt werden müssen, um überhaupt sinnvoll miteinander reden zu können, auch wenn in der Argumentationspraxis in wechselndem Ausmaß von ihnen abgewichen wird.

Aktuelle Bedeutung

In der modernen Demokratietheorie spielen alle drei Verständnisarten der Demokratie eine Rolle. Das gilt nicht nur in dem Sinne, dass ihnen jeweils bestimmte Theorieansätze spezifisch entsprechen. In manchen von ihnen, etwa der partizipativen Demokratietheorie, gehen sie eine gewisse Verbindung miteinander ein. Auch in der Praxis der Demokratie spielen sie alle eine Rolle. Sowohl unter den modernen Parteien wie auch bei den Akteuren der Bürgergesellschaft und im Bürgerbewusstsein sind sie anzutreffen. Sie sind aber nicht gleichwertig, denn zwischen ihnen bestehen eindeutige Asymmetrien. Auch der Prozess der politischen Durchsetzung von Partikularinteressen, wo er selbst schon als Erfüllung der demokratischen Norm angesehen wird, setzt ein Mindestmaß an gemeinsamem, „republikanischen" Bürgerbewusstsein voraus, das in Gestalt einer von allen geteilten politischen Kultur die Institutionen der Demokratie fundieren muss, wo sie verlässlichen wirksam werden sollen. Eine demokratische Öffentlichkeit, die sich nicht auf die Funktion eines reinen Informationsmarktes beschränken lässt, sondern auf die Beeinflussung von politischer Willensbildung abzielt, kann nicht umhin, die Normen deliberativer Verständigung anzuerkennen, da sie andernfalls in Widerspruch zu ihren eigene Zielen gerät.

 Weiter führende Literatur

Ackermann, Bruce 1991: We the people, 2 Bd., Cambridge/ London.

Bohman, James / Cohen, Joshua / Rehg, William (1998): Deliberative Democracy: Essays on Reason and Politics, Massachusetts (MIT Press)

Dahl, Robert A.1991: Democracy and it's Critics, New Haven.

Fishkin, James S. 1991: Democracy and Deliberation: New Directions in Democratic Reform. New Haven.

Habermas, Jürgen 1992: Drei normative Modelle der Demokratie: Zum Begriff deliberativer Politik. In: Münkler, Herfried (Hg.): Die Chancen der Freiheit. Grundprobleme der Demokratie. München.

Habermas, Jürgen 2006: Theorie des kommunikativen Handelns, 2 Bd.,6. Auflage, Frankfurt/M.

11 Direkte und Repräsentative Demokratie

Nachwirkung des antiken Begriffs
Seit der Antike bis ins neunzehnte Jahrhundert hinein war der Begriff der Demokratie gleichbedeutend mit direkter Demokratie. Das war einer der Gründe, warum er in den staatspolitischen Debatten, die sich im Zuge der Herausbildung moderner Gesellschaften ja auf die immer komplexer werdende Verhältnisse in größeren Flächestaaten einstellen mussten, allenfalls eine negative Rolle spielte. Die Auffassung, dass in der modernen Kultur nur noch solche politischen Entscheidungen und Entscheidungsprozesse legitim sind, die die Menschenrechte als Handlungsbegrenzung und Handlungsziel respektieren und demokratische Entscheidungsverfahren anwenden, bei denen in letzter Instanz alle Entscheidungsbetroffenen das Recht der Mitwirkung haben, setzte aber seit dem neunzehnten Jahrhundert die Suche nach einem zeitgemäßen Demokratieverständnis auf die Tagesordnung.

Das Prinzip der politischen Gleichheit, normativer Kern der Demokratie, ließ immer schon Spielräume der Interpretation und der Anwendung offen. Ermessensspielräume ergeben sich schon bei den grundlegenden Fragen, wo im konkreten Einzelfall genau die Grenzlinie zwischen unterschiedlichen Grundrechten verläuft und wie groß die Beteiligung der Entscheidungsbetroffenen bei der Erörterung und bei der Festsetzung der politischen Entscheidung sein muss, um die demokratischen Normen als erfüllt ansehen zu können. Die Verfassung Athens im fünften vorchristlichen Jahrhundert kam dem Modell einer direkten Demokratie sehr nahe, in der das versammelte Volk in seiner Gesamtheit die maßgeblichen politischen Entscheidungen unmittelbar berät und fällt. Aber es handelte sich um ein kleines Gemeinwesen, das nach dem Wort eines seiner maßgeblichen Theoretikers, des Philosophen Aristoteles, nicht viel weiter reichte als die Stimme des Herolds, das also im Prinzip alle seine Bürger in die wichtigen Entscheidungsprozesse direkt einbeziehen konnte.

In den griechischen Stadtstaaten der Antike mit ihrer überschaubaren Fläche und Bewohnerzahl wurde Demokratie zeitweilig in einer sehr unvermittelten

Missionswerk Werner Heukelbach, D-51700 Bergneustadt • CH-4800 Zofingen, Postfach 650
Kostenlose Literatur. Bitte Gesamtverzeichnis anfordern • Foto: © by Lothar Conrad

Jesus spricht:
Siehe, ich komme bald!
Offenbarung 22,12

III. Typen moderner Demokratie 81

und direkten Form praktiziert. Die Vollversammlung der Staatsbürger entschied die wichtigsten Fragen, besetzte die entscheidenden Ämter und kontrollierte kontinuierlich die Amtsführung der Beamten. Jeder Staatsbürger konnte in einer solchen Verfassung jederzeit an der Kontrolle und in erheblichem Umfang auch an der Ausübung politischer Herrschaft teilnehmen. Darüber hinaus war durch das Losverfahren gewährleistet, dass jeder Bürger in ein Staatsamt delegiert werden konnte. Aber selbst in diesem kleinflächigen Gemeinwesen mit höchst begrenzten Einwohnerzahlen (zumeist weniger als 200 000) galten lediglich die erwachsenen, freien, ortszugehörigen Männer als vollgültige Staatsbürger, so dass die geringe Zahl von etwa 20 000 mitentscheidungsfähiger Staatsbürger kaum je überschritten wurde.

Aber schon die antike Demokratie wies auch zahlreiche Elemente der Repräsentation, der Vertretung des Volkes durch Delegierte auf. Das galt in umfassender Weise für die Besetzung der Gerichte und deren Beratungen sowie für sämtliche Verwaltungsämter. Darüber hinaus spielten Elemente der Repräsentation sogar bei der Entsendung von Bürgern in die Volksversammlung eine Rolle, aber sie blieben eng begrenzt. Immerhin war schon dieses Vorbild einer weitgehend direkten Demokratie bei Lichte besehen eine Mischform aus Elementen direkter und repräsentativer Demokratie.

Zwei Traditionslinien
In der neueren Geschichte der Demokratie und in einem gewissen Maße auch noch in den gegenwärtigen Kontroversen über sie hat die Entgegensetzung der beiden demokratiepolitischen Konzepte der *direkten* und *repräsentativen* Demokratie stets eine entscheidende Rolle gespielt. Sie lebt in den gegenwärtigen Kontroversen über die Rolle der Zivilgesellschaft für die Wahrung und Erneuerung der Demokratie im Zeitalter der Globalisierung aufs Neue auf. Dabei kommen immer wieder in aktualisierter Lesart die großen Modelle aus der Ideengeschichte der Demokratie ins Spiel.

Im achtzehnten Jahrhundert hat der schweizerische Staatsphilosoph *J.J. Rousseau* (1712–1778) in einem leidenschaftlichen und kompromisslosen Plädoyer die Auffassung verfochten, dass jede Delegation des politischen Willens der Bürger an Repräsentanten, die dann die politischen Entscheidungen über sie herbeiführen, nicht nur eine Ausdünnung der demokratischen Normen sei, sondern ihre prinzipielle Verleugnung. Nur wenn in den Vollversammlungen aller Staatsbürger die Beratungen und die Entscheidungen über alle wichtigen Angelegenheiten direkt erfolgen, sei der Einzelne wirklich an ihnen beteiligt. Nur dann kann der *gemeinsame Wille* seinen angemessenen Ausdruck finden und auch nur dann in der Gegenwart aller Entscheidungsbetroffenen authentisch hervortreten. Demokratie ist dieser Auffassung zufolge entweder direkte Demokratie oder sie bleibt eine täuschende Illusion. Repräsentation, auch wenn sie nach demokratischem Wahlrecht erfolgt, sei immer ein Verrat an den Prinzipien der Demokratie.

Diese Vorstellung war in hohem Maße durch die republikanische Auffassung Rousseaus bedingt, dass es bei der demokratischen Willensbildung auf keinen Falle darum gehen könne, die zunächst zufällig bei den einzelnen Personen vorhandenen Einzelwillen zu addieren oder zu äußerlichen Kompromissen zusammen zu fassen. Ein solcher Willen aller (volonté de tous) enthielt notwendigerweise eine hochgradige Beimischung von privaten Einzelinteressen und individuell beschränkten Sichtweisen. Erst im eigentlichen Gesamtwillen des Volkes (volonté generale), der bewusst auf das allen gemeinsame politischethische Gemeinschaftsinteresse gerichtet war, erfüllte sich der demokratische Anspruch. Dieser Läuterungsprozess aber setzt eine Verständigung in Anwesenheit aller Betroffenen voraus.

Rousseaus Position war gänzlich durch sein republikanisches Demokratieverständnis geprägt, das nicht auf die Vermittlung partikulärer Interessen durch von Mehrheiten kontrollierte Institutionen zielte, sondern auf die Sicherung der Bedingungen für die Herausbildung der Identität des wirklichen Willens der tugendhaften Bürger. Demokratie im eigentlichen, allein gültigen Sinne kann nur die Verfassung sein, die den einheitlichen allgemeinen Willen durch die öffentliche Beratung in Anwesenheit aller Bürger nicht durch Interessenkompromisse hervorbringt, sondern im Lichte politisch- ethischer Beratungen hervortreten lässt. Jede Verfassung hingegen, die das Beharren der einzelnen Bürger auf ihrem jeweiligen Einzelwillen begünstigt, also alle Formen der Repräsentation und Interessensvermittlung, basieren von vornherein auf der Abkehr vom demokratischen Prinzip. Politische Gleichheit muss, diesem Verständnis zufolge, staatsbürgerliche Willensidentität hervorbringen, wenn sie ihrem Anspruch gerecht werden will. Anschauung und Bestätigung für diese Sicht bot ihm die Praxis der Schweizer Versammlungsdemokratie.

Auf diesen kompromisslosen Anspruch direkter Demokratie als der allein gültige Realisierungsform überhaupt sind Kritiker an der repräsentativen Demokratie, wenn in ihr Entfremdung zwischen den Repräsentanten und der Bürgerschaft beklagt wurde, immer wieder zurückgekommen, entweder in vollem Maße oder doch in erheblichem Umfang. Die Gegenidee der direkten Demokratie hat Theorie und Realität der repräsentativen Demokratie von Anbeginn als kritischer Widerpart oder als Korrektiv begleitet.

III. Typen moderner Demokratie

Das Prinzip Repräsentation
Die Entwicklung der großflächigen Nationalstaaten im neunzehnten Jahrhundert hat allein schon aus den technisch-organisatorischen Gründen des großen Raumes und der großen Zahl der Bürger die Möglichkeit der Organisation dieser Gemeinwesen in Form der direkten Demokratie ausgeschlossen, ganz unabhängig von der Frage, ob diese im Sinne ihrer Befürworter wirklich uneingeschränkt wünschenswert wäre oder nicht. In einem politischen Gemeinwesen, in dem weder der direkte Kontakt aller Bürgerinnen und Bürger miteinander, noch Vollversammlungen zwischen ihnen allen überhaupt technisch möglich wären, bedarf die öffentliche Erörterung der politischen Angelegenheiten ebenso wie der Prozess der Entscheidung zahlreicher Scharnierstellen und Vermittlungsinstanzen, um überhaupt möglich zu sein. Demokratie als politische Verfassung großer Flächenstaaten kam aus diesen realistischen Gründen seit dem neunzehnten Jahrhundert hauptsächlich als das Bestreben zum Zuge, die autokratischen Herrschaftsverhältnisse der neu entstandenen Nationalstaaten zu demokratisieren.

Unter diesen Umständen muss es um neue Wege der *größtmöglichen Annäherung* an die demokratischen Ideale der Beteiligung aller Staatsbürger an den öffentlichen Erwägungen und Entscheidungen gehen. Als die best mögliche Annäherung an die demokratischen Normen im Rahmen des Nationalstaats hat sich in Theorie und Praxis der Entwicklung der Demokratie im Verlauf des neunzehnten und zwanzigsten Jahrhunderts das *Prinzip der Repräsentation* behauptet. Die Bürger wählen ohne Einschränkung auf der Basis des gleichen Wahlrechts in periodischen Abständen ihre Repräsentanten in die politischen Entscheidungsgremien (Parlamente), die dann in Namen aller im Lichte der Öffentlichkeit beraten und verbindlich entscheiden.

Für diesen Teil der modernen Interpretation des politischen Gleichheitsprinzips ist in realistischer Perspektive keine Alternative in Sicht. Er lässt freilich einen sehr großen Spielraum für die zusätzlichen, die Wahlen ergänzenden und begleitenden Partizipationsmöglichkeiten der Bürger sowie die Komplementierung durch neue Formen direkt demokratischer Teilhabe offen. Der repräsentative Kern moderner Demokratie kann, wie auch die Praxis der unterschiedlichen Länder deutlich zeigt, in sehr verschiedenartige Formen direktdemokratischer Elemente eingebettet werden. Welche von ihnen überhaupt als wünschenswert und welche als problematisch erachtet werden, hängt dabei hauptsächlich vom Verständnis politischer Gleichheit und von der Sicht der Bürgerrolle ab. Das Prinzip der demokratischen Repräsentation selbst kann nämlich auf höchst unterschiedliche Weise verstanden und begründet werden.

Wandel im Verständnis von Repräsentation

Am Ende des achtzehnten und in der ersten Hälfte des neunzehnten Jahrhunderts beherrschte ein dem Rousseauschen Republikanismus durchaus verwandtes *Honoratiorenprinzip* das liberale Verständnis von Repräsentation, Die Honoratioren verstanden sich als die besten Vertreter des ganzen Volkes, die in ihren eigenverantwortlichen Beratungen ohne inhaltlich bestimmten Wählerauftrag das Gemeinwohl überhaupt erst ermittelten, denn sie wurden als Personen gewählt. Honoratioren, besonders ehrenwerte Repräsentanten waren sie, weil man ihnen zutraute, nicht an partikuläre gesellschaftliche Interessen gebunden zu sein, sondern wegen der herausragenden Qualität ihrer ethischen Eignung, ihre Bildung und ihrer Unabhängigkeit bei ihrer Teilnahme an der parlamentarischen Beratung ausschließlich dem Gemeinwohl verpflichtet zu sein. Daher konnte sich dieser liberalen Vorstellung zufolge gerade in den Repräsentativgremien der Honoratioren, also den vom Volke abgehobenen Parlamenten, der ideale Gemeinwille eher herausbilden als unter den Bedingungen der Teilhabe des ganzen Volkes.

In diesem frühen Stadium des politischen Repräsentationsdenkens spielten daher Parteien noch keine anerkannte Rolle. Gewählt werden sollten lediglich Vertrauenspersonen des ganzen Volkes, denen schon deshalb keine festen politischen Aufträge mit auf den Weg gegebenen werden konnten, weil sich das politisch für alle Richtige überhaupt erst in ihren gemeinsamen Beratungen herausstellen sollte. Parlamente handeln im Lichte der Öffentlichkeit und bleiben damit der Beurteilung durch die Staatsbürger unterworfen. Diese können infolgedessen ihre künftigen Entscheidungen über die politischen Repräsentanten unter dem Gesichtspunkt der besten Vertretung ihrer politischen Interessen fällen. Die Repräsentanten selbst müssen im Bewusstsein dieser Tatsache handeln. Damit ist über den Akt der Wahl hinaus eine gewisses Maß andauernder Interaktion zwischen Repräsentierten und Repräsentanten gewährleistet.

Im Verlaufe des neunzehnten Jahrhunderts erfolgte der Übergang vom liberalen Honoratioren-Parlament zum demokratischen Parteien-Parlament. Im Gegensatz zum Idealismus der Honoratiorentheorie zeigte die politische Praxis aber schon sehr früh, etwa in der amerikanischen Revolution und im britischen Parlamentarismus, dass auch die vermeintlich von allen gesellschaftlichen Bindungen losgelösten Honoratioren in aller Regel sehr unterschiedliche Interessen vertraten, häufig in enger Anbindung an bestimmte sektorale oder regionale Wirtschaftsinteressen. So gesellten sich spontan die in dieser Hinsicht Gleichgesinnten unter ihnen zu Gruppierungen zusammen, für die sich noch vor jedem formalisierten Organisationszusammenschluss der Name „Parteien" als politisches Richtungssymbol einbürgerte. Schon bald verfestigten sich diese Gruppierungen zu organisierten Parteien als voneinander mehr oder weniger klar abgegrenzte politische Interessengemeinschaften. Einen entscheidenden Schub erfuhr diese Entwicklung in Europa durch die Gründung der Arbeiterparteien mit ihrer straffen Disziplin und ihrer programmatischen Geschlossenheit. In unterschiedlichem Maße verstehen sich politische Parteien daher als direkte Beauftragte derjenigen Teile der Gesellschaft, für deren Interessen und Werte sie mit ihrem Programm einstehen. Die Wahl einer Partei mit einem inhaltlichen definierten Politikangebot kann als die direkte Erteilung eines Wählerauftrags verstanden werden, ganz bestimmte politische Ziele zu realisieren. Das Wahlprogramm politischer Parteien kann in diesem Sinne als eine Art Vertrag zwischen Wählern und gewählten Parteivertretern verstanden werden, der die Übereinstimmung einer Reihe von Interessen, Zielen und politischen Maßnahmen festlegt. Obgleich er wie jeder Vertrag auch gebrochen werden kann, erfüllt er durch diese politische Identifikation zwischen Teilen der Gesellschaft und dem politischem System in gewissem Sinne den Anspruch der direkten Demokratie. Parteien sind Organe einer Repräsentation ganz bestimmter Interessen und Werte der Gesellschaft im politischen System.

Mit den Parteien verändert sich daher der Sinn von politischer Repräsentation gegenüber dem Honoratioren-Model grundlegend. Während die Honoratioren das Prinzip Repräsentation am genauesten zu erfüllen schienen, wenn sie in ihrer politisch-ethischen Einheit von den besonderen gesellschaftlichen Interessen am klarsten abgesondert blieben, wird die Repräsentativität der Parteien gerade daran gemessen, ob sie die Vielfalt die gesellschaftlichen Interessen und Werte in ihrer Unterschiedlichkeit angemessen zum Ausdruck bringen. In diesem Sinne sind die modernen politischen Parteien von dem ehemaligen deutschen Verfassungsrichter und Politikwissenschaftler *Gerhard Leibholz* auch als „Äquivalente der direkten Demokratie im modernen Flächenstaat" bezeichnet worden.[12]

Gleichwohl gelingt es den Parteien in der Praxis selten, alle bedeutsamen gesellschaftlichen Interessen und Werte zu repräsentieren und in ihrem Repräsentationsanspruch durchweg überzeugend zu wirken. Das sind Gründe dafür, dass in den modernen Parteiendemokratien sowohl von der Politikwissenschaft wie von der politischen Öffentlichkeit häufig ein Mangel an Übereinstimmung zwischen dem politischen Willen der Gesellschaft und dem Handeln der Parteien beklagt wird. Daher reißt die Diskussion darüber nie ab, ob und in welcher Weise eine Korrektur der bloßen Repräsentativdemokratie durch Elemente direkter Demokratie möglich und sinnvoll ist.

---

[12] Leibholz 1967

Tabelle 1: Chancen politischer Beteiligung im internationalen Vergleich

LAND	Demo-kratische Wahlen auf zentralstaatlicher Ebene	Gliedstaaten mit demokratischen Wahlen	Volkswahl eines Präsidenten zusätzlich zur Wahl des Regierungschefs	Direktdemokratie (stark: 3, mittel: 2, moderat: 1, sonstige: keine Angabe)	Gesetzliche Arbeitnehmermitbestimmung (betrieblich und überbetrieblich)	N
1. Alte Demokratien						
Australien	ja	ja	nein	1	nein	3
Belgien	ja	ja	nein		ja	3
BR Deutschland	ja	ja	nein		ja	3
Costa Rica	ja	nein	nein		nein	1
Dänemark	ja	nein	nein	1	ja	3
Finnland	ja	nein	seit 1991		ja	3
Frankreich	ja	nein	ja		ja	3
Großbritannien	ja	nein	nein		nein	1
Indien	ja	ja	nein		nein	2
Irland	ja	nein	ja	1	nein	3
Island	ja	nein	ja		nein	2
Israel	ja	nein	nein		nein	1
Italien	ja	nein	nein	1	1	3
Japan	ja	nein	nein		nein	1
Kanada	ja	ja	nein		nein	2
Luxemburg	ja	nein	nein		nein	1
Niederlande	ja	nein	nein		ja	2
Neuseeland	ja	nein	nein	1	nein	2
Norwegen	ja	nein	nein		ja	2
Österreich	ja	ja	ja		ja	4
Schweden	ja	nein	nein		ja	2
Schweiz	ja	ja	nein	3	nein	5
USA	ja	ja	ja	1		4
2. Ausgewählte neue Demokratien						
Estland	ja	nein	nein		nein	1
Griechenland	ja	nein	nein		ja	2
Polen	ja	nein	ja		nein	2
Portugal	ja	nein	ja		ja	3
Slowenien	ja	nein	ja		nein	2
Spanien	ja	nein	nein		ja	2
Tschech.Republik	ja	nein	nein		nein	1
Ungarn	ja	nein	nein		nein	1

Anmerkungen: Berücksichtigt wurden alle Länder, die in der 2. Hälfte des 20. Jahrhunderts durchgängig demokratisch verfasst waren (gemessen an den Demokratie-Autokratieskalen von Jaggers/Gurr 1995), einschließlich ausgewählter neuer Demokratien – Griechenland, Portugal und Spanien (seit der Demokratisierung Mitte der 70er Jahre) sowie der EU-Beitrittskandidaten – und Indien (dessen Demokratie allerdings 1975/76 durch das Notstandsregime Indira Ghandis suspendiert war). Quellen: Banks u.a. 1998 und Tabelle 8. Die Klassifikation nach dem Mitbestimmungsgrad basiert auf Dittrich 1992 und Armingeon 1994: 34-68. Letzte Spalte: N = Gesamtpunktzahl der Zeilenwerte (ungewichtet). Quelle: Manfred G. Schmidt: Demokratietheorien. Eine Einführung. Wiesbaden 2006[3.]

III. Typen moderner Demokratie

Komplementarität
In den modernen komplexen Flächenstaaten stellt sich die Frage nach der direkten oder repräsentativen Demokratie im Sinne einer klaren Alternative folglich nicht mehr. Stattdessen ergeben sich im Hinblick auf die politische Gleichheit als Maßstab der Demokratie drei Herausforderungen:

Erstens: Welche Form der repräsentativen Demokratie ist der jeweiligen Gesellschaft angemessen?

Zweitens: Wie können die jeweils gewählten Institutionen und Organisationen in ihrer praktischen Funktionsweise mit dem demokratischen Anspruch in Einklang gebracht werden?

Drittens: In welchem Maße und in welcher Weise sollten einzelne Elemente direkter Demokratie, wie etwa Volksentscheide und Volksbefragungen, sowie die aktive Beteiligung der Zivilgesellschaft an staatlichen Entscheidungen als Korrektive in die repräsentative Demokratie aufgenommen werden?

Die demokratische Qualität der Institutionen eines politischen Gemeinwesens bemisst sich jedoch nicht allein am Maß der Teilhabemöglichkeiten für die Bürgerinnen und Bürger an allen wichtigen Entscheidungen. Sie hängt auch von ihrer Nachhaltigkeit ab, also davon, wie stabil und effektiv sie auf die Dauer sein können. Damit erweist sich die Frage der bestmöglichen Kombinationen unterschiedlicher repräsentativer Organisationselemente und direkter Entscheidungsbeteiligung letztlich immer als eine pragmatische Frage, die von der politischen Kultur und von der Entwicklungssituation eines Landes abhängt. Grundlegend ist dabei in jedem Falle, dass die letzte Entscheidung über die Repräsentanten politischer Herrschaft immer auf eine freie und unbehinderte Entscheidung der Staatsbürger zurückgehen muss, an der mitzuwirken alle Staatsbürger die gleiche Chance haben.

Die Schweiz: Ein informatives Fallbeispiel
Die weitestgehende Kombination von repräsentativen und direktdemokratischen Beteiligungsstrukturen ist seit langem in der Schweiz realisiert. Das Land hat mehr als ein Jahrhundert intensive Erfahrungen mit einer Fülle unterschiedlicher direktdemokratischer Beteiligungsinstrumente auf allen Ebenen, von der Gemeinde über den Kanton bis hin in den nationalstaatlichen Entscheidungsbereich, dem Bund. Mit dem *Gesetzesreferendum* kann eine bestimmte Mindestzahl von

Bürgern (gegenwärtig 50.000 Stimmbürger) verlangen, dass bereits vom Parlament verabschiedete Gesetze dem Volk zur Abstimmung vorgelegt werden.[13] Davon wird in der Praxis reger Gebrauch gemacht. Mit der *Volksinitiative* hingegen können die Bürger, falls mindestens 100.000 unterstützende Unterschriften vorliegen, verlangen, dass ein bestimmter Sachverhalt zum Gegenstand eines Gesetzgebungsauftrages an das Parlament verbindlich gemacht wird. Je nach dem Gewicht des Problems ist die tatsächliche Beteiligung der Bürgerinnen und Bürger an diesen Verfahren sehr niedrig (25%) oder beträchtlich (75%). Nahezu jeder Themenbereich, einschließlich Steuergesetzgebung und finanzwirksame staatliche Projekte, können auf diese Weise dem direktdemokratischen Verfahren unterzogen werden.

Die Schweiz ist in dieser Hinsicht ein Laboratorium für die Reichweite, die Grenzen, die Probleme und die Versprechungen des direktdemokratischen Anspruchs. In der wissenschaftlichen Literatur werden die Schweizer Erfahrungen in drei wesentlichen Punkten resümiert:

Erstens: Auch in den hochkomplexen Demokratien der Gegenwart können direktdemokratische Elemente, selbst wenn sie vielfältig und differenziert sind und regelmäßig angewandt werden, erfolgreich praktiziert werden, ohne die politische Willensbildungssystem und Regierungsfähigkeit zu lähmen oder zu überfordern. Sie anzuwenden ist eine Entscheidung der Bürgerinnen und Bürger selbst und nicht ein technisches Problem, das durch die Größe oder den Komplexitätsgrad eines politischen Gemeinwesens schon technokratisch vorab entschieden wäre.

Zweitens: Die direkte Demokratie zeigt offensichtlich eine Reihe positiver Konsequenzen. Dazu gehört die bei vielen Anlässen gesteigerte Bevölkerungsbeteiligung an den großen politischen Entscheidungsprozessen und die im Vergleich zu ausschließlich repräsentativen Demokratien im Durchschnitt beständig höhere Beteiligungsquote. Dazu gehören auch zahlreiche demokratiepolitisch durchaus gewichtige Einzeleffekte, wie etwa der verstärkte Minderheitenschutz, die größere Integrationskraft direktdemokratisch ergänzter Gemeinwesen, die stärkere Ausgabenkontrolle staatlicher Handlungsprogramme.

Drittens: Die positiven Effekte der direkten Demokratie sind aber nicht überwältigend und überdies durch zahlreiche negative oder problematische Auswirkun-

---

[13] Schmidt, 2000, 364 ff

gen auch eingeschränkt. So kann es bei den Referenten und Volksinitiativen häufig dazu kommen, dass es vor allem die besonders gut organisierten oder finanzkräftigen Interessen sind, die sich am Ende durchsetzen. Der politische Entscheidungsprozess wird verlangsamt, weil die in den Repräsentativorganen tätigen Politiker in langen Aushandlungsprozessen ihren Entscheidungen einen möglichst weitreichenden Konsenscharakter verleihen möchten, um deren rasche Annullierung in einer eventuellen Volksabstimmung zu vermeiden.

Wie auch immer die Vor- und Nachteile aus demokratietheoretischer und demokratiepolitischer Sicht im Einzelnen gewichtet werden mögen, eine große Bedeutung sollte in jedem Falle dem Sachverhalt beigemessen werden, dass die Bürgerinnen und Bürger angesichts ihrer vielfältigen politischen Eingriffsmöglichkeiten ein besonders hohes Maß an Zufriedenheit mit der demokratischen Verfassung der Schweiz herausgebildet haben. Ein Ergebnis, das diesem Gemeinwesen nicht nur eine hohe demokratische Qualität zumisst, sondern auch eine außerordentliche Stabilität verleiht. Alles in allem überwiegen die demokratiepolitischen Vorteile dieser Art direktdemokratischer Ergänzung der repräsentativen Demokratie alle Nachteile, die sie ohne Zweifel auch hat.

 Weiter führende Literatur

Kost, Andreas 2008: Direkte Demokratie,Wiesbaden.

Leibholz, Gerhard 1967: Strukturprobleme der modernen Demokratie. Karlsruhe.

Claus Offe (Hg.): Demokratisierung der Demokratie. Diagnosen und Reformvorschläge Frankfurt/Main, New York: Campus Verlag 2003

Manfred G. Schmidt 2006: Demokratietheorien, Wiesbaden.

12 Präsidentielle vs. Parlamentarische Demokratie

Die grundlegenden Unterschiede
Unter den Grundformen repräsentativer Demokratie spielen vor allem die parlamentarische und die präsidiale eine herausragende Rolle. Während in der parlamentarischen Demokratie das Schwergewicht der politischen Entscheidungen,

besonders die Wahl der jeweiligen Regierung, dem Parlament zugewiesen ist, wie etwa in der Bundesrepublik Deutschland, spielt in der präsidialen Demokratie, wie beispielhaft in den USA, der Präsident trotz des Letztentscheidungsrechts des Parlaments, die Führungsrolle im politischen Prozess, einschließlich der Ernennung von Regierungen.

Bei der Alternative zwischen einer präsidentiellen und einer parlamentarischen Demokratie scheint es sich folglich um eine grundlegende Wahl zwischen zwei ganz unterschiedlichen Regierungssystemen zu handeln. Zwar handelt es sich in beiden Fällen um Formen der repräsentativen Demokratie, sie sind aber in ihren reinen Formen höchst unterschiedlich organisiert und die Legitimationswege politischer Entscheidungen in ihnen weichen weitgehend von einander ab. Wie bei fast allen Unterscheidungen im Bereich der Demokratietheorie wird der ursprünglich als sehr weitgehend erscheinende Gegensatz durch eine Fülle von Kombinationsformen und Mischtypen überbrückt, die sich in der Praxis vorfinden. Für die genaue Bewertung und Entscheidung über Vor- und Nachteile kommt es daher maßgeblich auf die konkrete Variante parlamentarischer oder präsidentieller Demokratie an, um die es sich im Einzelfall jeweils handelt. Erst die genaue empirische Analyse des jeweils vorliegenden Falles gibt darüber Aufschluss.

In der präsidentiellen Demokratie werden Parlament und Präsident unabhängig voneinander gewählt und verfügen daher auch über eine voneinander unabhängige politische Legitimation. Damit ist die Trennung von legislativer und exekutiver Gewalt im Gegensatz zur Situation in parlamentarischen Demokratien weitgehend verwirklicht. Das gilt vor allem dann, wenn wie im Musterfall der USA aufgrund der Schwäche der politischen Parteien und der Stärke der Bindungen der Mandatsträger an partielle Interessen ihres Wahlkreises die Unabhängigkeit der Parlamente besonders groß ist, so dass auch eine parlamentarische Mehrheit der Partei des Präsidenten keineswegs garantiert, dass er über deren Unterstützung für seine politischen Projekte jederzeit verfügen kann.

Der Präsident ist in der präsidentiellen Demokratie zumeist auch Regierungschef oder zumindest befugt, Regierungen nach eigenem Ermessen berufen und abberufen zu können und ebenso die Tagesordnung für ihre politische Arbeit wesentlich zu bestimmen. Im parlamentarischen Regierungssystem hingegen sind es die Parlamentsmehrheiten, die Regierungen wählen und gegebenenfalls auch abberufen können. Sie verfügen durch die klar voneinander unterschiedenen Institutionen der Regierung und des Staatsoberhauptes, als einem zumeist in wesentlicher Hinsicht eher symbolischen Repräsentanten der staatlichen Einheit, über eine „doppelte Exekutive".

Die Rolle der Parteien
Während die USA die Präsidialdemokratie fast in Reinform verkörpern, weisen viele andere Länder Mischformen auf, die Elemente der präsidentiellen mit solchen der parlamentarischen Demokratie in unterschiedlicher Weise verknüpfen. Dazu gehören vor allem auch die meisten lateinamerikanischen Demokratien, in denen der Vorsitzende des Ministerrats zugleich Präsident ist, und das französische System mit seiner starken Stellung des Parlaments, das im Falle einer parteipolitischen Abweichung der Parlamentsmehrheit von der Partei des Präsidenten zu einer Spaltung der Machtverteilung führen kann (Kohabitation).

Organisation und Abläufe der Wahlen, die Verteilung der Machtgewichte und die Struktur der politischen Entscheidungsprozesse führen zu einer Reihe gewichtiger Unterschiede zwischen den beiden Demokratietypen. Einer der bedeutsamsten besteht in der höchst unterschiedlichen Rolle der politischen Parteien. In präsidentiellen Regierungssystemen, beispielhaft in den USA, spielen die Parteien nur eine geringe Rolle, die sich häufig auf ihre Mitwirkung im Prozess der Kandidatenaufstellungen und der Nominierung des Präsidentschaftskandidaten erschöpft. Zwischen den Wahlen nehmen sie am politischen Willensbildungs- und Entscheidungsprozess kaum noch teil. Einen Einfluss auf die Politik und Amtsführung des Präsidenten haben sie nicht. Im Falle der USA kommt durch die starke Bindung der Mandatsträger an ihre Heimatwahlkreise und ihre schwache Bindung an die eigene politische Partei hinzu, dass ihre Loyalitäten im Zweifelsfall nicht bei den Programmen und Strategien ihrer politischen Partei liegen, die ihnen denn auch bei der Wiederwahl sehr viel weniger helfen kann als eine konsequente Politik zugunsten der besonderen Interessen ihres Wahlkreises oder derjenigen Akteure, von denen sie die Finanzierung ihrer kostspieligen Wahlkampagnen erwarten können. Da bei den Präsidentschaftswahlen in der Regel die Person des Kandidaten sehr viel stärker ins Gewicht fällt als Parteien und ihre Programme, beansprucht der Präsident für seine Amtsführung eine überragende eigene Legitimation, der die schwachen Parteien nichts entgegensetzen können.

In parlamentarischen Demokratien hingegen sind Rolle, Legitimation und Mitwirkungsmacht der politischen Parteien für den Regierungsprozess ausschlaggebend. Es sind die Parteien, die in erster Linie zur Wahl stehen. Die Parlamentskandidaten gelangen als Repräsentanten einer Parteiliste ins Parlament und verfügen insofern nur über eine abgeleitete Legitimation. In Fällen starker Parteienorganisationen, wie sie etwa in Deutschland, Österreich oder den Skandinavischen Ländern gegeben sind, kann das durchaus dazu führen, das ein gewisser Dualismus zwischen den Parlamentsfraktionen der jeweiligen Partei und der Zentrale der Parteiorganisation selbst dauerhaft oder in einzelnen Fragen entsteht. Zumindest können die Fraktionsführungen einen berechtigten Anspruch erheben, dass sich die einzelnen Abgeordneten der von der Gesamtfraktion entschiedenen Politik einfügen und damit der Vorrangstellung der Partei auch bei der Ausübung ihres Mandats Rechnung tragen. Dies gilt im Wesentlichen auch dann, wenn wie im deutschen Parlamentarismus die Verfassung dem einzelnen Abgeordneten eine freie Mandatsführung garantiert, denn die politische Legitimation und damit auch die Chancen der Wiederwahl gründen nun einmal in der Anerkennung des politischen Handelns des einzelnen Abgeordneten durch seine Partei.

Das Regierungssystem der USA zeigt beispielhaft einige der Besonderheiten der präsidentiellen Regierungsform im Hinblick auf den politischen Prozess. Weil sich der Präsident dort aufgrund der Parteienschwäche seiner Parlamentsmehrheit nie gewiss sein kann und je nach Wahlausgang sogar damit rechnen muss, einer gegnerischen Mehrheit gegenüber zu stehen, steht er unter dem beständigen Druck, durch geschickt ersonnene Initiativen und auf sie bezogene Kommunikationskampagnen einen möglichst hohen öffentlichen Druck zu erzeugen, der seinen Projekten die nötige Erfolgsaussicht verschafft. Daher spielen mediale Inszenierungen und situationsbezogene Kampagnen im politischen Prozess ein viel größere Rolle als eine kontinuierliche Willensbildung und Entscheidungsplanung.

Leistungsvergleich
Wechselhaftigkeit, das Gegeneinander der unterschiedlichen Institutionen und Akteursgruppen sowie ein gewisses Maß an kommunikativem und politischem Populismus werden damit zu Kennzeichen des Regierungshandelns in der präsidentiellen Demokratie. *Manfred G. Schmidt*, einer der führenden deutschen Demokratieforscher, gelangt in der Bilanzierung daher zu dem Urteil, dass Polarisierung ein Hauptkennzeichen des Präsidialsystems ist. Sie entspringt bereits dem unvermeidlichen Nullsummenspiel der Präsidentschaftswahlen. Auch das Fehlen von Mechanismen zum Ausgleich der Konflikte zwischen den Institutionen führt dazu, dass die präsidiale Demokratie ganz im Gegensatz zu dem ersten Anschein, den die formell so herausgehobenen Autorität des Präsidenten erzeugt, in der Praxis eher durch eine deutliche Leistungsschwäche im Vergleich zum parlamentarischen System gekennzeichnet ist.[14]

---

[14] Schmidt 2006: 322

III. Typen moderner Demokratie

Zu einem noch entschiedenerem Urteil gelangt der international führende niederländische Demokratieforscher A. *Lijphart*, der die parlamentarische Regierungsweise auf ganzer Linie dem Präsidentialismus überlegen sieht. Das gilt nach seiner akribisch durchgeführten empirischen Vergleichsanalyse für so wichtige Bereiche wie der politischen Repräsentation, dem Schutz von Minderheiten, der Wählerbeteiligung und der Bekämpfung von Wirtschaftsproblemen[15]. Manfred G. Schmidt konstatiert für die präsidentielle Demokratie einen eingebauten Widerspruch, der ihren politischen Erfolg beeinträchtigt. Eigentlich würden präsidentielle Demokratien ihren politischen Institutionen entsprechend dann am besten funktionieren, wenn die politische Opposition zur Kooperation bereit ist und sich alle mit einem hohen Maß an gegenseitigem Vertrauen an die Spielregeln halten. Die Amtsführung der jeweiligen Präsidenten ist jedoch infolge der dargestellten Bedingungen sehr stark auf Konflikt und verschärften Wettbewerb ausgerichtet, so dass sie ihre eigenen Erfolgsbedingungen fortwährend schwächt.

Der genauere Ländervergleich zeigt darüber hinaus, dass zahlreiche andere Bedingungen für die Erfolgsaussichten einer präsidentiellen Demokratie bedeutsam sind. Dazu gehören eine stark ausgeprägte demokratische Bürgerkultur, ein ausreichendes Maß an politischer Homogenität des jeweiligen Landes, die die Voraussetzungen dafür schaffen, dass sich die politischen Gegensätze in Grenzen halten und dass der starke Dualismus im Regierungshandeln im Hinblick auf seine Korrekturmöglichkeit spätestens bei der nächsten Wahl akzeptiert wird. Die vergleichende Analyse der beiden Demokratieformen macht vor allem eine Eigenart des Politischen deutlich. Es kommt in der modernen Demokratie nicht allein und zumeist noch nicht einmal in erster Linie darauf an, politische Autorität möglichst in einer homogenen Institution zu konzentrieren, damit effektives politisches Handeln möglich wird. Was zählt, ist vielmehr die Fähigkeit der politischen Institutionen in ihrem Zusammenwirken, die in der Gesellschaft zum Ausdruck gebrachten politischen Interessen in möglichst hohem Maße aufzunehmen und in den politischen Prozess glaubhaft einzubringen.

Darüber hinaus wird auch das eigentümliche Wechselverhältnis sichtbar, das zwischen den *Vorbereitungskosten* und den *Umsetzungskosten* politischer Entscheidungen besteht. In einem parlamentarischen System mögen zwar häufig die Vorbereitungskosten politischer Entscheidungen relativ hoch sein, da diese erst aus langwierigen Prozessen der Zusammenfassung von Interessen, des Aushandelns und der Mehrheits- oder Konsensbildung hervorgehen. Dafür können dann aber die Entscheidungen, die daraus resultieren, vergleichsweise zügig und

---

[15] Lijphart 1992

wirksam umgesetzt werden, da sich die meisten der betroffenen gesellschaftlichen Akteure mit ihren eigenen Interessen und Werten in ihnen wiedererkennen können. Das so deutlich herausgehobene Amt der obersten Autorität im Präsidialsystem erscheint auf den ersten Blick wie eine Garantie wirkungsvollen und zügigen politischen Handelns. Die nähere Betrachtung zeigt dann aber, dass die Aushandlungsprozesse durch den Dualismus von Parlament und Regierung oft sehr viel langwieriger, bruchstückhafter und unzuverlässiger sind. Gleichzeitig ist das Risiko des Außerachtlassens wichtiger gesellschaftlicher Teilinteressen dabei viel größer als im parlamentarischen System und die Kosten der Umsetzung der Entscheidungen sind hoch. Der Unterschied zwischen dem ersten Erscheinungsbild dieses Typs der Demokratie und ihrer tatsächlichen demokratiepolitischen Leistungsfähigkeit, die sich erst in der genaue Analyse zeigt, ist beträchtlich.

 Weiter führende Literatur

Lijphart, Arend (ed.) 1992: Parliamentary versus presidential Government. Oxford.

Linz, Juan 1990: The Perils of Presidentialism. In: Journal of Democracy, 1/1990, S. 51–69

Sartori, Giovanni 1994: Comparative Constitutional Engineering. An Inquiry into Structures, Incentives and Outcomes, New York.

Sartori, Giovanni 2006³: Demokratietheorie, Darmstadt.

Schmidt, Manfred G 2006: Demokratietheorien, Wiesbaden.

Shugart , Matthew Soberg/ Carey, John M 1992: Presidents and Assemblies: Constitutional Design and Electoral Dynamics, New York.

13 Konkordanz- vs. Konkurrenzdemokratie

Eine aufschlussreiche Unterscheidung
Die Unterscheidung zwischen Konkurrenz- und Konkordanzdemokratie ist für das Verständnis demokratischer Politik überhaupt besonders aufschlussreich, da sie den Kern unterschiedlicher Auffassungen über Politik selbst berührt. Es geht dabei um den Unterschied zwischen zwei verschiedene politische Absichten

III. Typen moderner Demokratie

verfolgende Alternativen, den demokratischen Prozess zu organisieren und verbindliche Entscheidungen aus der ursprünglichen Vielheit der Interessen, Meinungen und Werte hervor gehen zu lassen.

Vor allem in den angelsächsischen Ländern hat sich der Typ der Konkurrenzdemokratie eingebürgert, der Politik als Wettbewerb zwischen unterschiedlichen Politik- und Personalvorstellungen versteht und Demokratie als ein System von Institutionen, das diesen Wettbewerb regelt. Er soll sicher stellen, dass am Ende die Option mit der größten Unterstützung den Sieg davonträgt und für die vom Wahlrhythmus begrenzte Zeit möglichst weitgehend in die Praxis umgesetzt werden kann. Es geht dabei um Konkurrenz und um klare Regeln, wie der Sieger ermittelt werden soll. Es gehört zu diesem Verständnis von Demokratie, dass die im Wettbewerb errungene politische Macht, abgesehen von den für jede Demokratie unerlässlichen Einschränkungen durch die Grundrechte und die Rechte der Opposition, in möglichst hohem Masse ungehindert in der Praxis auch ausgeübt werden kann. Die Handlungschancen der Mehrheit werden maximiert, die der Minderheit minimiert.

Im Gegensatz dazu strebt die Konkordanzdemokratie, wie sie in einer Reihe europäischer Länder annäherungsweise praktiziert wird, am weitesten gehend in der Schweiz, nach der größtmöglichen Einbeziehung der unterschiedlichen Interessen, Meinungen und Werte in das politische Entscheidungshandeln der Parlamente und Regierungen. Auch die Minderheit soll dabei so weitgehend wie möglich einbezogen werden. Diesem Verständnis des Politischen zu Folge geht es im demokratischen Prozess vor allem um die möglichst weitgehende Rücksichtnahme auf die in der Gesellschaft tatsächlich vorhandenen politischen Zielsetzungen auf dem Wege von Diskursen und Kompromissen. Die Einigung auf gemeinsame Ziele wird als der eigentliche Sinn des Politischen verstanden und Demokratie als der bestmögliche Weg seiner Verwirklichung.

In den Ländern, in denen der Typ der Konkurrenzdemokratie weitgehend realisiert ist, vor allem in den USA und Großbritannien, dominieren Mehrheitswahlrecht und Zweiparteiensysteme, in denen kleinere politische Gruppierungen und politische Minderheiten keine Chance der Machtbeteiligung haben. Auch kleinere Parteien, selbst wenn sie nach den in den meisten politischen Systemen mit Verhältniswahlrecht geltenden Kriterien über eine durchaus nennenswerte Größenordnung verfügen, sind aus den politischen Entscheidungsprozessen faktisch gänzlich ausgeschlossen und können allenfalls in besondern politischen Konstellationen im Zuge von Wahlkämpfen ihre Vorstellungen der landesweiten Öffentlichkeit bekannt machen.

Mit der Wahl eines solchen Demokratietyps verbindet sich vor allem die Vorstellung stabilen und effektiven Regierens. In einem formalen Sinne ist dies im Falle eines konkurrenzdemokratisch organisierten politischen Systems schon dadurch gewährleistet, dass durch das Filtersystem des Mehrheitswahlrechts nur eine Partei an die Regierung gelangt. Dies kann allerdings, etwa im Regierungssystem der USA durch gegnerische politische Mehrheiten in Präsidentenamt und Kongress teilweise auch wieder konterkariert werden. Stabilität ist von solchen, eher die Ausnahme bildenden Situationen abgesehen schon durch die eindeutige Regierungsbildung auf der Basis eines klaren Wahlergebnisses gewährleistet, die Koalitionen und die mit ihnen verbundenen Kompromisse und Unsicherheiten ausschließt. Dies kann, wie etwa im britischen Wahlsystem üblich, allerdings den Preis erfordern, dass durch die Verzerrungswirkung des Mehrheitswahlrechtes eine Partei, die bei den Wahlen nur ein Drittel der Wählerstimmen erreicht, im Parlament dann über zwei Drittel der Sitze verfügt, weil die Stimmen der kleineren Parteien gar nicht ins Gewicht fallen und die Stimmen für die unterlegene, große Konkurrenzpartei nur dort gezählt werden, wo sie die Mehrheit errang.

Voraussetzungen und Folgen
Die Akzeptanz eines solchen hochgradig verzerrenden Wahlverfahrens setzt auf der Ebene der politischen Kultur eine Fairness-Vorstellung voraus, für die die Regel „The winner takes it all" das zentrale Kriterium darstellt. Der Anspruch, dass Konkurrenzdemokratien nicht nur stabiler sondern auch effektiver in den Möglichkeiten ihrer Regierungspraxis sind, ergibt sich aus der Einschätzung, dass in aller Regel die Repräsentanten einer einzigen Partei mit einer homogenen politischen Programmatik in der jeweiligen Regierungsperiode Politik aus einem Guss praktizieren können. Sie sind auf langwierige Verhandlungsprozesse und Kompromisse mit anderen politischen Akteuren nicht angewiesen. Dabei wird dem Kriterium der Effizienz der Vorzug vor der alternativen Norm der Responsivität, der Fähigkeit zur Aufnahme vieler Interessen und Vorstellungen, gegeben.

Im Unterschied dazu zielen Konkordanzdemokratien auf die möglichst umfassende Repräsentanz der Gesellschaft und ihrer einzelnen Segmente im Ergebnis des politischen Prozesses. Sie erwarten, auf diese Weise Integration durch politische Einbeziehung zu fördern. Dies kann auf der Ebene der Organisation des politischen Prozesses und der Regierungsbildung schon dadurch in relativ hohem Maße erreicht werden, dass ein niedrigschwelliges Verhältniswahlrecht zu dem Ergebnis führt, dass mehrere kleinere und mittlere Parteien regelmäßig Chancen zur Repräsentation im Landesparlament gewinnen und daher mehrere von ihnen für die Regierungsbildung erforderlich sind. Es kann, wie im weitest gehenden Falle der Schweiz, auch zu einer Regel führen, der zu Folge alle im Parlament vertretenden Parteien an der Regierung beteiligt werden, sodass sie alle unabhängig von ihren Wahlergebnissen an der Formulierung des Regierungsprogramms und seiner Umsetzung beteiligt sind. In solchen Fällen handelt es sich zumeist um gewohnheitsmäßig praktizierte Regeln, die auf der Erfahrung beruhen, dass sich ein solches Verfahren für alle Beteiligten auf die Dauer am meisten auszahlt.

Die beiden unterschiedlichen Alternativen demokratischen Selbstverständnisses beziehen sich offensichtlich auf verschiedenartige gesellschaftliche Voraussetzungen und Unterschiede in der politischen Kultur der jeweiligen Länder. Die Konkurrenzdemokratie setzt weitgehend homogene Gesellschaften voraus, die eine Zuspitzung der großen politischen Entscheidungsalternativen auf zwei politische Konkurrenten erlauben. In diesem Falle kann die jeweils unterlegene Minderheit nach realistischen Maßstäben erwarten, bei der nächsten Wahl zur Mehrheit werden zu können, sodass das politische System prinzipiell, wenn auch nicht in der einzelnen gegebenen Situation, eine Teilhabe aller gesellschaftlichen Interessen am Regierungsprozess zu gewährleisten verspricht. Diese Voraussetzung war in Großbritannien in höherem Maße erfüllt als in den USA, in denen immerhin ein beträchtlicher Anteil ethnischer Minderheiten existierte. Zu dieser gesellschaftlichen Voraussetzung muss aber die starke Wirkung einer politische Kultur hinzutreten, in der jene Entscheidungsregel, nach der dem Gewinner der ganze Sieg zufällt und der Verlierer leer ausgeht, akzeptiert wird.

Länder, in denen zahlreiche Einzelinteressen bestehen, die sich aus durch politische Mehrheitsentscheidungen nicht überwindbaren Quellen, wie ethnische Zugehörigkeit, religiöse Unterschiede, regionale Traditionen ergeben, würden im Falle der dauernden Außerachtlassung dieser Gruppierungen je nach Schwere des Falles die gesellschaftliche und politische Desintegration riskieren und müssen daher schon im Interesse der Selbsterhaltung ein größeres Gewicht auf integrative Formen politischen Willensbildung legen.

Leistungsbilanz
Konkordanzdemokratie: Manfred G. Schmidt hat die empirische Vergleichsforschung zu den Vor- und Nachteilen von Konkurrenz- und Konkordanzdemokratie umfassend bilanziert[16]. Für die Konkordanzdemokratie hebt er vor allem ihre Fähigkeit hervor, unterschiedliche gesellschaftliche Gruppen zu integrieren und

---

[16] Schmidt 2006: 338 ff

damit in besonderer Weise autonomieschonend und gemeinschaftsverträglich zu wirken. Sie ist besser in der Lage als die Konkurrenzdemokratien auch fragmentierte Gesellschaften und heterogene politische Kulturen zu integrieren. In tief gespaltenen und in verfeindete Segmente zerfallenden Gemeinwesen vermag allein die Konkordanzdemokratie einen von allen akzeptierten Zusammenhalt zu gewährleisten. Konkordanzdemokratien pflegen den Kompromiss, ein wichtiges Grundprinzip der politischen Kultur der Demokratie. Zwar sind die Kosten, die aufgewendet werden müssen, um einen viele Interessen einschließenden Kompromiss zu erreichen, in der Regel höher als im Falle konkurrenzdemokratischer Entscheidungsverfahren. Dafür sind sie dann aber auf der Seite der Umsetzung der gefällten Entscheidungen wesentlich niedriger, weil die getroffenen Regelungen von allen Beteiligten von vornherein akzeptiert werden.

Einer der Nachteile der Konkordanzdemokratie besteht in der Möglichkeit häufiger Entscheidungsblockaden, nämlich in den nicht unwahrscheinlichen Fällen, in denen sich nicht alle Vertreter der einzubeziehenden Interessen auf eine gemeinsame Regelung einigen können. Als ein weiterer Nachteil gilt, dass die Zeitspanne und die Kosten der Entscheidungsfindung in der Regel groß sind. Es kann im Extremfall, wenn Vetospieler sich hartnäckig der geforderten Einigung verweigern, zu einer „Tyrannei der Minderheit" kommen, die die Entscheidungsprozesse verzögert oder gar lähmt.

Wegen der Notwendigkeit der Einbeziehung sehr vieler divergenter Interessen ist das Modernisierungspotential konkordanzdemokratischer Verfahren unter Umständen niedrig, da erst alle ihre Zustimmung erteilen müssen, bevor weitreichende gesellschaftliche Veränderungen realisiert werden können. Zudem verlagert sich in der Konkordanzdemokratie wegen der fortwährenden schwierigen Aushandlungsprozesse das Feld der eigentlichen politischen Entscheidungen weg von der gesellschaftlichen Basis hin zu den Eliten, die an den jeweiligen Aushandlungsprozessen beteiligt sind. Ein Hauptvorteil dieses Entscheidungstyps liegt aber in jedem Falle darin, dass einmal getroffene Entscheidungen, auch wenn ihre Vorbereitung aufwendig und schwierig ist, Bestand haben und Stabilität schaffen, da alle wichtigen im Spiele befindlichen Interessen in den gefundenen Lösungen repräsentiert sind.

Konkurrenzdemokratie: Der immer wieder zitierte Hauptvorteil der Konkurrenzdemokratie besteht zunächst darin, dass sie so gut wie immer stabile Regierungsbildungen erlaubt. Sie erleichtert auch den Machtwechsel und damit die Chancen innovativer Politik. Die Zurechnung der Verantwortungen für getroffene Entscheidungen ist übersichtlich und eindeutig, so dass sich die Wähler und die Gesellschaft vergleichsweise leicht orientieren und ihre eigenen Entscheidungen entsprechend ausrichten können. Zwischen den Wahlterminen verfügen Regierungen in der Konkurrenzdemokratie zumeist über einen großen Spielraum für ihre Entscheidungen, und zwar auch dann, wenn sie wie etwa im britischen Regierungssystem eigentlich keine Mehrheit der Gesellschaft repräsentieren. Aus diesem Grund besteht für sie aber auch das Risiko der „Tyrannei der Mehrheit".

Den Vorteilen stehen eindeutige und gravierende Nachteile gegenüber. Zu ihnen gehören vor allem ihre Unfähigkeit, Gesellschaften, die in sozialer, konfessioneller oder ethnischer Hinsicht hochgradig zerklüftet sind, politisch zu integrieren. Der Wechsel zwischen aufeinander folgenden Regierungen, die jeweils fast ohne Hindernisse ihr eigenes Politikprogramm realisieren können, kann zu einer Stop- and Go-Politik führen, die destabilisierende Folgen hat. In der vergleichenden Politikanalyse zeigt sich zudem auch, dass Konkordanzdemokratien häufiger über eine ausgebaute Sozialstaatlichkeit verfügen als konkurrenzdemokratisch regierte Länder.

Der Vergleich macht deutlich, dass die Wahl zwischen dem einen oder anderen der hier diskutierten Demokratietypen den politischen Akteuren nicht völlig freigestellt ist. Sie hängt in der beschriebenen Weise vor allem davon an, ob die jeweilige Gesellschaft, deren politisches System zur Diskussion steht, vergleichsweise homogen oder fragmentiert ist und welche Fairnessregeln in der politischen Kultur dieser Gesellschaft vorherrschen. Die Bilanz ist für beide Demokratietypen gemischt. Deutlich wird aber im Ganzen gesehen, dass die Konkordanzdemokratie eher an der Vorstellung von Politik als einem Verständigungsprozess orientiert ist, während die Konkurrenzdemokratie eher dem Politikmodell des Kampfes mit Sieg und Niederlage verhaftet bleibt.

 Weiter führende Literatur

Lijphart, Arend 1999: Patterns of Democracy. Government Forms and Performance in Thirty-Six Countries. New Haven/London (Yale University Press).

Czada, Roland, 2000: Konkordanz, Korporatismus, Politikverflechtung. Dimensionen der Verhandlungsdemokratie. In: Holtmann, Everhard / Helmut Voelzkow (Hrsg.), Zwischen Wettbewerbs- und Verhandlungsdemokratie. Wiesbaden (Westdeutscher Verlag): 23 – 49.

Schmidt, Manfred G. 2006: Demokratietheorien: 325-337

14 Libertäre und Soziale Demokratie

Für die praktische Politik ist die Unterscheidung zwischen libertärer und sozialer Demokratie von besonders weitreichender Bedeutung, weil sie die Reichweite und die Art der Verantwortung des Staates gegenüber seinen Bürgern betrifft. Beides sind Spielarten der liberalen, grundrechtsgestützten Demokratie. Der Gegensatz zwischen ihnen erklärt zu einem beträchtlichen Teil auch die gegenwärtigen weltweiten Auseinandersetzungen in Wissenschaft und Politik über die Gestaltung der Globalisierung. Die Unterscheidung hat eine wissenschaftliche und eine politische Dimension.

Libertäre Demokratie
Im wissenschaftlichen Sinne ist die libertäre Demokratie dadurch gekennzeichnet, dass in ihr zwar der Staat selbst demokratisch rechtsstaatlich verfasst ist, aber die Gestaltung der wirtschaftlichen und sozialen Lebensverhältnisse weitgehend als Privatsphäre betrachtet werden, die sich der politischen Intervention und Gestaltung entziehen sollten. Dem politisch verfassten Staat entspricht nach dieser Vorstellung in einer Verfassung der Freiheit allein eine freie Marktwirtschaft verbunden mit freiem Privateigentum und der individuellen Eigenverantwortung der Bürgerinnen und Bürger für ihr soziales und wirtschaftliches Wohlergehen. Jeder weitergehende Gestaltungsanspruch des Staates wird als ein Übergriff in die Freiheitssphäre der Bürger verstanden, zu dem der Staat nicht ermächtigt sei. Was im politischen Leben die Bürgerrechte und die demokratische Auswahlmöglichkeit sind, das sind dieser Vorstellung zufolge im gesellschaftlichen Leben die Eigentumsfreiheit, die Privatautonomie und der Markt.

Libertäre Demokratie beschränkt sich auf die Deklaration der Formalgeltung der bürgerlichen, politischen und kulturellen Grundrechte, blendet die Frage nach den gesellschaftlichen Bedingungen ihrer Realgeltung aber aus. Die Erfahrungen in allen Ländern, wo dieses Modell in den letzten beiden Jahrhunderten praktiziert worden ist, hat dasselbe Ergebnis gezeigt. Da die materiellen und persönlichen Voraussetzungen der Menschen höchst unterschiedliche sind, führt das Modell der libertären Demokratie in der Praxis zu einer Reihe problematischer Ergebnisse:

Erstens: In sozialer und ökonomischer Hinsicht resultieren aus ihr große Ungleichheiten der Handlungschancen und der sozialen Ressourcen der Menschen und hohe Armutsquoten, so dass die Bedingung gleicher sozialer und ökonomischer Rechte als Voraussetzung der demokratischen Bürgergleichheit verletzt werden.

Zweitens: Ein mitunter großer Teil der Bevölkerung leidet infolge der Auswirkungen unterregulierter Märkte und unzureichender sozialer Sicherung an wirtschaftlicher und nachfolgend auch gesellschaftlicher Exklusion mit erheblichen Folgen sowohl für ihre sozialen und bürgerlichen wie auch für ihre politischen Bürgerrechte.

Drittens: Libertäre Demokratie tendiert zu einer Elitedemokratie, in der die Gleichheit der Grundrechte im politischen, gesellschaftlichen und wirtschaftlichen Leben ignoriert und am Ende auch die demokratischen Teilhaberechte eingeschränkt werden.

Viertens: Für die globale Arena geht libertäre Demokratie von der Position aus, dass die Dominanz des integrierten Weltmarktes gegenüber der demokratischen Entscheidungssouveränität ein Rationalitätsgewinn sei, da unter diesen Bedingungen die Autonomie und Macht des Individuums als Nachfrager am Markt wachse und die Versuchung zu irrationaler politischer Marktintervention beschnitten werde.

Die Erfahrungen mit den weit reichenden Exklusionswirkungen der libertären Demokratie haben in den kapitalistischen Ländern Europas schon seit der Mitte des 19. Jahrhunderts zum Entwurf des Gegenmodells einer sozialen Demokratie geführt. Es wurde in Prozessen intensiver Wechselwirkung zwischen der Erarbeitung wissenschaftlicher Theorien und der schrittweisen Realisierung in der praktischen Politik entfaltet. Als theoretische Meilensteine auf diesem Weg gelten die Arbeiten von Ferdinand Lassalle und Hermann Heller in Deutschland sowie Thomas H. Marshall in Großbritannien und Gustav Möller in Schweden. In den meisten europäischen Ländern wurden Elemente sozialer Demokratie Zug um Zug in dem Maße realisiert, wie die Demokratie selbst vollendet wurde, am weitesten gehend in den skandinavischen Ländern.

Soziale Demokratie
Konstituierendes Merkmal der sozialen Demokratie sind soziale und wirtschaftliche Grundrechte, die den Bürgern die Verfügung über die materiellen Mittel garantieren, derer sie bedürfen, um ihren bürgerlichen und politischen Grund-

rechten über die bloße rechtsförmliche Formalgeltung hinaus soziale, wirtschaftliche und politische Realgeltung zu verschaffen. Auf diesem Wege soll soziale und politische Exklusion verhindert und damit der demokratische Anspruch gesellschaftlicher Handlungsfähigkeit und politischer Gleichheit in der tatsächlichen Lebenswirklichkeit aller Bürger eingelöst werden.

In ihrer Ausgestaltung und in ihren Ausmaßen unterscheidet sich die soziale Demokratie in den Modellen ihrer Befürworter. Ihre Grundzüge stimmen aber über all diese Differenzen hinweg überein. Für die politische Organisation des Staates stimmt das Konzept der sozialen Demokratie mit dem der libertären Demokratie überein: Eine pluralistische, rechtsstaatliche Demokratie. In diesem Sinne sind beides Varianten der liberalen Demokratie. Soziale Demokratie unterscheidet sich dann aber in drei wesentlichen Hinsichten von ihrem libertären Gegenspieler:

Erstens: Die sozialen und wirtschaftlichen Grundrechte gelten, wie es in den UN–Grundrechtspakten von 1966 vorgesehen ist, gleichrangig mit den bürgerlichen und politischen Grundrechten. In der Konsequenz dieser Ansätze sieht die Theorie der Sozialen Demokratie einen ihrer grundlegenden Ansatzpunkte in *Thomas H. Marshalls* Theorie der *sozialen Staatsbürgerrechte*. Unter den Bedingungen marktkapitalistischer Wirtschaftsverfassung benötigen die meisten Staatsbürger zwingend garantierte soziale und wirtschaftliche Rechte, damit ihre bürgerlichen und politischen Rechte für sie überhaupt einen sozialen Gebrauchswert und eine politische Bedeutung erlangen können. Da diese Grundrechte die Legitimationsgrundlage der modernen Demokratie sind, ist der Anspruch der Demokratie prinzipiell infrage gestellt, wenn nicht auch die sozialen Grundrechte uneingeschränkt gewährleistet werden.

Zweitens: Der Staat als die politische Organisation der Gesellschaft ist verpflichtet, auch im wirtschaftlichen und gesellschaftlichen Leben durch regulative und distributive Politiken für die Einlösung der sozialen und wirtschaftlichen Grundrechte zu sorgen sowie Chancengleichheit und Gerechtigkeit zu gewährleisten. Die grundlegenden Lebenschancen der Menschen sind eine politische Verantwortung des demokratischen Staates.

Drittens: Der Staat der sozialen Demokratie ist ein universalistischer, grundrechtsgestützter Sozialstaat. Er ist verpflichtet, durch eine alle wesentlichen Lebensrisiken der Menschen abdeckende soziale Sicherung dafür zu sorgen, dass niemand in einen Zustand entwürdigender Abhängigkeit und Not gerät. Der

III. Typen moderner Demokratie 103

Schutz der Würde des Einzelnen erstreckt sich nicht nur auf die politische Rolle des Bürgers, sondern auch auf seine soziale Existenz als Mensch. Der Sozialstaat als Bürgerrecht sichert unter allen Umständen die private, soziale und politische Autonomie aller Bürger. Er gewährleistet das Prinzip der sozialen Bürgerschaft nicht nur im Hinblick auf die soziale Sicherung, sondern gleichermaßen unter den Gesichtspunkten der sozialen Autonomie durch Mitbestimmung in Wirtschaft und Gesellschaft, in Betrieben, Unternehmen, Verwaltungen und Schulen. Eine Schlüsselrolle spielt im Konzept der sozialen Demokratie ein Bildungssystem, das gleiche Chancen für alle unabhängig von der sozialen Stellung der Elternhäuser garantiert und als öffentliches Gut organisiert ist.

Abbildung 1: Libertäre vs. Soziale Demokratie

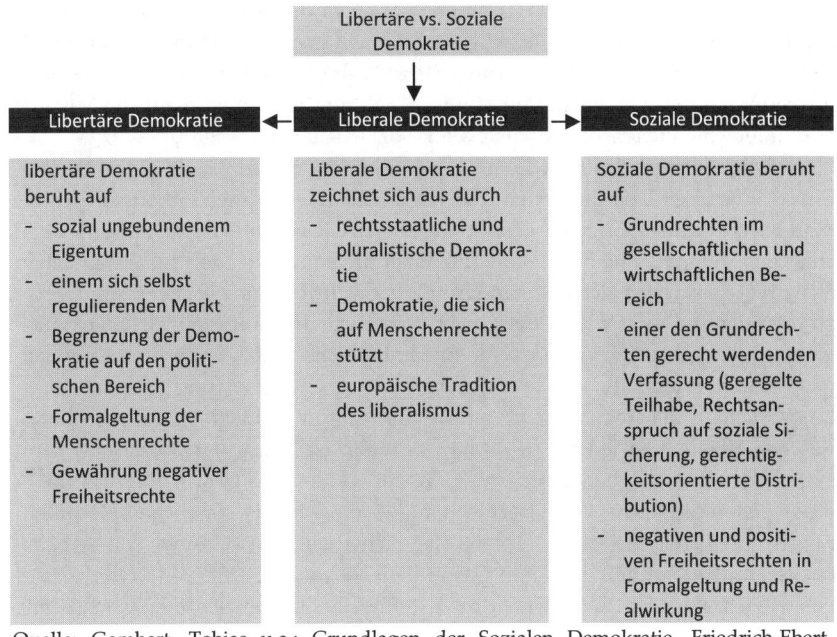

Quelle: Gombert, Tobias u.a.: Grundlagen der Sozialen Demokratie, Friedrich-Ebert-Stiftung, Bonn 2008

Viertens: Märkte müssen in der Form eines koordinierten Kapitalismus unter das Primat demokratischer Verantwortung gestellt werden. Soziale, gesellschaftliche und ökologische Einbettung sowie die soziale Bindung des Privateigentums sollen den Vorrang der Grundrechte aller vor den Privilegien einzelner sichern.

Fünftens: Unter der Bedingung der wirtschaftlichen Globalisierung müssen durch eine Politik des global governance die Voraussetzung zur Zurückerlangung demokratischer Entscheidungssouveränität auf globaler Ebene und zur weltweiten Einbettung der Märkte in politische, ökologische und soziale Verantwortungsstrukturen geschaffen werden.

Der grundrechtsgestützte Sozialstaat
Erfahrung und vergleichende Forschung haben gezeigt, dass Sozialstaatsregime nur in dem Ausmaß nachhaltig wirksam sein können, wie sie die zusätzlichen Bedingungen eines produktiven Beitrags zur ökonomischen Entwicklung ihrer Gesellschaft erfüllen. Sozialstaatsregime dürfen in der Symbiose mit der marktkapitalistischen Ökonomien ihre Eigenlogik nicht gegen die Märkte, sondern mit den Märkten entfalten. Dies allerdings lässt, wie die vergleichende Sozialstaatsforschung gezeigt hat, einen sehr weiten Spielraum für unterschiedliche Modelle und unterschiedlichen Anspruchsniveaus sozialstaatlicher Sicherung.

Maßgeblich ist das Prinzip einer Verringerung der durch den Marktkapitalismus erzeugten Unsicherheiten und Ausschließungen durch ein ausreichendes Maß an marktunabhängigen staatlichen Sicherheitsgarantien und Mitwirkungschancen. Die Art, die Höhe und die Handlungsbereiche der sozialstaatlichen Sicherheitsleistungen sich am Standard der Gewährleistung gleicher Grundrechte zu orientieren. Der *UN-Grundrechtspakt* stellt zwar die daraus abgeleiteten sozialen und ökonomischen Grundrechte nicht als solche in das Ermessen der einzelnen Staaten, erklärt die Art und das Maß ihrer Gewährleistung aber zu Handlungspflichten der Regierungen, deren Einlösung unvermeidlich auf die ökonomischen Ressourcen jeder Gesellschaft bezogen ist. Auch der Sozialstaat kann jenseits des ihm Möglichen nicht verpflichtet werden. Da es sich aber um unbedingt geltende gleiche Grundrechte handelt, müssen die staatlichen Verpflichtungen zur Gewährleistung von sozialer Sicherheit, von Bildung, von Arbeitsrechten und Sozialstandards, von Gesundheitsversorgung und von Erwerbsmöglichkeiten unter allen Umständen in dem jeweils ökonomisch möglichen Maße erfüllt werden.

In diesem Sinne ist die grundrechtliche Verpflichtung zu Sozialstaatlichkeit universell, die politische Entscheidung über Art und Ausmaß hingegen sind gebundene politische Ermessensentscheidungen. Auch die Art der Organisation sozialstaatlicher Sicherung ist eine politische Entscheidungsfrage, deren Antwortspielräume durch die jeweils gegebene Akteurskonstellation begrenzt und

III. Typen moderner Demokratie 105

strukturiert sind. Das Niveau sozialstaatlicher Sicherung ist durch das Niveau des Bruttosozialprodukts, der Arbeitsproduktivität, durch die politischen Kulturen und durch die politische Akteurskonstellation jedes Landes mitbestimmt.

Vergleich
Soziale Demokratie und libertäre Demokratie sind zwei entgegen gesetzte politische Theorien und zwei konkurrierende praktisch politische Weg, die Tradition der Liberalen Demokratie unter den Bedingungen des modernen Marktkapitalismus fortzusetzen. Ihr Hauptunterschied besteht in der Rolle sozialer Bürgerrechte. Während die libertäre Theorie diese fast gänzlich ignoriert, sind sie für die soziale Demokratie sowohl Bedingung demokratischer Legitimität wie Stabilität. Sie verpflichten den Staat dazu, die materiellen Bedingungen für die Realgeltung der Grundrechte allen Bürgern zu gewährleisten und dementsprechend das Primat der Politik über die ökonomischen Prozesse und ihre Folgen zu organisieren sowie eine Gestaltungsverantwortung für die sozialen Lebensbedingungen zu übernehmen.

Aus der Sicht der maßgeblichen Kriterien für Soziale Demokratie, wie sie in der Theorie entfaltet und begründet werden, kann es sich bei der Gegenüberstellung von libertärer und sozialer Demokratie nur um die Kontrastierung zweier Idealtypen handeln, denen die empirischen Realtypen in der Wirklichkeit anzutreffender politischer Gemeinwesen in unterschiedlichen Graden entsprechen.

Liberale Demokratien, die nur die politischen und die kulturellen Grundrechte als Handlungsverpflichtung für Regierungspolitik anerkennen, erfüllen das zentral charakterisierende Merkmal libertärer Demokratie auch dann, wenn sie im nicht verpflichtenden privaten Bereich solidarischer oder karitativer Hilfe für Bedürftige hohe Werte ausweisen. Sie verfehlen nämlich in jedem Falle die Bedingung rechtlich gesicherter sozialer Bürgerschaft, die für die soziale Demokratie konstitutiv ist. Im Rechtsanspruch auf eine die gesellschaftliche Inklusion und die sozialen Grundlagen der Anerkennung der personalen Würde sichernde staatliche Leistung gerade auch beim Eintreten der unterschiedlichen sozialen Risiken kommt der soziale Bürgerstatus zum Ausdruck.

Für die Messung sozialer Demokratie kommt es vor allem darauf an, in welchem Maße dieser Anspruch in der Praxis der staatlichen Leistungen auch tatsächlich eingelöst wird. Er muss in den *outcomes* der einschlägigen Handlungsbereiche seine empirische Bestätigung finden. Erst im Zusammenspiel zwischen dem Rechtsanspruch und der Art seiner praktischen Einlösung lassen sich den bestehenden Demokratien in einem quantifizierten Vergleich Faktorenwerte zuschreiben. Der empirische Vergleich zeigt dann freilich auch, in welchem Maße

Regierungen sich in der Praxis tatsächlich in ausreichendem Maße an den prinzipiell anerkannten Rechtsverpflichtungen orientieren.

Das Hauptargument der Theorie der Sozialen Demokratie für die konstitutive Rolle sozialer und ökonomischer Grundrechte ist neben ihrer anerkennungspolitischen Zentralität vor allem in der Erwartung begründet, dass sie die private, soziale und politische Autonomie aller Personen in allen Fällen des Eintritts sozialer Risiken in hinreichendem Maße schützen werden. Die drei Dimensionen grundrechtsgeschützter personaler Autonomie sind in der soziologischen Kategorie der sozialen *Inklusivität* zusammengefasst. Garantierte soziale Inklusivität ist demzufolge die Grundfähigkeit sozialer Demokratien. Sie ist folglich als Aufrechterhaltung ausreichender Grundbedingungen privater, sozialer und politischer Autonomie beim Eintreten beliebiger sozialer Risiken definiert. Inklusivität in diesem Sinne konkretisiert sich im Licht der Theorie der sozialen Demokratie vor allem in den Schlüsselbereichen die von den folgenden Indikatoren vergleichend gemessen werden.

Zur Messung sozialer Inklusivität in diesem Sinne bieten sich fünf Strukturen der Institutionalisierung (1-5) und vier Dimensionen der inklusionsbezogenen faktischen outcomes an(6-9):

1. Die *Institutionalisierung der sozialen und ökonomischen Grundrechte* (zusätzlich zu den bürgerlichen und politischen) konstituiert den sozialen Bürgerstatus, der soziale Inklusion zum durchsetzbaren Bürgerrecht macht. Wegen seiner Zentralität wird dieser Indikator als ein Ausschließungskriterium interpretiert, außer im Falle einer durch die empirischen outcomes in den Schlüsselbereichen erwiesenen Folgenlosigkeit.
2. Der *grundrechtsgestützte Sozialstaat* ist die wichtigste institutionelle Struktur der faktischen Gewährleistung der aus den sozialen und ökonomischen Grundrechten folgenden Inklusionsgarantien. Die Grundrechtsbasierung vorausgesetzt, unterscheiden sich die untersuchten Sozialstaaten vor allem nach Maßgabe der Universalität und der Generosität der gewährten Anspruchsrechte in den einzelnen Sicherungsbereichen. Nach diesen Kriterien wird die Punktzuteilung gestuft.
3. Sie *Soziaalstaatquote* misst als Annäherungswert das Ausmaß des staatlichen Engagements zur Sicherstellung der Realwirkung sozialer Grundrechte.
4. Die Wirksamkeit einer Form *koordinierter Marktwirtschaft* im Unterschied zum liberalen Marktsystem gilt nach den Begründungen der Theorie der Sozialen Demokratie als eine entscheidende politökonomische Struktur zur

Umsetzung einer angemessenen Balance der sozialökonomischen und bürgerlich politischen Grundrechte.
5. **Mitbestimmung** im Betrieb und Unternehmen ist die für die Gewährleistung sozialer Autonomie der als Angestellte und Arbeiter tätigen Personen entscheidende Institutionalisierungsform.
6. Die *Armuts-Quote* gibt Auskunft darüber, wie groß der Bevölkerungsanteil ist, der aufgrund seines geringen Einkommens entweder von der Teilhabe an wesentlichen Dimensionen des gesellschaftlichen, wirtschaftlichen und politischen Lebens weitgehend ausgeschlossen ist oder doch nur unter erschwerten und reduzierten Bedingungen teilnehmen kann.
7. Die *Soziale Schichtung im Bildungssystem* zeigt an, in welchem Maße sich der soziale Status der Elternhäuser auf die Chancen und Erfolge der Heranwachsenden im Bildungssystem auswirkt. Das Bildungssystem ist daher eine der wichtigsten gesellschaftlichen Verteilungsagenturen für lebenslange Lebens- und Teilhabechancen, über die die Gesellschaft verfügt. Hohe soziale Schichtungseffekte im Bildungssystem erzeugen eine hohe soziale Exklusivitätswirkung.
8. Die *Erwerbsquote* ist ein Maß für die Beteiligung am Erwerbsleben. Sie ist gleichzeitig ein Indikator für einen zentralen Bereich gesellschaftlicher Teilhabe, sozialer Anerkennung und Selbstachtung sowie der Sicherung personaler Handlungsfähigkeit und Inklusion durch den Erwerb eigenen Einkommens
9. Die *Einkommensgleichheit* gibt Auskunft über einen Schlüsselfaktor für die Verteilung der Chancen zur Ausübung persönlicher Autonomie, in gewissem Maße aber auch über für die Bedingung zur Teilhabe am gesellschaftlichen Leben und am politischen Prozess.

Dabei zeigt der empirische Vergleich folgende Zusammenhänge. Die institutionellen Indikatoren ökonomische Grundrechte, universeller Sozialstaat und koordinierte Marktwirtschaft kovariieren hochgradig positiv mit den für die Inklusion zentralen Outcome- Indikatoren einer niedrigen Armutsquote und einer relativ niedrigen Einkommensungleichheit. Die koordinierte Marktwirtschaft variiert positiv mit niedriger Armutsquote und niedriger Einkommensungleichheit, aber nicht mit einer hohen Erwerbsquote, da auch in den unkoordinierten Marktwirtschaften die Erwerbsquote teilweise sehr hoch ist, allerdings um den Preis nicht nur einer erhöhten Einkommensungleichheit, sondern auch einer deutlich größeren Armutsquote.

Aus der Addition der Einzelergebnisse für die einzelnen Dimensionen der sozialen Inklusion ergibt sich das Ranking der verglichenen Länder im Hinblick auf den Leitwert der sozialen Inklusivität[17]. Die Abgrenzung zwischen den sozialen Demokratien und den libertären Demokratien folgt, wie sich zeigt, nicht nur aus dem Ausschließungskriterium der sozialen Bürgerschaft, sondern auch aus den empirischen Werten in den einzelnen Inklusionsdimensionen und im Falle Irlands ausschließlich aus der letzteren. Die deutlichen Unterschiede in den erzielten Gesamtwerten in Verbindung mit den resultierenden Stufungen legt die Dreiteilung in hoch-, mittel- und niedrig inklusive soziale Demokratien nahe.

Tabelle 2:   Ranking: Soziale Demokratie

Hoch inklusive Soziale Demokratien

1	Dänemark	24
2	Schweden	24
3	Finnland	22
4	Norwegen	22
5	Österreich	20
6	Schweiz	20
7	Niederlande	20

Mittlere inklusive Soziale Demokratien

8	Deutschland	16
9	Frankreich	16
10	Japan	14

---

[17] Dabei werden den einzelnen Ländern in den einzelnen Messdimensionen nach Maßgabe der Erfüllung der Kriterien Zahlenwerte von 0 – 3 zugeordnet, die für alle 9 genannten Dimensionen gesondert erhoben und dann addiert werden. Der Maximalwert beträgt 24 Punkte, der theoretische Minimalwert 0 Punkte. Vergleiche dazu: Thomas Meyer 2006: Praxis der Sozialen Demokratie, Wiesbaden, Kapitel 10.

Schwach inklusive Soziale Demokratien

11	Italien	13
12	Neuseeland	13
13	Kanada	12
14	Portugal	12
15	Belgien	11
16	Vereinigtes Königreich	11
17	Australien	11
18	Spanien	10

Exklusive Demokratien (Libertäre Demokratien)

| 19 | Irland | 8 |
| 20 | Vereinigte Staaten | 3 |

Es entspricht den theoretisch begründeten Erwartungen, dass die skandinavischen sowie eine Reihe kontinental europäischer Länder, die hohe Werte in den Bereichen der sozialen und politökonomischen Institution der sozialen Demokratie aufweisen, auch- und zwar interessanterweise annähernd proportional, hohe Werte bei den Outcomes gesellschaftlicher Inklusivität ausweisen, insbesondere in den Bereichen der Armutsvermeidung und der sozialen Gleichheit. Die anscheinend vergleichbare Leistungsfähigkeit des Institutionalisierungsbereichs unkoordinierte Märkte erweist sich als prekär, das sie mit hohen Armutsraten einhergeht. Die im empirischen Vergleich äußerst niedrigen Werte für Irland z.B., begründen ernsthafte Zweifel daran und veranlassen wegen der niedrigen Inklusionswerte in der empirischen outcome- Dimension die Qualifizierung des Landes als libertäre Demokratie, denn das letztentscheidende Kriterium kann aus theoretischer Sicht nur die faktische Einlösung des sozialbürgerschaftlichen Anspruchs garantierter sozialer Inklusion sein.

Den Ergebnissen der Vergleichsuntersuchung zur Folge handelt es sich bei der ganz überwiegenden Zahl der einbezogenen Länder um soziale Demokratien, allerdings mit einer unerwarteten Spannweite ihres inklusiven Charakters. Diese legt eine Differenzierung innerhalb dieses Systemtyps nach dem Ausmaß der Inklusivität nahe. Da die Rangskala verhältnismäßig kontinuierlich verläuft und nur kleine Sprünge aufweist, enthält die Grenzziehung unvermeidlich ein deutliches Festlegungselement.

Ein weiteres Kriterium, im Hinblick auf das sich die untersuchten sozialen Demokratien deutlich unterscheiden, ist das der Gleichheit. Aus theoretischer Sicht muss dabei der Chancenungleichheit im Bildungssystem das ausschlaggebende Gewicht zugemessen werden, da sie über die Teilhabechancen der betreffenden Personen in allen anderen gesellschaftlichen Teilbereichen maßgeblich mitentscheidet und dies in einem Alter, in dem sich die betroffenen Personen kaum durch besondere eigene Anstrengungen über die gegebenen Bedingungen hinwegsetzen können. Ein schlechter Vergleichswert in diesem Bereich führt daher zu nachhaltigen Einschränkungen sozialer Demokratie. Ebenso wichtig sind die Werte im Bezug auf die Armutsquote einer Gesellschaft, da Armut die betroffenen Personen in erheblichem Maße in ihrer privaten, sozialen und politischen Autonomie einschränkt und damit eine empfindliche und nachhaltige Form von Exklusionen herbeiführt.

Defekte der libertären Demokratie
Im Hinblick auf den von *Dahl* konstatierten Widerspruch zwischen der auf politischer Gleichheit beruhenden Legitimation der Demokratie und der systematischen Erzeugung politischer Ungleichheit durch ungleiche soziale Ressourcenverteilung im marktkapitalistischen System, stellt sich in demokratietheoretischer Sicht die Frage, ob die Existenz eines bloßen demokratischen Institutionen- Systems ohne eine annähernde Gleichverteilung der politischen Ressourcen der Bürger überhaupt als eine *konsolidierte* Demokratie verteidigt werden kann oder die Merkmale einer *defekten* Demokratie erfüllt. Libertäre Demokratien gleichen einem bestimmten Typ defekter Demokratie[18]. Wie die defekte Demokratie erfüllen sie zwar eine Reihe wesentlicher demokratischer Voraussetzungen, die sie nicht nur von autokratischen politischen Systemen unterscheiden, sondern auch die institutionellen Voraussetzungen fortschreitender Demokratisierung in sich bergen. Zugleich schließen sie aber faktisch, wie bestimmte Typen defekter Demokratien, große Gruppen von Bürgern von der Chance gleicher Einwirkungsmöglichkeiten auf den politischen Entscheidungsprozess aus, auf denen der demokratische Legitimationsanspruch beruht.

Nach der Matrix möglicher Defekte von Demokratien, die *Wolfgang Merkel* auf der Basis der empirischen Analyse von Transformationsprozessen in Osteuropa und Südostasien erarbeitet hat, erfüllt die reine *libertäre* Demokratie, im Unterschied zur Sozialen Demokratie, die Maßstäbe einer konsolidierten Demokratie mindestens in zwei wesentlichen Dimensionen nicht:

---

[18] Merkel 2003

III. Typen moderner Demokratie

Erstens: Verletzt sein können in libertären Demokratien nach Maßgabe der Theorie defekter Demokratien in unterschiedlichen Handlungsbereichen beide konstituierenden Elemente der rechtsstaatlichen Demokratie: der *Rechtsstaat* und die *Demokratie*. Es mag dahin gestellt sein, unterhalb welcher Schwelle der mangelnde Rechtsanspruch der Bürger auf soziale Sicherung die Normen des universellen Geltungsanspruchs der Grundrechte der Demokratie und damit die Standards der rechtsstaatlichen Demokratie selber verletzt. Die völlige Verweigerung solcher sozialer Schutzrechte jedenfalls würde auch dann die Normen des Rechtsstaats verletzten, wenn im Übrigen in der betreffenden Gesellschaft ein Kultur der privaten Hilfeleistung eingebürgert wäre. Dies ist ein Demokratiedefekt in der Dimension *Herrschaftsweise*.

Zweitens: Unter demokratietheoretischen Gesichtspunkten mag strittig sein, ob das Fehlen demokratischer Mitentscheidungsmöglichkeiten in den gesellschaftlichen Teilbereichen als ein Defekt der liberalen Demokratie selber zu werten ist. Jedenfalls lassen sich gute Gründe dafür anführen, eine solche Wertung dann vorzunehmen, wenn die dort anstehenden gesellschaftlichen Entscheidungsmaterien als ihrer Natur nach politische Fragen charakterisiert werden können und die Akkumulation sozialer und politischer Einflussmacht auf den demokratischen Prozess ermöglichen. Dies führt zu einem Defekt in der Dimension *Herrschaftsmonopol*.

Jeder dieser beiden Defekte rechtfertigt es in Analogie zu *Zakarias* Begriff der *illiberalen* Demokratie von *unsozialer* Demokratie als einer auf die materiellen Grundrechte bezogenen spiegelbildlichen Version *defekter* Demokratie zu sprechen[19]. Sofern eine institutionalisierte Demokratie nicht einmal auf der Ebene der Gewährleistungsverpflichtung diejenigen Mittel für die Realgeltung der Grundrechte ihrer Bürger sicherstellt, die als Voraussetzungen für die gleichberechtigte Teilnahme aller am politischen Entscheidungsprozess angesehen werden müssen, erfüllt sie nicht den Anspruch einer konsolidierten Demokratie. Diese Konsequenz ist nach der Logik der Theorie der defekten Demokratie unabweisbar, die ja darauf gerichtet ist, im Bereich der realen Funktionslogik formell institutionalisierter Demokratien diejenigen Defizite aufzudecken, die in der Praxis ihren formalen Legitimationsanspruch in Frage stellen oder wesentlich verkürzen. Nach dieser Logik muss die Nichtgewährleistung der sozialen Voraussetzungen gleicher politischer Teilhabe, soweit sie in der Verfügungsmacht des politischen

---

[19] Zakaria 1997

Systems selber liegt, als ein grundlegender Defekt der betroffenen Demokratie klassifiziert werden.

Wirkungen unsozialer Demokratie
Gerade das Beispiel der USA mit seinen erheblichen plutokratischen Einschränkungen im Herrschaftszugang macht deutlich, dass die gegenwärtigen gebräuchlichen Indikatoren zur Messung des Demokratiegehalts politischer Systeme auch solchen institutionalisierten Demokratien Spitzenwerte zumessen können, die bei genauerer empirischer Analyse wesentliche strukturelle Ausschließungsmechanismen für große Bevölkerungsteile der unteren sozio-ökonomischen Gesellschaftsklassen aufweisen. Daraus ergibt sich eine ganze Reihe von substanziellen demokratietheoretischen und -politischen Problemen. Defekte dieser Art haben aber für die Qualität der betreffenden Demokratien wesentliche Folgen, vor allem:

Erstens: Eine systematische *Verzerrung* im politischen Prozess der Artikulation und Durchsetzung gesellschaftlicher Interessen.

Zweitens: Eine hohe Wahrscheinlichkeit der systematischen *Reproduktion* der politischen Gleichheitsdefizite auf der Input-Seite als Gleichheitsdefizite in den Politikresultaten der Output-Seite.

Drittens: Die Verletzung der politischen *Legitimationsbedingung* staatsbürgerlicher Gleichheit.

 **Weiter führende Literatur**

Heller, Hermann 1971: Gesammelte Schriften. Mit einer Einleitung in die Schriften Hermann Hellers von Martin Drath und Christoph Müller, 3 Bände, Leiden: Sijthoff.

Held, David 1987: Models of Democracy, Stanford.

Held, David 2006: Globalisierung und Soziale Demokratie. Frankfurt/M.

Meyer, Thomas 2005: Theorie der Sozialen Demokratie, Wiesbaden.

Meyer, Thomas 2006: Praxis der Sozialen Demokratie. Wiesbaden.

Sandbrook, Richard, et al. 2007: Social Democracy in the Global Periphery. Cambridge.

Zakaria, Fareed 1997: The Rise of Illiberal Democracy. In: Foreign Affairs 76, Nr.6: 22- 434

15 Defekte und konsolidierte Demokratie

Eine häufige Zwischenform
Zwischen den vollständig undemokratischen politischen Regimen, den *Autokratien*, und den vollendeten *rechtsstaatlichen Demokratien* gibt es einige Zwischenformen. Sie entstehen entweder im Übergang zur Demokratie oder infolge ihres Verfalls. Die defekten Demokratien sind dadurch gekennzeichnet, dass sie zwar mit der Einführung des allgemeinen gleichen Wahlrechts eine wichtige Grundlage für die Demokratie gelegt haben, in anderen wichtigen Hinsichten aber die demokratischen Normen nicht oder nur sehr unvollständig erfüllen, so dass ihr Demokratieanspruch im Ganzen in Frage gestellt ist. Defekte Demokratien verdienen besondere Aufmerksamkeit, weil sie vordergründig als Demokratien erscheinen, aber auf nicht so leicht erkennbare Weise in der Praxis den eigenen Anspruch in wichtigen Hinsichten dann doch dementieren. Sie verlangen entweder das zielstrebige Vorantreiben begonnener Demokratisierung oder die Verhinderung voranschreitenden Demokratieabbaus.

Defekte Demokratien sind in der Wirklichkeit der gegenwärtigen Welt sehr zahlreich und darum von großer Bedeutung. Sie können den Keim der vollständigen Demokratisierung in sich enthalten, wenn ihre Defekte nur den Ausdruck des Beginns einer Entwicklung zur voll entfalteten Demokratie darstellen. Sie können aber auch das Ende einer bestehenden Demokratie einleiten, wenn sie aus dem Abbau vordem existierender demokratischer Regierungselemente resultieren. Zum Verständnis des konzeptionellen Unterschieds zwischen defekten und konsolidierten Demokratien ist der Umstand von Bedeutung, dass es sich dabei nicht um die stets unvermeidliche Differenz zwischen dem Ideal der Demokratie und ihrer praktischen Realität handelt. Es geht vielmehr um die Markierung und die sorgfältige Begründung einer Schwelle, derer Unterschreitung den demokratische Anspruch in einer prinzipiellen und vermeidbaren Weise verfehlt.

Arten von Defekten
In der politischen Regierungspraxis sind nach der Systematik von *Wolfgang Merkel* vor allem die folgenden fünf Defekte zu unterscheiden[20]:

Erstens: Defekte im *Herrschaftszugang*. Trotz des verfassungsmäßig garantierten und aktuell in Anspruch genommenen allgemeinen gleichen Wahlrechts können für bestimmte Gruppen von Bürgern schwer oder gar nicht zu überwindende Hindernisse für die Teilnahme an der Wahl und anderen Teilen des politischen Prozesses bestehen. Das ist beispielsweise dann der Fall, wenn in entlegenen Gegenden des Landes der Weg zur Wahlurne kaum möglich ist, oder wenn bei der Registrierung zur Wahl Ausschlüsse oder Einschüchterungen praktiziert werden, oder wenn Frauen durch sozialen Druck oder durch Drohungen von der Wahlteilnahme abgehalten werden oder wenn das Wahlgeheimnis faktisch verletzt wird, so dass im Falle einer unliebsamen Stimmabgabe dem betreffenden Wähler Sanktionen drohen.

Zweitens: Defekte im *Herrschaftsanspruch*. Die rechtsstaatlichen Grenzen der politischen Machtausübung können zwar in der Verfassung und im öffentlich erhobenen Anspruch der politischen Autoritäten anerkannt sein, aber dennoch in der Praxis der Machtausübung beständig und folgenreich verletzt werden. Das ist zum Beispiel dann der Fall, wenn Gruppen das Recht auf Versammlungsfreiheit, Meinungsfreiheit, Vereinsfreiheit und gemeinsames Handeln durch Drohung oder Repressalien verwehrt wird, oder wenn Medien und Journalisten, die für freie Informationen sorgen wollen, illegale oder legalisierte Formen von Sanktionen angedroht werden. Es ist erst recht dann der Fall, wenn oppositionelle Parteien in ihren Wirkungsmöglichkeiten behindert und ihre Anhänger verfolgt werden.

Drittens: Defekte im *Herrschaftsmonopol*. Alle politisch zu regelnden Angelegenheiten müssen in einer konsolidierten Demokratie allein durch demokratisch legitimierte Autoritäten entschieden und geregelt werden. Es ist ein Bruch der demokratischen Legitimität, wenn machtvolle Veto-Gruppen, sei es das Militär, sei es wirtschaftliche Macht, seien es einflussreiche Clans außerhalb der Kontrolle der demokratischen Macht handeln können und in bestimmten Bereichen des gesellschaftlichen Lebens selbst zur obersten Autorität werden.

---

[20] Merkel/Croissant 2003

Viertens: Defekte In der *Herrschaftsstruktur.* Die Herrschaftsstruktur der Demokratie muss pluralistisch sein. Einschränkungen am Pluralismus, die nicht durch den Schutz der Rechtsstaatlichkeit bedingt sind, verletzen daher die Regeln der demokratischen Legitimität. Der Ausschluss bestimmter Interessen aus dem politischen Willensbildungsprozess, soweit sie nicht selbst die demokratischen Normen verletzen, widerspricht der Demokratie.

Fünftens: Defekte in der *Herrschaftsweise.* Die demokratische Herrschaftsweise muss streng rechtsstaatlich sein. Verletzungen der Menschenrechte, Einschränkungen der Geltung des Rechts und des gerichtlichen Rechtsauslegungsmonopols verletzen darum demokratische Grundwerte.

In ihrem Zusammenspiel können diese unterschiedlichen Defekte der Demokratie weitreichende Wirkungen haben. Sie können trotz fortbestehenden allgemeinen und gleichen Wahlrechts die demokratische Substanz am Ende ganz in Frage stellen. Alle diese Defekte beziehen sich zunächst auf Einschränkungen demokratischer Funktion auf der Ebene des liberal-demokratischen Institutionen- Systems selbst. Sie kennzeichnet den Typ der *illiberalen Demokratie,* in der mit dem allgemeinen, gleichen Stimmrecht zwar eine wichtige Grundbedingung der Demokratie erfüllt ist, nicht aber der liberale Rahmen, in dem sich sein demokratisches Potential erst praktisch entfalten kann[21].

Soziale Defekte
Es liegt aber auf der Hand, dass etwa Defekte im Herrschaftszugang, im Herrschaftsmonopol oder in der Herrschaftsstruktur in hohem Maße auch auf soziostrukturelle Ursachen zurückgehen können. Diesen Zusammenhang fokussiert *Guillermo O'Donnell* in seiner Kategorie einer bloß *delegativen Demokratie,* die faktisch unter Ausschluss der Unterschichten, also der Gruppen, die in besonders hohem Maße von sozio- strukturellen Ausschlüssen oder Risiken betroffen sind, stattfindet[22].

---

[21] Zakaria 1997
[22] O'Donnell 1994

Weiter führende Literatur

Merkel, Wolfgang/Croissant, Aurel 2003: Defekte Demokratien. 2 Bde. Opladen.

Meyer, Thomas (2005): Theorie der Sozialen Demokratie. Wiesbaden.

O`Donnell, Guillermo 1994: Delegative Democracy. In: Journal of Democracy (5)1: 55-69.

Zakaria, Fareed 1997: The Rise of illiberal Democracy, in: Foreign Affairs, Vol. 76, No. 7, 22-33

IV. Die Realität moderner Demokratie

16 Wirtschaft und Demokratie

Die ambivalente Rolle des Marktes
Eine der ausschlaggebenden Fragen in der empirischen Demokratieforschung ist die nach den Bedingungen demokratischer Stabilität. *Robert A. Dahl* bilanziert die Summe dieser Forschung in der Unterscheidung zwischen *notwendigen* und *begünstigenden* Bedingungen für die Stabilität von Demokratien[23]. Als *notwendige* Bedingungen nennt er die Kontrolle von Militär und Polizei durch gewählte Amtsträger, das Vorhandensein einer demokratischen politischen Kultur und die Abwesenheit einer der Demokratie entgegenwirkenden ausländischen Kontrolle. *Begünstigende* Bedingungen sind ihm zufolge eine moderne Marktwirtschaft sowie ein nur schwacher subkultureller Pluralismus. Diese empirische Zuordnung bezieht sich allein auf die Stabilität des Institutionen- Systems einer verfassten Demokratie, aber nicht auf deren demokratische Qualität. Das Verhältnis zwischen Marktkapitalismus und Demokratie ist seiner Analyse zufolge durch eine unaufhebbare Ambivalenz gekennzeichnet. Zum *einen* begünstigt die Existenz marktkapitalistischer Verhältnisse Entstehung, Stabilität und Funktionieren demokratischer Institutionen. Zur Begründung dieser These zitiert Dahl Ergebnisse der empirischen Forschungen zur Stabilität demokratischer Institutionen- Systeme. Zum *anderen* beschreibt er eine Reihe von Funktionsbedingungen und Auswirkungen marktkapitalistischer Systeme, die sowohl die Qualität wie die Stabilität von Demokratien gefährden[24]:

Erstens, bezogen auf die Stabilität und die Funktionsbedingungen der demokratischen Institutionen zeigt er, dass das marktkapitalistische System nur dann mit demokratischen Institutionen verträglich ist, wenn es durch politische Interventionen und Regulationen stabilisiert und gezähmt wird.

Zweitens beeinträchtigen marktkapitalistische Systeme die Qualität der Demokratie systematisch dadurch, dass sie eklatante Ungleichheiten in der Verteilung der politischen Ressourcen der Bürger erzeugen und damit deren reale Teilhabechan-

---

[23] Dahl 2000: 140
[24] Dahl 2000: 174

cen vorprägen. Diese Ungleichheiten sind nicht trivial, sondern ernsthafte Einschränkungen der Demokratie, da sie deren politisch-moralischer Grundlage, nämlich gleichen Teilhabechancen, auf schwer wiegende Weise widersprechen.

Die Einflussmöglichkeiten der Bürger auf das Produkt des demokratischen Entscheidungsprozesses werden durch die Verteilungswirkungen des Marktkapitalismus potenziell in einem solchen Maße ungleich, dass der für die Demokratie konstitutive politische Gleichheitsanspruch verletzt wird. Dieser Zusammenhang ist für die Stabilitätsfrage von hohem Gewicht, da nach dem Urteil der meisten empirischen Demokratieforscher die Wahrnehmung der Legitimität einer institutionalisierten Demokratie durch ihre Bürger der entscheidende Faktor für ihre nachhaltige Stabilität ist.

Wenngleich schon seit der frühen Demokratieforschung der 1960er Jahre vor allem durch die paradigmatischen Arbeiten von *Seymour M. Lipset* die Faktoren Bruttosozialprodukt und Bildungsstand der Bevölkerung als wesentliche Bedingungen nachhaltiger Demokratisierung in den Mittelpunkt der Aufmerksamkeit rückten, wurde in der nachfolgenden Forschung zunehmend darauf aufmerksam gemacht, dass auch die soziale Verteilung von Bildung und Wohlstand, also die Dimension der sozialen Gerechtigkeit als ein grundlegender Kausalfaktor für die Stabilität von Demokratie wirksam ist[25].

Aus den Befunden Dahls ergibt sich ein höchst widerspruchsvolles Spannungsverhältnis zwischen Marktwirtschaften und Demokratie. Während marktkapitalistische Systeme bis zur Einführung demokratischer Institutionen eine uneingeschränkt pro-demokratische Funktion erfüllen, denn sie untergraben die gesellschaftlichen Grundlagen autokratischer Herrschaft und stärken die Position der an Demokratisierung besonders interessierten Unterschichten, ändert sich danach, mit der gelungenen Einführung verfasster Demokratie, ihr demokratisches Vorzeichen.

Im Frühstadium der Entfaltung politischer Demokratie hat die Marktwirtschaft für die Ausbildung und Stabilisierung der demokratischen Potenziale großes Gewicht, da sie freiheitlich selbstbestimmtes Handeln der Bürgerinnen und Bürger fördert. Ihre Selbstorganisation und Eigenständigkeit spielt dann auch in die politische Sphäre hinein. Zudem ist die marktwirtschaftliche Dynamik in der Regel mit Wirtschaftswachstum und Wohlstandszuwächsen so wie der Verbreitung von Erwerbs- und Einkommenschancen für viele verbunden, sodass bei der großen Mehrzahl der Bürgerinnen und Bürger Vertrauen in die

---

[25] Dahl 2000

gesellschaftliche Entwicklung und die Legitimität der bestehenden Gesamtverfassung entsteht. Sobald die demokratischen Institutionen aber konsolidiert sind, und die Chancen und Voraussetzungen ihrer Nutzung durch die Bürger thematisiert werden, erweisen sich die systematischen Folgen marktkapitalistischer Ordnungen in dem Maße als ernsthafte Gefährdungen des demokratischen Anspruchs, wie sie der Gleichverteilung der politischen Ressourcen der Bürger entgegenwirken. Dahl beschließt seine Defizit- und Gefährdungsanalyse mit dem Ausblick, die Auflösung dieses Widerspruchs sei eine ungelöste Frage und stelle für die Demokratie eine Herausforderung dar, die das einundzwanzigste Jahrhundert beschäftigen wird.

Widersprüche und Spannungen
Zwischen der Wirtschaftsverfassung und -dynamik auf der einen Seite und der politischen Demokratie auf der anderen bestehen folglich vielfältige Wechselwirkungen. Eindeutig ist, dass sich die Demokratie nur mit einer Wirtschaftsverfassung verträgt, die ihrerseits auf der Respektierung der persönlichen Grundrechte basiert und den legitimierenden Grundprinzipien der Freiheit und Gleichheit nicht widerspricht. Damit ist freilich keine Festlegung für einen bestimmten Typ von Marktwirtschaft getroffen, da diese weiten Raum für eine Vielzahl unterschiedlicher Wirtschaftsverfassungen lässt, wie die in dieser Hinsicht tatsächlich gegebene große Bandbreite in den Demokratien der Gegenwart unter Beweis stellt.

Aus der Erfahrung mit den sozialen, politischen und ökonomischen Auswirkungen des selbstregulierten Marktes im Frühkapitalismus, verbunden mit der weit gehenden Verabsolutierung der Verfügungsrechte aus Produktionsmitteleigentum in dieser Phase, ergibt sich einer Matrix der prinzipiellen Arten der Gefährdung von Grundrechten durch die Wirkungen einer ungezügelten kapitalistischer Wirtschafts- und Sozialverfassung:

Erstens: Personen können unverschuldet beim Versuch scheitern, ein ausreichendes Einkommen am Markt zu erzielen. In diesem Falle sind ihnen die Bedingungen eines menschenwürdigen Lebens, im Grenzfall des physischen Überlebens verwehrt. Dies kommt einer Verletzung aller Grundrechte gleich. Der Anspruch der betreffenden Personen auf *private, soziale* und *politische* Autonomie ist fundamental verletzt.

Zweitens: Personen können durch unzureichendes Einkommen in ihrem Anspruch verletzt sein, ihre bürgerlichen und politischen Freiheitsrechte, praktizieren zu können. Dies entspricht im Hinblick auf die am Markt erzielten Ergebnisse einer Beeinträchtigung ihrer sozialen Handlungsfähigkeit und damit ihrer privaten und politischen Autonomie.

Drittens: Personen können infolge eigener Mittellosigkeit zum Abschluss von Erwerbsverträgen genötigt sein, die in ihrem Vollzug Bedingungen ihrer Menschenwürde verletzen. Das führt zur Beeinträchtigung ihrer sozialen Autonomie.

Viertens: Personen können durch Ungleichheiten der Verteilung sozialer Lebensgüter in ihren positiven Handlungschancen behindert und in ihren politischen Beteiligungsrechten benachteiligt sein. Das entspricht einer Gefährdung ihrer privaten und politischen Autonomie.

Alle diese Risiken sind in dem Maße wahrscheinlich, in dem Märkte als selbstregulierende Institutionen verstanden werden, ohne eine angemessene soziale und politische Einbettung.

Wenn sich kapitalistische Wirtschaften entfalten und demokratische Systeme konsolidieren, wird daher dieselbe kapitalistische Dynamik, die zu Beginn einen förderlichen Einfluss auf die Bedingungen demokratischen Handelns ausübte, mit der Zeit zu einer Belastung für das angemessene Funktionieren der Demokratie und ihrer Legitimität. Im Maße nämlich wie die Marktprozesse soziale und wirtschaftliche Ungleichheiten erzeugen und den gesellschaftlichen Vorstellungen über gerechte Verteilung von Chancen und Einkommen widersprechen gerät die kapitalistische Marktwirtschaft mit der Demokratie in Konflikt.

Dieser Konflikt entfaltete sich auf zwei Ebenen. Zum einen geht es dabei um demokratische Legitimität überhaupt. Da ja mit der auf Grundrechte gestützten Demokratie unweigerlich die Versprechen der Gerechtigkeit, der Sicherung individueller Grundrechte und der Chancengleichheit aller verbunden sind, stellt ihre grob ungleiche Verteilung den demokratischen Anspruch selbst in Frage. Der Maßstab dafür variiert zwar mit der politischen Kultur einzelner Gesellschaften, ist aber letztlich überall wirksam. Zum anderen schränkt der Mangel an sozialen und wirtschaftlichen Ressourcen die demokratischen Partizipationsmöglichkeiten der schlechter Gestellten gegenüber den besser Gestellten unter Umständen erheblich ein. Armut, Bildungsmangel, Arbeitslosigkeit und wirtschaftliche Hoffnungslosigkeit beeinträchtigten so gut wie immer die politische Handlungsfähigkeit der davon Betroffenen. Ökonomische und soziale Ungleichheit werden zu politischer Ungleichheit und geraten damit in Gegensatz zu den Legitimationsideen.

Demokratische Einbettung des Marktes
Legitimationsanspruch, Funktionsfähigkeit und Stabilität der Demokratie verlangen folglich eine politisch bestimmte Grenzziehung der Marktfreiheit nach oben und unten. Das Abgleiten von Personen in Armut, Bildungslosigkeit und wirtschaftlicher Chancenlosigkeit muss durch wirtschafts- und sozialpolitische Intervention verhindert werden. Im politischen System selbst muss sichergestellt werden, dass überproportionale ökonomische und soziale Ressourcen nicht ungehindert in politische Macht übersetzt werden können. Andernfalls wird die Abwendung der wirtschaftlich Benachteiligten und sozial Schwachen von der Demokratie wahrscheinlich.

Ein neues Dilemma erwächst für die nationalstaatlich organisierte politische Demokratie aus der Globalisierung der Märkte. Durch diese Entwicklung verringert sich der Handlungsspielraum demokratischer Regierungen, mit Aussicht auf Erfolg diejenigen ökonomischen und sozialpolitischen Interventionen zu realisieren, die für die Vermeidung sozialer Ausschließung, überzogener Verteilungsungleichheiten und die Verhinderung unzumutbarer sozialer Unsicherheit notwendig wären. Die Reichweiten der Marktwirkungen und der politischen Handlungskompetenz des Staates driften auseinander. Der dadurch entstehende Widerspruch hat die überspitzte These vom „Ende der Demokratie" auf den Plan gerufen[26]. Um Anspruch und Handlungsfähigkeit der Demokratie auch unter den Bedingungen der Globalisierung zu sichern, bedarf es daher ausreichend wirkungsvoller Formen einer globalen Einbettung der Märkte durch neue Formen transnationaler politischer Kooperation. Global governance und Faire Globalisierung sind die Leitbegriffe für die theoretischen und praktischen Bestrebungen einer solchen Erneuerung der Demokratie auf globaler Ebene.

 Weiter führende Literatur

Dahl, Robert A. 2000: On Democracy.

Guéhenno, Jeran-Marie 1994: Das Ende der Demokratie. München

---

[26] Guéhenno 1994

Hollingsworth, J. Rogers/ Boyer, Robert (Hrsg.) (1997): Contemporary Capitalism. The Embeddedness of Institutions, Cambridge: Cambridge University Press.

Huber, Evelyne/ Stephens, John (2001): Development and Crisis of the Welfare State: Parties and Policies in Global Markets, Chicago: University of Chicago Press.

Meyer, Thomas 2005: Theorie der Sozialen Demokratie. Wiesbaden.

17 Die Kultur der Demokratie

Eine aufschlussreiche Erfahrung
Es schien zu Beginn eine irritierende Erfahrung, beispielsweise im Deutschland der Weimarer Republik der 1930er Jahre, ebenso wie in einigen Entwicklungsländern Afrikas und Asiens in den 1950er Jahren, als sie soeben die Freiheit von ihren ehemaligen Kolonialmächten zurück erlangt hatten, dass dieselben demokratischer Institutionen, die in einigen Ländern mit guten Ergebnissen dauerhaft funktioniert hatten, in anderen Ländern schon nach kurzem Probelauf scheiterten. In Fällen dieser Art zeigte sich schlagartig und offenbar mit beträchtlicher Beweiskraft, dass es nicht die sichtbaren Institutionen allein sein können, die über Wohl und Wehe verfasster Demokratien entscheiden, sondern dass auch mit anderen Faktoren gerechnet werden muss. Damit stellte sich die Frage nach den gesellschaftlichen und kulturellen Bedingungen der Demokratie. Diese Erfahrungen haben seither das Scheinwerferlicht der politikwissenschaftlichen Forschung und der politischen Debatten immer wieder auf das Problem der kulturellen Voraussetzungen der modernen Demokratie gelenkt, zunehmend auch im Hinblick auf die Frage, welche Rolle in dieser Hinsicht den verschiedenen religiösen Traditionen zukommt, die ja ihren prägenden Einfluss auf die Gegenwartsgesellschaft nicht verlieren.

In unterschiedlichem Maße war freilich den Staatstheoretikern zu allen Zeiten bewusst, dass jede der möglichen Staatsformen eine zu ihr passende Kultur voraussetzt, um angemessen funktionieren und Stabilität gewinnen zu können. Das bezog sich auf die Sitten und Gebräuche, die Normen und Handlungsgewohnheiten, die in der jeweiligen Gesellschaft eingebürgert waren. Systematische Forschungen gab es dazu kaum und die diesbezüglichen konzeptionellen Vorstellungen waren zumeist undeutlich und wechselhaft. Der Begriff *Politische Kultur*, gezielt auf die im Bereich der Einstellungen und Verhaltengewohnheiten der Gesellschaft lokalisierten Funktionsvoraussetzungen der modernen Demokratie, hat sich aber erst seit dem Ende der neunzehnhundertfünfziger Jahre in seinen

IV. Die Realität moderner Demokratie

entsprechenden Übersetzungen im internationalen Sprachgebrauch eingebürgert. Die Sache selbst, um die es dabei geht, ist freilich viel älterer Natur und die Beschäftigung mit ihr reicht zurück bis in die Antike. Politische Kultur ist ein für das Politische in all seinen Dimensionen hoch bedeutsamer *realer Sachverhalt*, der gleichwohl regelmäßig vernachlässigt wird, da er sich der direkten Beobachtung weitgehend entzieht.

Die Begründer des Forschungszweiges *Politische Kultur*, die amerikanischen Politikwissenschaftler *Gabriel Almond* und *Sidney Verba*, haben zu Beginn der sechziger Jahre des zwanzigsten Jahrhunderts den Sachverhalt, um den es dabei geht, eindrücklich beschrieben: "Die Entwicklung eines stabilen und wirksamen demokratischen Regierungssystems hängt von mehr ab als nur den Strukturen des Regierungssystems und des politischen Prozesses: Sie hängt von den Orientierungen ab, die die Menschen im Hinblick auf den politischen Prozess haben – sie hängt von der politischen Kultur ab"[27]. Anlass für die damit einsetzende systematische und empirische Erforschung der kulturellen Voraussetzungen funktionsfähiger und stabiler Demokratie waren zwei kennzeichnende Erfahrungen mit dem Scheitern von Demokratien im zwanzigsten Jahrhundert, die für die Theorie der Demokratie gewichtige neue Fragen aufwarfen.

Erstens: Was sind die Ursachen dafür, dass einige Demokratien wie die USA und Großbritannien in der Weltwirtschaftskrise der 20er und 30er Jahre stabil blieben, andere aber wie Deutschland und Italien zerbrachen und autokratischen Regimen weichen mussten?

Zweitens: Was sind die Ursachen dafür, dass dieselben demokratischen Institutionen, die in den „Mutterländern" vormaliger Kolonien, vor allem Frankreich und Großbritannien, gut funktionieren, scheiterten, nachdem sie mit der Erlangung der Unabhängigkeit in diese Länder exportiert wurden?

So war in vielen Ländern der Dritten Welt schon wenige Jahre nach der erfolgten Unabhängigkeit zu beobachten, dass dieselben politischen Institutionen, die in ihren kolonialen Herkunftsländern über Jahrzehnte oder gar Jahrhunderte hinweg, ihrem Funktionszweck entsprechend angemessen und wirksam funktioniert hatten in der veränderten Umwelt, in die sie verpflanzt worden waren, völlig andere Prozesse und Ergebnisse hervorbrachten, die nicht selten ihrem eigentlichen Funktionssinn vollständig widersprachen. In vielen Ländern Afrikas und

---

[27] Almond/Verba 1963

Asiens wurden die neuen Institutionen in der Hauptsache genutzt, um Formen der Entscheidungsfindung, der politischen Mobilisierung, des politischen Handelns, des Tauschgeschäftes zwischen Führung und Gefolgschaften zu praktizieren, die zwar in den kulturellen Traditionen des jeweiligen Landes tief verwurzelt waren, deren Abläufe und Zwecke den neu eingeführten Institutionen des politischen Systems indessen zuwiderliefen.

Infolgedessen gerieten in diesen Ländern die demokratischen Institutionen alsbald in Bedrängnis. Im Falle des Zusammenbruchs der Demokratie der Weimarer Republik erwiesen sich demokratiefremde Einstellungen, Bewertungen und Handlungsmuster, die seit dem Kaiserreich die politischen Traditionen in Deutschland geprägt hatten, in der großen Wirtschaftkrise als mächtiger denn die demokratischen Institutionen der geltenden Verfassung. Die Demokratie musste unter dem Beifall eines sehr großen Teils der Gesellschaft ihren Platz für die totalitäre Diktatur des Nationalsozialismus räumen.

Begriff und Rolle
Politische Kultur ist derjenige Teil der allgemeinen Kultur, der sich direkt auf das Politische richtet, auf die Strukturen und Sachverhalte des Gemeinwesens, auf die Ziele politischen Handelns und auf den politischen Prozess. Da auch die politische Kultur, wie die Kultur im Ganzen, aus der Gesamtheit der kollektiven Werte, Orientierungen, Einstellungen, Kommunikationsgewohnheiten und Sinngebungen einer Gesellschaft besteht, wirkt sie in ausschlaggebender Weise als *Motivationskraft* und als *Steuerungszentrum* auf das menschliche Handeln, im Fall der politischen Kultur auf das politische Handeln ein. Sie bestimmt entscheidend, welche Legitimationsüberzeugungen in einem politischen Gemeinwesen real wirksam sind und damit auch als Ressource politischer Macht zur Verfügung stehen. Sie ist aber immer nur indirekt zu erschließen. Erst in der systematischen Interpretation von regelmäßigen, über lange Zeiträume hin wirksamen Handlungsweisen, Symbolen und Ereignissen, Kommunikationsformen und Konflikten lässt sich die politische Kultur des jeweiligen Gemeinwesens erkennen. Sie ist trotz ihrer längerfristigen Wirksamkeit freilich auch selbst dem Wandel unterworfen, den tief einschneidende kollektive Erfahrungen wie große politische oder wirtschaftliche Krisen, Revolutionen oder Revolten, erheblich beschleunigen können.

Die politische Kulturforschung hat vor allem Instrumente der in zeitlichen Intervallen wiederholten Umfragen, der Tiefeninterviews und der statistischen Interpretation von Umfragedaten entwickelt, um die in einem Gemeinwesen tatsächlich wirksam werdende politische Kultur umfassend beschreiben und verstehen zu können. Politische Kultur in diesem Verständnis ist kein *normatives* Modell für das Verhalten, das von Politikern und Bürgern in einem bestimmten Gemeinwesen, etwa der Demokratie, erwartet wird. Sie ist vielmehr die Gesamtheit der *tatsächlich wirksamen* Orientierungen, Werte, Einstellungen und Gewohnheiten, die dem wirklichen Handeln der jeweiligen Kollektive Sinn und Richtung verleihen. Als reale Wirkungsmacht des Politischen spielt sie überall eine Rolle, wo Politik stattfindet, weil Politik sich ja stets im Handeln kulturell geprägter individueller und kollektiver Akteure realisiert. Ohne das Verständnis wenigstens der wichtigsten Merkmale der politischen Kultur der Akteure eines Gemeinwesens lässt sich dessen Politik daher nicht zureichend verstehen. Obgleich beispielsweise Sri Lanka die politischen Institutionen seiner vormaligen Kolonialmacht Großbritannien mit seiner Unabhängigkeit 1948 sehr weitgehend übernommen hat, haben die politischen Prozesse des Landes aufgrund seiner traditionell feudal- klientelistisch geprägten politischen Kultur faktisch eher einen den Gewohnheiten dieser Kultur entsprechenden Charakter beibehalten und sich nicht auf demokratisch-egalitäre Anforderungen umgestellt. Die kulturellen Muster erweisen sich als Schlüssel zum Verständnis der Wirklichkeit der Politik.

Bei der politischen Kultur handelt es sich um *kollektive* Eigenschaften, die jeweils von einer ganzen Gesellschaft oder größeren Teilgruppen innerhalb dieser Gesellschaft, wie Eliten, Milieus, regionalen Gruppen, sozialen Klassen, ethnischen Gruppen oder Altersgruppen geteilt werden. Da diese kollektiven Eigenschaften das Verhalten der jeweiligen Gruppen umfassend prägen, wird politische Kultur auch in allen Dimensionen von Politik wirksam. *Wertmuster* wie Gleichheit oder Ungleichheit, Individualismus oder Kollektivismus, soziales Vertrauen oder Misstrauen, Sicherheitsverlangen oder Unsicherheitstoleranz, Kurz- oder Langfristorientierung, die in einer gegebenen Kultur tief verankert sind und über lange Zeitperioden hinweg genährt und tradiert werden, verschaffen sich im politischen Leben Geltung. Sie entscheiden darüber, welche Verfassung des Gemeinwesens als legitim erachtet wird, so dass der Einzelne aus eigener Überzeugung ihm gegenüber loyal ist und an seinen Prozessen aktiv mitwirkt. Die Einschätzung individueller und kollektiver Rechte, die Stellung zur Macht, Handlungsgewohnheiten, Kommunikationsverhalten der Menschen untereinander, die Einschätzung von Eliten und Autoritäten entscheiden in ausschlaggebendem Maße darüber mit, welcher Ablauf politischer Prozesse als legitim und unterstützungswürdig empfunden wird und wie sich die individuellen und kollektiven Akteure in diesen Prozessen verhalten.

In diesem Sinne füllt die politische Kultur die Institutionen des Gemeinwesens mit Leben, bestimmt über Bedeutung und Akzeptanz von Problemen und Problemlösungen und verleiht dem politischen Prozess jeweils seinen spezifischen Charakter. Sie bedingt die anerkannten Regeln für seine Abläufe und das Verhalten seiner Akteure über das hinaus, was in den Institutionen und Gesetzen des jeweiligen Gemeinwesens dazu festgelegt werden kann. Sie prägt die Art und Weise *wie* von den Institutionen Gebrauch gemacht wird.

Politische Kultur ist immer mehr-dimensional. Sie umfasst zum einen den Bereich der subjektiven Orientierungen, die in einem politischen Gemeinwesen im Ganzen und in seinen Teilkollektiven vorherrschen, aber auch sichtbare Manifestationen des politischen Handelns in diesem Gemeinwesen wie Fest- und Feiertage, Fahnen und Ornamente, Rituale und Rollen, Bauwerke und Zeremonien. Sie umfasst zweitens nicht nur das Wissen, das die Handelnden im Hinblick auf das Politische zu ihrer Verfügung haben, sondern auch gefühlsmäßige Einstellungen zu politischen Sachverhalten und Personen, und ebenso ihre Wertüberzeugungen und Urteile über die verschiedenen Elemente ihrer politischen Welt. Und sie schließt die auf das Politische bezogenen Wertungen ein, die in den jeweiligen Kollektiven vorherrschen. Die Kenntnis der Institutionen des Gemeinwesens und ihrer Wirkungsweise gehört ebenso zur politischen Kultur wie die grundlegenden Urteile, zu denen die Bürger im Hinblick auf sie gelangen und die ihr Handeln bestimmen.

Abbildung 2: Dimensionen der Kultur

Ebene 1	Glauben (Letztüberzeugung)
Ebene 2	Lebensführung (Lebensethik)
Ebene 3	Zusammenleben (politische Kultur)

Eigene Darstellung

Dimensionen und Typen
Für das Verständnis der Struktur, der Variationsmöglichkeiten, der Wirkungsweise und der Entwicklung politischer Kulturen sind die Grundbegriffe und die empirischen Forschungsergebnisse von *Almond/Verba* noch immer informativ, auch wenn die Erforschung der politischen Kultur seither einen weiten Weg zurückgelegt hat. Um die Komplexität des ganzen politischen Lebens, zu dem die

IV. Die Realität moderner Demokratie

Bürger Orientierungen ausbilden, überschaubar zu machen, haben *Almond/ Verba vier* grundlegende Bereiche unterschieden, auf die sich die politischen Orientierungen beziehen können: Das *politische System* als Ganzes, die *Input-Seite*, die *Output-Seite* und das *Selbst* der Personen als Bürgerinnen und Bürger. Ihre groß angelegte empirische Untersuchung ergab die Unterscheidung von drei Grundtypen politischer Kultur und verschiedene darauf bezogene Mischtypen. Sie sind für das Verständnis der Funktionsvoraussetzungen moderner Demokratien von fort geltender Bedeutung, auch wenn die nachfolgende Forschung viele Differenzierungen an den Konzepten vorgenommen hat.

Abbildung 3: Dimensionen politischer Kultur

	1. System als Objekt	2. Input Objekte	3. Output Objekte	4. Selbst als Objekt
Wissen				
Affekte				
Wertungen				

Erstens: *Parochiale politische Kultur* (parochial politcal culture).
Die von ihr geprägten Menschen verfügen über keine ausreichende Informationen zum politischen Leben ihres Gemeinwesens, weder über die Strukturen und Arbeitsweisen ihres politischen Systems noch über die Vorgänge der Einflussnahme auf politische Entscheidungen, noch darüber, wie politische Entscheidungen zustande kommen. Sie haben auch keine Vorstellung davon, dass sie selbst Subjekt des politischen Lebens, der politischen Einflussnahme und der politischen Entscheidung sein können. Historisch gesehen entspricht eine solche politische Kultur frühen Stammesgesellschaften, in denen es tatsächlich noch keine spezialisierten politischen Institutionen gibt, so dass die Führungsrollen der Häuptlinge, Stammesältesten, Schamanen oder Medizinmänner noch Dimensionen wirtschaftlichen, religiösen und politischen Handelns integrieren. Von dieser politischen Kultur geprägte Individuen erwarten nichts von ihrem politischen Gemeinwesen, haben auch keine Vorstellungen darüber, wie es funktioniert und wie sie selbst auf es einwirken könnten. In Gesellschaften, in denen ein differenziertes politisches System schon ausgebildet ist, besteht *parochiale* politische Kul-

tur außer in erheblicher politischer Unkenntnis vor allem in der emotionalen Ablehnung oder Abwertung des Politischen.

Zweitens: *Politische Untertanenkultur* (subject political culture)
Ihr zugehörige Menschen orientieren sich am Staat und seinen Entscheidungen (*output*), aber nicht an den Möglichkeiten der Einflussnahme auf sie. Sich selbst sehen sie nicht in der Rolle politisch Handelnder. Sie sind sich der Strukturen und Arbeitsweisen des Regierungssystems bewusst, sie identifizieren sich affektiv mit ihrer Regierung oder lehnen sie gefühlsmäßig ab, sie beurteilen und bewerten sie und ihr Handeln, aber sie nehmen im Ganzen gesehen eine passive Haltung ein, ordnen sich den bestehenden Autoritäten unter und verstehen ihre Bürgerrolle in diesem vordemokratischen Sinne. Die Untertanenkultur gehört historisch in die vordemokratische Epoche der Monarchien, die eine aktive politische Teilhabe der Bürger ausschloss. Sie passt daher gut zu autokratischen Regierungssystemen. Sofern sie in demokratischen Regierungssystemen fortbesteht, beschränken sich das politische Interesse und die Identifikation der Menschen auf den Staat und die Ergebnisse seines Handelns. Dieser Typ der Untertanenkultur, der allein an den Ergebnissen der politischen Entscheidung und nicht an der Mitwirkung an ihnen interessiert ist, hat lange Zeit die deutsche politische Kultur geprägt. Er ist gegenüber der Demokratie und den Möglichkeiten demokratischer Bürgerschaft indifferent oder lehnt sie ab. Er hatte in Deutschland seit dem Kaiserreich seine kontinuierlichen Wirkungen bis ins zweite Jahrzehnt des Bestehens der Bundesrepublik hinein.

Drittens: *Politische Teilhabekultur* (participant political culture).
Dieser Typ beschreibt die Einstellungen von Menschen, die gleichermaßen über alle vier Bereiche der politischen Welt, das System als Ganzes, die Input-Seite, die Output-Seite und das Selbst informiert sind und in der Demokratie ihnen gegenüber eine gefühlsmäßige Identifikation und rationale Zustimmung entwickeln. Die von ihr geprägten Menschen verstehen sich als Staatsbürger, die sich über die Gesamtheit des politischen Prozesses informieren und am politischen Leben aktiv teilnehmen. Dabei handelt es sich offenbar um eine politische Kultur, die den Anforderungen der Demokratie entspricht.

IV. Die Realität moderner Demokratie

Abbildung 4: Typen politischer Kultur

	System als Ganzes	Input Objekte	Output Objekte	Selbst als Teilhaber
Parochial (parochial)	0	0	0	0
Untertanen (Subject)	1	0	1	0
Teilhabe (Participant) Kultur	1	1	1	1

Politische Kultur und politisches System
Die Studie von Almond/Verba fand heraus, dass die politische Kultur der beiden auch in der Weltwirtschaftskrise der 1920er und 1930er Jahre stabil gebliebenen Demokratien der USA und Großbritanniens überwiegend von der partizipativen Kultur geprägt ist. In Deutschland und Italien hingegen, zwei Ländern, in denen die Demokratie unter vergleichbaren Krisenbedingungen totalitären Regimen weichen musste, waren von der Untertanenkultur, Teile Italiens sogar noch von parochialer Kultur bestimmt. Es zeigte sich also auch, dass offensichtlich die stark vom Untertanentypus geprägten politischen Kulturen Italiens und Deutschlands, die in den zwanziger und dreißiger Jahren zum Zusammenbruch der Demokratie in beiden Ländern beigetragen hatten, den Wechsel unterschiedlicher politischer Systeme überdauert und sogar eine längere Frühphase der neu gegründeten Demokratie in beiden Ländern weitgehend unverändert überlebt hatten.

Die Autoren der Studie entdeckten eine kennzeichnende Ungleichzeitigkeit der Entwicklung der politischen Kultur in ein und demselben politischen Gemeinwesen. Das gilt in einem zweifachen Sinne. Zum einen ersetzt eine historisch nachfolgende politische Kultur nicht einfach die alte in vollem Umfang. Für längere Zeit überlagern sich die ältere und die neuere politische Kultur vielmehr und gehen je nach den Traditionen des Landes und seiner wirtschaftlichen, politischen und gesellschaftlichen Entwicklungen unterschiedliche Formen der Verknüpfung und der Kombination ein. In allen untersuchten Kulturen fanden sich deutliche Spuren aller drei der beschriebenen reinen Typen, aber in unterschiedlicher Mischung und in unterschiedlichem Umfang. Zum anderen werden verschiedene Teilkollektive derselben Gesellschaft je nach historischer Situation, Bildungsgrad, Stellung im sozial-ökonomischen System und Traditionen in unterschiedlichem Umfang von den verschiedenartigen Typen politischer Kultur geprägt und unterscheiden sich damit zum Teil erheblich. Alle Gesellschaften sind in Hinsicht auf ihre politische Kultur in sich uneinheitlich, aber doch von einigen übergreifenden charakteristischen Merkmalen geprägt.

Almond und *Verba* gelangten aufgrund der tatsächlichen Mischungsverhältnisse zwischen den Typen in den beiden angelsächsischen Kulturen zu der Überzeugung, dass eine spezifische Kombination von Elementen der partizipativen mit der Untertanenkultur, die sie Bürgerkultur (civic culture) nannten, die beste Gewähr für demokratische Stabilität darstellt. Menschen, die von ihr geprägt sind, interessieren sich gleichermaßen für den Output und den Input ihres politischen Systems. Sie sind politisch aktiv, aber sie akzeptieren auch die Rolle des loyalen Staatsbürgers gegenüber den tatsächlich getroffenen politischen Entscheidungen und sie bewahren sich eine gefühlsmäßige Identifikation mit der Gemeinschaft, in der sie leben. Eine solche *balancierte* politische Kultur verbindet politischen Aktivismus, politisches Interesse und rationales Urteil mit einem gewissen Maß an Passivität sowie einer Verpflichtung gegenüber ursprünglichen Gemeinschaftswerten.

Individualisierung und Differenzierung
Eine in den modernen Gesellschaften der Gegenwart für alle Bereiche politischen Handelns bedeutsame Entwicklung, bei der sich politische Ästhetik und politische Kultur überlagern und in einer kennzeichnenden Weise verbinden, ist ihre Ausdifferenzierung in unterschiedliche *sozial-ästhetische Milieus*. Für die Bundesrepublik unterscheiden die sozialwissenschaftlichen Forschungsinstitute *Sigma*, Mannheim, und *Sinus*, Heidelberg, beispielhaft zehn solcher Milieus. Sie sind vor allem dadurch gekennzeichnet und voneinander unterschieden, dass sich ihre Mitglieder in höchst unterschiedlicher Weise in ihrem Alltagsleben, in der Arbeitswelt und in ihrem öffentlichen Handeln orientieren. Die Zugehörigkeit zu einem dieser Milieus bemisst sich nicht an Idealen und auch nicht in erster Linie an den sozio - demografischen Merkmalen der Schichtenzugehörigkeit wie Bildungsabschluss, Beruf, Höhe des Einkommens und Alter. Solche Merkmale wurden bis in die achtziger Jahre von der politikwissenschaftlichen Forschung als Hauptkriterien für die Unterscheidung politischer Einstellungen und politischen Verhaltens herangezogen. Sie erweisen sich in den individualisierten modernen Dienstleistungsgesellschaften jedoch als wenig aussagekräftig.

Sehr viel genauer lässt sich die politische Kultur der unterschiedlichen gesellschaftlichen Großgruppen anhand des Milieu-Modells beschreiben, denn es basiert auf einer gründlichen erfahrungswissenschaftlichen Erkundung der tatsächlichen Einstellungen, Werte, Handlungsorientierungen und Präferenzen,

IV. Die Realität moderner Demokratie

denen die Menschen in ihrer alltäglichen Lebenspraxis wirklich folgen. Milieus kennzeichnen also große Gruppen von Menschen mit einer ähnlichen Lebensauffassung und Lebensweise, die auch die grundlegenden Einstellungen zum politischen Leben einbezieht.

Die Gemeinsamkeiten und Unterschiede, um die es dabei geht, beziehen sich auf die Lebensziele, die Einstellung zur Arbeit und Leistung, zur Familie und Partnerschaft, das Freizeit- und Kommunikationsverhalten, die Wunsch- und Leitbilder, den Lebensstil, die ästhetischen Grundbedürfnisse (Alltagsästhetik), die Stilwelten und vor allem das politische Interesse und Engagement, die Systemzufriedenheit sowie die Wahrnehmung und Verarbeitung gesellschaftlicher Probleme wie technologischer Wandel, Umwelt, Sicherheit, Wirtschafts- und Sozialpolitik. Die Einstellungen der unterschiedlichen Milieus zu den Lebenszielen, zu Arbeit und Leistung, zur Familie und Partnerschaft, zu den Grundwerten der Politik entscheiden darüber, welche Kommunikationsangebote von ihnen akzeptiert und unterstützt werden.

Die Grundfunktionen politischer Kultur als Steuerungsleistung für den Entwurf und die Realisierung einzelner Politiken (*policy*), für den politischen Prozess (*politics*), für das Kräfteverhältnis und die Chancen konkurrierender politischer Parteien, für die Art und die Verteilung unterschiedlicher Möglichkeiten des politischen Engagements in einer Gesellschaft und vor allem auch für die politische Dynamik im Ganzen werden in der Gegenwartsgesellschaft zunehmend durch die Gemeinsamkeiten und Unterschiede der sozialen Milieus geprägt. Auf der Basis eines Kernbereichs überlappender Grundwerte und Orientierungen wie sie beispielhaft in den Staatszielen und Legitimationsverfahren der Verfassung beschrieben sind, differenziert sich die Lebenskultur und damit auch die politische Kultur der gesellschaftlichen Großgruppen in zunehmendem Maße *innerhalb* der modernen Gesellschaften aus.

Die Milieus einer Gesellschaft bilden eine dynamische Konstellation, denn mit jeder nachwachsenden Generation verschiebt sich der Schwerpunkt in Richtung auf die moderneren, altersjüngeren Milieusegmente. Die Angebote der politischen Kommunikation, die tatsächlich gesuchten und erfolgreichen Formen politischer Partizipation und ebenso die Programme und das Kommunikationsverhalten der Partei orientieren sich in den hochgradig segmentierten Gesellschaften der Gegenwart an den verschiedenen Milieu-Kulturen. So zeigt sich in den Demokratien der modernen Dienstleistungsgesellschaft mit ihrer zunehmenden Tendenz zur sozial-kulturellen Individualisierung ein deutlicher Wandel in der Bereitschaft zum politischen Engagement.

Viel der Jüngeren verlieren das Interesse an den politischen Angeboten und großflächigen Kommunikationsformen der politischen Parteien und zeigen sich stattdessen eher zur Mitwirkung in kleinen, überschaubaren Initiativen der Zivilgesellschaft bereit. Sie ziehen die direkte Kommunikation im kleinen Kreis den traditionellen Parteiveranstaltungen vor. Flexible und selbstbestimmt nutzbare Kommunikationstechniken für Information, Austausch und spontane Selbstorganisation wie das Internet werden bevorzugt. Demokratien müssen diese Veränderungen erkennen und produktiv aufnehmen, wenn sie im gesellschaftlichen Wandel ihre kulturelle Akzeptanz sichern, ihre Erfolgsbedingungen wahren und ihre Stabilität erhalten wollen. Sie müssen ihre Organisationsformen, Kommunikationsgewohnheiten und Engagementangebote in Einklang mit diesem Verlangen nach direkten Beteiligungsformen bringen. Die Zivilgesellschaft mit ihren Möglichkeiten bietet dazu geeignete Chancen.

Kontinuität und Wandel
Politische Kulturen sind von einem hohen Maß an Trägheit gekennzeichnet. Sie verändern sich nicht über Nacht, sondern zumeist nur in länger dauernden Prozessen. Dabei spielen die Erfahrungen der Menschen mit dem politischen System, in dem sie leben, das Verhalten der politischen Eliten, die Massenmedien und die politische Bildung eine im einzelnen schwer zu klärende Rolle. Alles spricht dafür, dass es letztlich die tatsächliche Lebenserfahrungen mit der Politik ihrer Gesellschaft sind, die die politische Kultur von Kollektiven prägen. Freilich lernen Kollektive aus Erfahrungen nur vermittelt durch deren Interpretation. Darum spielen die gesellschaftlichen Deutungs-Elite bei der Entwicklung der politischen Kultur eine Schlüsselrolle. Es ist das Wechselspiel zwischen der jeweils zur Gewohnheit gewordene Soziokultur der Gesellschaft und der im Hinblick auf neue Erfahrungen wirksam werdenden Deutungskultur, aus der die Entwicklungsdynamik politische Kulturen hervorgeht[28]. Politische Kulturen sind daher keineswegs statisch und auch nicht unbeeinflussbar. Der Versuch, sie als unwandelbare Eigenschaften bestimmter Ethnien, Nationen oder Religionen darzustellen, entspringt ideologischen Interessen und widerspricht dem empirischen Forschungsstand eindeutig.

---

[28] Rohe 1994

IV. Die Realität moderner Demokratie

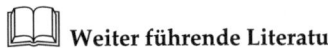 **Weiter führende Literatur**

Almond, Gabriel/ Verba, Sidney 1963: The Civic Culture. Boston.

Berg- Schlosser, Dirk 1972: Politische Kultur, München.

Flaig, Berthold, B./ Meyer, Thomas/ Ueltzhöffer, Jörg 1994: Alltagsästhetik und politische Kultur. Bonn.

Rohe, Karl 1994: Politik. Begriffe und Wirklichkeiten, Stuttgart.

18   Politische Beteiligung

Demokratie heißt Beteiligung
Die Demokratie lebt wie keine andere politische Herrschaftsform von der Beteiligung der Bürgerinnen und Bürger an der politischen Meinungs- und Willensbildung und am politischen Entscheidungsprozess. Es ist offenkundig, dass der Legitimationsanspruch der Demokratie selber gefährdet und im Zweifelsfalle auch widerlegt wäre, wenn in einem demokratischen Gemeinwesen eine kleine Gruppe von Akteuren die Meinungs- und Willensbildung unter Ausschluss der Mehrheit der Gesellschaft monopolisieren würde. Das gilt auch dann, wenn sie mit den Inhalten ihrer Politik durchaus den Anspruch erheben könnte, politische Mehrheitsinteressen zu verfolgen. Zur Idee der Demokratie gehört ein ausreichendes Maß an institutionellen Partizipationschancen und an tatsächlicher Partizipation, also die Öffnung des politischen Entscheidungsprozesses zur Gesellschaft auf der Input-Seite der Entstehung und nicht allein in den Ergebnissen auf der Output-Seite des politischen Systems.

Die Skala der politischen Beteiligungsmöglichkeiten für die Bürgerinnen und Bürger sowie politisch aktiven Organisationen, Verbänden, Vereinen und Initiativen am politischen Willensbildungs- und Entscheidungsprozeß in der modernen Demokratie ist groß und vielfältig. Die minimale Form politischer Beteiligung, wie sie in den sogenannten "realistischen" Demokratietheorien als ausreichend angesehen wird, die die Normen der Demokratie allein schon im Wettbewerb politischer Eliten um die Herrschaft erfüllt sehen, ist die allgemeine gleiche Wahl der Mandatsträger und Amtsinhaber. Ohne Parteienkonkurrenz und gleiches Wahlrecht kann kein politisches System den Anspruch erheben, als Demokratie zu fungieren, auch wenn die demokratischen Normen in einer "realistischen" Betrachtungsweise der Teilhabebereitschaft und der Teilhabemöglichkeiten in den hochkomplexen Gesellschaften der Gegenwart von den Vertretern solcher Auffassungen als äußerst gering angesehen werden.

Das Selbstverständnis der *partizipativen Demokratie* fordert die Beteiligung vieler Bürgerinnen und Bürger an der politischen Meinungs- und Willensbildung auch zwischen den Wahlen in vielen unterschiedlichen politischen Handlungsfeldern.

Die Skala der Beteiligungsmöglichkeiten
In einer internationalen Vergleichsstudie über Formen und Ausmaß politischer Partizipation haben *Samuel H. Barnes* und *Max Kaase* die verschiedenen Formen *konventioneller* und *nicht -konventioneller* politischer Beteiligung auf informative Weise beschrieben und gemessen[29]. Auch in der repräsentativen Demokratie ist die Palette beider politischer Beteiligungsformen vielfältig und hochgradig aufgefächert. Es gibt zahlreiche durchaus wirksame Beteiligungsmöglichkeiten für Bürger unterhalb der hohen Schwelle eines aufwendigen Dauerengagements je nach Zeit, Energie, Risikofreude und Zwecken. Neben der Beteiligung an Wahlen gehören dazu die Unterzeichnung von Petitionen, die Teilnahme an gesetzlichen Demonstrationen, die politisch begründete Verweigerung von Steuerzahlung, die Besetzung von Gebäuden, Verkehrsblockaden, Straßendemonstrationen, die Teilnahme an wilden Streiks.

Abbildung 5: Formen politischer Beteiligung

Konventionell	Protest
1. Politische Zeitungslektüre	1. Petitionen
2. Politische Diskussionen mit Freunden	2. Demonstrationen
	3. Boykott
3. Mitarbeit in örtlichen Projekten	4. Besetzungen
4. Mitarbeit in Bürgerinitiativen	5. Steuerstreiks
5. Mitgliedschaft in Parteien	6. Blockaden
6. Kontakte mit Politikern	7. Wilde Streiks
7. Überzeugungswandel vor Wahlen	8. Aktionen zivilen Ungehorsams
8. Teilnahme an Wahlkampagnen	
9. Teilnahme an politischen Veranstaltungen	
10. Teilnahme an Volksbegehren und Volksentscheiden (Bürgerbegehren und Bürgerentscheiden)	

Quelle: Barnes, S.H./Kaase, M. 1979: Political Action. London.

---

[29] Barnes/Kaase 1979

IV. Die Realität moderner Demokratie 135

Im Verlaufe der siebziger und achtziger Jahre hat sich auch in Deutschland die Beteiligung an politischen Bürgerinitiativen sowie die Mitwirkung in politischen Selbsthilfeprojekten als eine weitere wirksame und zeitweilig weit verbreitete Form der politischen Teilhabe erwiesen. In den Parteiendemokratien war lange Zeit die Mitgliedschaft in einer politischen Partei in den Augen vieler die wirkungsvollste, sozusagen klassische Möglichkeit der Partizipation, weil sie über den Wahlakt hinaus die Mitwirkung an der Formulierung politischer Programme, an der Auswahl des politischen Führungspersonals sowie an der Kontrolle der einzelnen Mandatsträger ermöglicht.

Handlungszweck und Beteiligungsform
Welche Form der politischen Teilhabe dem Einzelnen als aussichtsreich erscheinen, das hängt vor allem von dem Zweck seines Engagements ab, von dem Zeitbudget, das er dafür zur Verfügung stellen möchte, von seiner persönlichen Handlungskompetenz, von seiner politischen Urteilskraft, von seinem sozialen Herkunftsmilieu, aber auch vom Zustand des politischen Gemeinwesens, in dem er eine solche Entscheidung treffen muss. In der Bundesrepublik Deutschland hat sich seit den 1980er Jahren insbesondere bei den jüngeren Altersgruppen der Trend verstärkt, das dauerhafte Engagement in großen, vergleichsweise anonymen Organisationen wie Parteien und Verbänden mit ihrer Orientierung auf das ganze Spektrum der politischen Themenpalette zu meiden. Sie suchen eher das befristete, thematisch überschaubar definierte, auf begrenzte Aufgaben gerichtete Engagement in kleinen überschaubaren Gruppen, in deren ihre eigenen Mitwirkung und deren Erfolge für sie unmittelbar überschaubar und kontrollierbar bleiben. Die großen Organisationen und das politische Institutionen-System zeigen anhaltende Schwierigkeiten, sich auf diese veränderte Beteiligungsmentalität produktiv einzustellen.

Partizipative Demokratie
Für das Konzept einer auf umfassender Beteiligung basierenden partizipativen Demokratie können sowohl funktionale wie normative Gründe angeführt werden. Die normativen Gründe kreisen alle um die Frage, welches Maß an Partizipation wie vieler Bürgerinnen und Bürger eine Demokratie zur vollgültigen Demokratie macht. Bei den funktionalen Argumenten geht es im Kern um die Frage der nachhaltigen Stabilität demokratischer Systeme durch Beteiligung und Identifikation. Beide Argumentationsweisen sind nicht völlig unverbunden, denn auch der funktionale Gesichtspunkt der Stabilität ist von den Legitimationsüberzeugungen der Bürgerinnen und Bürger nicht zu trennen. Sie bilden gleichwohl

unterschiedliche Schwerpunkte bei der theoretischen Begründung von Demokratiemodellen.

Funktionale Gesichtspunkte für erweiterte politische Partizipation enthalten vor allem folgende drei Argumente:

Erstens: Die Wahrscheinlichkeit der Umsetzung und damit auch der Wirksamkeit politischer Entscheidungen in der Gesellschaft ist um so größer je mehr in vielfältigen Formen politischer Beteiligung die betroffenen gesellschaftlichen Akteure selbst an der Vorbereitung solcher Entscheidungen mitgewirkt haben und sich darum auch wieder für deren Umsetzung zuständig und verantwortlich wissen. Aber nicht nur die Identifikation mit dem Ergebnis selbst ist in diesem Fall groß. Sie überträgt sich auch auf das politische System, das sie möglich macht. Sie schafft mit der Zeit ein Polster des allgemeinen Einverständnisses, das bei Unzufriedenheiten, Versagen oder Krisen in anderen Situationen Enttäuschungen begrenzen kann.

Zweitens: Empirische Untersuchungen haben ein traditionsreiches Argument der politischen Theorie immer wieder bestätigt: Politische Urteilskompetenz wächst im Maße der aktiven politischen Beteiligung der Bürgerinnen und Bürger. Damit erweitert sich auch das Verständnis für die Abläufe, Schwierigkeiten, Erfolgsvoraussetzungen, Faktoren und Bedingungen, denen der politische Prozess in den großen Systemen unterliegt und die bei der angemessenen Beurteilung seiner Erfolge und Misserfolge darum in Rechnung gestellt werden müssen.

Drittens: Erweiterte Partizipation beispielsweise in Parteien und Initiativen der Zivilgesellschaft, die auch zwischen den Wahlen Einfluss auf die politische Willensbildung haben, oder in Bürgerinitiativen, die in kommunalen Zusammenhängen wirkungsvoll am politischen Entscheidungsprozeß mitwirken können, fördern ein republikanisches Bewusstsein bei den betroffenen Bürgerinnen und Bürgern. Sie erfahren im Vollzug ihrer Teilhabe, dass der demokratische Staat nicht eine Entscheidungsmaschinerie ist, die über ihren Köpfen wirkt, sondern ihre eigene Angelegenheit, für die sie selbst die Hauptverantwortung tragen. Politische Entfremdung wird unwahrscheinlicher. Die normativen und die funktionalen Gründe für breite politische Beteiligung stehen also in enger Wechselwirkung.

Weiter führende Literatur

Barnes, Samuel H. / Kaase, Max 1979: Political Action. Mass Participation in Five Western Democracies, London.

Putnam, Robert 2000: Bowling Alone. The Collapse and Revival of American Community. New York.

19 Zivilgesellschaft und Demokratie

Die Wiederentdeckung der Zivilgesellschaft
Das Thema Zivilgesellschaft ist seit den 1980er Jahren in der politischen Öffentlichkeit und in der Politikwissenschaft in den Mittelpunkt der Debatten über die Neubelebung der Demokratie gerückt. Das ist kein Zufall, sondern Resultat mehrerer bedeutsamer Entwicklungen in der Politik der europäischen Demokratien selbst. Vor allem drei von ihnen spielen eine prägende Rolle:

Erstens: In den ehedem kommunistischen Diktaturen Osteuropas hatte sich gezeigt, dass die Demokratiebewegung vor allem durch die Neubelebung der Zivilgesellschaft Auftrieb und Energie erreichen sowie zu wirkungsvollen Handlungsformen gelangen konnte. Die teils neu erwachte teils neu geschaffene Zivilgesellschaft, die spontanen Assoziationen und Initiativen der Bürger, gewannen im dem Maße Selbstbewusstsein und Gewicht, wie sie sich als erfolgreiche Gegenspieler der Diktatur und ihrer Staatspartei behaupten konnten. In ganz Europa wuchs infolgedessen die Aufmerksamkeit für die Schlüsselrolle, die die Zivilgesellschaft für die Demokratie spielt.

Zweitens: In den zunehmend komplexen Dienstleistungsgesellschaften der Gegenwart mit ihrer voranschreitenden Ausdifferenzierung in immer mehr eigensinnige Funktionsbereiche und der zunehmenden Individualisierung der politisch-kulturellen Orientierungen erweist sich die Praxis eines hierarchisch und zentralistisch die Gesellschaft steuernden Staates in vielen Bereichen als unzeitgemäß. Die demokratische Alternative dazu kann aber nicht lediglich die Rückübertragung politischer Angelegenheiten an private Akteure sein. Vielmehr ist die Zivilgesellschaft mit ihren vielfältigen Formen kollektiven demokratischen Handelns, von der Beratung bis zur eigenständigen Bewältigung gesellschaftlicher Aufgaben, eine moderne Möglichkeit *politischer* Selbstregulierung der Gesellschaft.

Drittens: Eine Reihe folgenreicher Veränderungen der modernen Gesellschaft hat zur Folge, dass die Neigung vieler Bürgerinnen und Bürger, insbesondere aus der jüngeren Generation, sich in großen, als anonym empfundenen Organisationen, wie politischen Parteien und Gewerkschaften zu engagieren, deutlich sinkt. Gleichwohl sind viele von ihnen zu einem gesellschaftlichen, sozialen oder politischen Engagement bereit, aber in überschaubaren Formen, bei denen sie selber die Bedingungen und die Folgen ihres Handelns direkt überblicken und kontrollieren können. Sie engagieren sich in den Initiativen der Zivilgesellschaft.

Was ist die Zivilgesellschaft?
Aus all diesen Gründen gewinnt das politische Handlungsfeld der Zivilgesellschaft für die moderne Demokratie in erheblichem Maße an Bedeutung. Was aber genau ist die Zivilgesellschaft? Die moderne Gesellschaft verfügt im Prinzip über drei unterschiedliche soziale Regelungsmechanismen zur Bewältigung ihrer Probleme: den Markt, den Staat und die Zivilgesellschaft. Der Markt reguliert die Versorgung mit Dienstleistungen und Gütern über das ihm eigene Steuerungsmedium Geld. Der Staat stellt der Gesellschaft die notwendigen verbindlichen und gesamtgesellschaftlich wirksamen Entscheidungen und Leistungen zur Verfügung und ist in der Lage, ihre Geltung durch das Steuerungsmedium Macht zu sichern. Neben diesen beiden Regelungsmechanismen spielt die Zivilgesellschaft eine bedeutende, oft übersehene politische Rolle. Sie kann soziale oder politische, kulturelle oder ökologische Probleme dadurch lösen, dass sie freiwilliges solidarisches Handeln der Bürgerinnen und Bürger zu gemeinwohlorientierten Zwecken organisiert. Sie kann zugleich auch als ein Forum oder eine Organisationsform wirksam werden, mit denen die Bürgerinnen und Bürger auf den Staat oder auf den Markt einwirken.

Mit ihren Gemeinschaftsformen, ihrer öffentliche Wirksamkeit und ihren solidarischen sozialen Energien (Sozialkapital), ist die Zivilgesellschaft ein besonderes Handlungsfeld zwischen Staat und Wirtschaft. Sie folgt ihren eigenen Regeln, die sich von denen des staatlichen und wirtschaftlichen Handelns unterscheiden. Das zivilgesellschaftliche Handeln der Bürger ist freiwillig wie in der Wirtschaft, im Gegensatz zu ihr aber zumindest stets *auch* gemeinwohlorientiert. Es gleicht in dieser Hinsicht also dem staatlichen Handeln, aber ohne den Einsatz von Machtmitteln. Solches Handeln zeigt sich in einer Stadtteilinitiative zur Entfaltung kultureller Angebote für alle dort lebenden Bürger, in einer Bürgerinitiative

IV. Die Realität moderner Demokratie 139

zur Abwendung eines den Stadtteil bedrohenden Straßenbauprojekts, in einem Diskussionsforum zur gemeinsamen Beratung über die künftige Entwicklung der Stadt oder in einer Selbsthilfegruppe zur Verbesserung des Zusammenlebens der Angehörigen unterschiedlicher Kulturen. Welche der gesellschaftlichen Aktivitäten zur Zivilgesellschaft gehören, ermisst sich nach weitgehender Übereinstimmung in der politikwissenschaftlichen Betrachtung daran, dass die folgenden drei Kriterien zutreffen:

1. Die Freiwilligkeit des Engagements
2. Die Selbstorganisation des Handelns
3. Die überwiegende Gemeinwohlorientierung der Handlungsziele.

Auf diesem Wege kann zivilgesellschaftliches Handeln je nach dem Selbstverständnis und den selbst gewählten Handlungsfeldern der Akteure in unterschiedlichen Formen der Kombination eine Vielzahl sozialer und politischer Ziele erreichen. Dazu gehören:

- Gemeinschaftliche soziale Selbsthilfe
- Erzeugung und Regeneration von Solidarität und sozialem Kapital
- Bürgerlobby gegenüber den Institutionen des politischen Systems (demokratisch-liberale Interventions-Funktion)
- Politische Selbstregierung der Gesellschaft (demokratisch-republikanische Selbstregulierungs-Funktion)
- Politische Dialoge zur öffentlichen Selbstverständigung (demokratische Öffentlichkeit)
- Politische Sozialisation der Bürger.

Demokratie Lernen
Die Zivilgesellschaft zeichnet sich also durch eine Vielzahl politischer Funktionen aus. Die politische Sozialisationsfunktion, also der Sachverhalt, dass die Bürger durch ihr Engagement innerhalb der Zivilgesellschaft nicht nur politischen Einfluss ausüben können, sondern dabei zugleich auch politische Urteils- und Handlungskompetenzen erlernen, ist allen Aktionsformen der Zivilgesellschaft zueigen. Durch die aktive Teilnahme am politischen Geschehen entsteht wie von selbst ein praktisches Verständnis dafür, wie politische Prozesse ablaufen, wie die unterschiedlichen Faktoren in ihnen wirksam werden, wie sich politische Anfangsvorstellungen im Laufe dieser Prozesse verändern und was die Rolle der

Institutionen, der Macht und der Medien ist. Dieser Teil der politischen Kultur, also die kognitiven und die evaluativen Kompetenzen, entsteht in der Praxis der Zivilgesellschaft im Normalfall als ungeplantes Nebenprodukt des Engagements. Darum ist die Zivilgesellschaft auch die beste Schule der Demokratie. Ihre Förderung, die Erleichterung des Engagements der Bürger in ihr und die Schaffung von Gelegenheiten dazu sind darum auch eine wichtige Aufgabe des demokratischen Staates zur Selbsterhaltung seiner eigenen Handlungsgrundlagen.

In der Politikwissenschaft umstritten ist gegenwärtig hingegen die Frage, ob das Engagement in der Zivilgesellschaft auch automatisch das Vertrauen der Bürger in die Mitbürger erhöht und die emotionale Zuwendung zu ihnen und zu den demokratischen Institutionen verstärkt. Während vieles darauf hindeutet, dass dies häufig der Fall ist, gibt es auch empirische Studien, die in diesem Punkt eher zur Skepsis mahnen.

Politische Kernfunktionen
Es sind vor allem drei der genannten Funktionen der Zivilgesellschaft, die sie zu einer unverzichtbaren Fundierung und wichtigen Ergänzung der institutionalisierten Demokratie machen.

Erstens: Ihre Forumsfunktion ermöglicht es, überall dort, wo Bürger die Notwendigkeit empfinden, öffentliche Probleme direkt, intensiv und im Dialog unter Anwesenden zu erörtern, solche Gelegenheiten ohne langwierige Entscheidungen, kostspielige Vorbereitungen und die Zustimmung zuständiger Autoritäten zu schaffen. Die Friedensbewegung und die Anti-Atomkraft-Bewegung haben in der Bundesrepublik seit den 1970er Jahren praktisch unter Beweis gestellt, dass auf diesem Wege bei wichtigen Themen eine sehr große Anzahl von Bürgern sich selber rasch und umfassend auch über komplizierte Zusammenhänge aufzuklären vermag, einen beträchtlichen Druck auf die institutionelle Politik ausüben und gleichzeitig auch Einfluss auf die Tagesordnung und die Art der Themenbehandlung in den Medien gewinnen kann.

Zweitens: Damit ist eine andere wichtige demokratisierende Funktion der Zivilgesellschaft schon angesprochen: ihre Fähigkeit als „Bürgerlobby" Einfluss auf die Organisationen und Institutionen des politischen Systems zu nehmen. Die Friedens- und Anti-Atomkraft- Bewegung hat in den siebziger und achtziger Jahren gezeigt, wie tiefgreifend und nachhaltig solche Einflussnahme das Denken und Handeln der politischen Parteien und über sie dann auch von Parlamenten und Regierungen beeinflussen kann. Der Weg von den ersten Forderungen zum Ausstieg aus einer als lebensbedrohend empfundenen Kernenergie zu Beginn der siebziger Jahre bis zum Gesetz über den Ausstieg der Bundesrepublik aus der Kernenergie am Ende der neunziger Jahre war lang und widerspruchsvoll, am Ende aber in hohem Maße erfolgreich. Freilich zeigten die erfolglosen Versuche der Einflussnahme der Friedensbewegung gegen die Auslandseinsätze der Bundeswehr und die verschiedenen Interventionen der Nato im Kosovo und anderswo am Ende der 1990er Jahre auch deutlich die Grenzen zivilgesellschaftlicher Einflusschancen.

Drittens: Zivilgesellschaftliche Aktivitäten in Form von Foren der bürgerschaftlichen Selbstaufklärung können ebenso, auch das hat diese Bewegung unter Beweis gestellt, vernachlässigte Themen in der Aufmerksamkeit der Massenmedien beträchtlich aufwerten und die Art der Behandlung von Informationen und Argumenten verändern.

Liberale und republikanische Funktionen
All dies umschreibt die *liberal-demokratischen* Funktionen der Zivilgesellschaft. Durch sie wirkt sie auf die Institutionen der repräsentativen Demokratie ein, erhöht deren demokratische Responsivität, verbessert den Einfluss der Bürger auf den politischen Prozess und befähigt die Bürger zu wirkungsvollerem politischen Handeln. Die Zivilgesellschaft kann aber darüber hinaus auch unmittelbar selbst zu einer politisch regulierenden Kraft werden. In diesem Sinne wirkt sie dann nicht nur darauf ein, dass die Institutionen, die für die politische Regulation der Gesellschaft eingerichtet sind, auf eine bestimmte Art und Weise tätig werden, sie übernimmt vielmehr Aufgaben der gesellschaftlichen Selbstregulation, freilich ohne die Institutionen der Demokratie dabei zu umgehen oder zu relativieren. Immer dann nämlich, wenn die zivilgesellschaftlichen Akteure selber schon die politischen Probleme lösen, um die es ihnen geht, erfüllen sie diesen Zweck. Das ist etwa der Fall, wenn Bürgerinitiativen in eigener Regie den Schutz und die Verantwortung für Spielplätze oder Grünflächen ihres Stadtteils oder die Planung für die Entwicklung ihrs Quartiers übernehmen.

Darin besteht ihre *demokratisch-republikanische* Funktion. Dabei kann es sich um so weitreichende Fragen wie die der Entwicklung einer ganzen Region handeln, wenn Bürgerinitiativen, Wirtschaftsunternehmen, Vertreter politischer Institutionen und Arbeitsämter gemeinsam über den Einsatz ihrer Ressourcen für die Zukunft ihrer Lebenswelt beraten und entscheiden und sich dann in ihrem Handeln an diesen Übereinkünften orientieren.

Demokratiepotenzial der Zivilgesellschaft
Aus den genannten Gründen wächst die Bedeutung der Zivilgesellschaft für die Entwicklung der modernen Demokratie. Sie bietet politisch beteiligungswilligen Bürgern eine breite Palette von Partizipationschancen, sie stärkt die politische Kultur der Demokratie und sie verbessert die Kapazität moderner Gesellschaften zur politischen Selbststeuerung. Das gilt auch für die transnationale Politik. Die transnationale Zivilgesellschaft mit ihren global verzweigten Netzwerken und vielfältigen Feldern des Engagements - Menschenrechte und Umweltschutz, Armuts- und Korruptionsbekämpfung, humane Arbeitsbedingungen und Abrüstung- ist zu einer der tragenden Säulen im allmählich entstehenden Gebäude einer transnationalen Demokratie (global governance) geworden.

Kritik an der Zivilgesellschaft
Gegen eine tragende demokratische Rolle der Zivilgesellschaft können vier Einwände erhoben werden:

Erstens: Zivilgesellschaftliche Akteure sind stets unzureichend demokratisch legitimiert, weil sie nicht in einem geregelten Verfahren gewählt und abgewählt werden können, sondern allein durch die eigene Entscheidung und die Selbsttätigkeit der jeweiligen Akteure gedeckt sind. Dieser Einwand ist prinzipiell richtig. Er lässt freilich außer Acht, dass sich zivilgesellschaftliche Akteure in aller Regel im Rahmen der von den förmlich legitimierten demokratischen Institutionen gezogenen Grenzen bewegen und daher ein zusätzliches, nicht der institutionellen Demokratie widersprechendes Element der Demokratisierung repräsentieren. Sie werden sozusagen „im Schatten" der liberal-demokratischen Institutionen tätig. Das gilt auch dort, wo sie auf diese Institutionen durch Mobilisierung und Druck einwirken, denn die letzte Entscheidung darüber, ob solchem Druck nachgegeben werden soll oder nicht, bleibt dabei ja stets bei den Institutionen selbst. Sie ist fast immer durch die Einschätzung motiviert, wie groß der Rückhalt für die betreffenden Forderungen in der Gesellschaft sei.

Zweitens: Die Zivilgesellschaft prämiert nur den Aktivismus, berücksichtigt aber nicht die berechtigten Interessen derer, die passiv bleiben. Auch dieser Einwand ist stichhaltig, denn nur dort wo Bürger tatsächlich aktiv werden, können sich die Wirkungen der Zivilgesellschaft entfalten. Das liegt schon in den Grundlagen ihres Selbstverständnisses und ihrer Wirkmöglichkeiten beschlossen. Aber auch dieses Argument greift zu kurz, denn es ist ja ein Kennzeichen der pluralistischen Demokratie als solcher, dass gesellschaftliche Interessen im Wesentlichen in dem

IV. Die Realität moderner Demokratie 143

Maße Berücksichtigung finden, wie sie sich zu Wort melden und um Einfluss ringen. Auch hier ist freilich von großer Bedeutung, dass die letzten Entscheidungen immer von den der ganzen Gesellschaft verantwortlichen politischen Institutionen gefällt werden, so dass durch Mehrheitsentscheidungen darauf Einfluss genommen werden kann.

Drittens: Zivilgesellschaftliche Initiativen sind meist temporär und darum für den Bestand der Demokratie wenig verlässlich. Auch dieser Einwand trifft für eine große Zahl zivilgesellschaftlicher Initiativen zu. Am Beispiel der deutschen Friedens- und Anti-AKW-Bewegung der 1970er und 1980er Jahre ist ja auch deutlich geworden, dass in den unterschiedlichen Handlungsfeldern das zivilgesellschaftliche Engagement seine jeweils eigenen Konjunkturen hat. Der heißen Phase eines massenhaften Engagements, in der die Zahl der in der Zivilgesellschaft engagierten Bürger diejenigen der Parteimitglieder überstieg, folgte eine Phase der Abschwächung und danach das fast vollständige Verschwinden der Initiativen aus dem politischen Leben. An solchen politischen Zyklen können viele Faktoren mitwirken, etwa die Resignation, aber auch der Erfolg bei der Durchsetzung der verfolgten Ziele.

Viertens: Die „dunkle Seite der Zivilgesellschaft" mit ihren unterschiedlichen Facetten. Zum einen verfolgen zivilgesellschaftliche Initiativen unter dem Vorwand des Gemeinwohls nicht selten private oder kommerzielle Zwecke, die sich als demokratische Graswurzelimpulse tarnen. In solchen Fällen werden eigentlich in die Sphäre des Marktes gehörende Aktivitäten basisdemokratisch kaschiert, um breite Unterstützung zu gewinnen. Zum anderen bilden auch zivilgesellschaftliche Initiativen sobald sie eine gewisse Größenordnung erreichen intern hierarchische Strukturen aus. Das erlaubt den jeweiligen Führungspersonen in bestimmtem Maße, Eigeninteressen in Zwecke der Initiative umzuformulieren und durchzusetzen. Bei beiden Versuchungen handelt es sich um tatsächliche und stets zu gewärtigende Schattenseiten des zivilgesellschaftlichen Engagements.

Da der demokratische Funktionssinn zivilgesellschaftlichen Handelns aber gerade darin besteht, den Bürgern dort, wo sie sich einmischen wollen und so lange sie dies für geboten halten, Gelegenheiten und Wege zu öffnen, können die demokratiepolitischen Risiken der Zivilgesellschaft kein prinzipieller Einwand gegen ihren demokratischen Wert darstellen. Sie verweisen aber auf Grenzen des Demokratisierungspotentials zivilgesellschaftlichen Handelns. Öffentliche Leistungen, die von der unbedingten Kontinuität ihrer Bereitstellung abhängen, können nicht ausschließlich zivilgesellschaftlichem Engagement überlassen werden, es sei denn, es erfolge in Kooperation mit öffentlichen Instanzen, die ein Abflauen des Engagements jederzeit ausgleichen könnten.

Weiter führende Literatur

Adloff, Frank 2005: Zivilgesellschaft. Theorie und politische Praxis, Frankfurt/M.

Frankenberg, Günter 1997: Die Verfassung der Republik. Autorität und Solidarität in der Zivilgesellschaft, Frankfurt/M.

Klein, Ansgar 2001: Der Diskurs der Zivilgesellschaft. Politische Hintergründe und demokratietheoretische Folgerungen. Opladen.

Meyer, Thomas/Weil, Reinhard (Hg.) 2002: Die Bürgergesellschaft. Perspektiven für Bürgerbeteiligung und Bürgerkommunikation, Bonn.

Putnam, Robert 2000: Bowling Alone. The Collapse and Revival of American Community. New York

20 Parteien und Verbände

Vereine und Verbände
Moderne Gesellschaften sind unter anderem dadurch gekennzeichnet, dass sie eine große Vielfalt unterschiedlicher politischer Perspektiven, Wertorientierungen und Forderungen ausbilden, in denen die politischen Interessen der Bürger ihren ersten Ausdruck finden. Aus ihnen soll sich in einem prinzipiell offenen und freien Prozess von unten nach oben der politische Wille der Gesellschaft bilden, der als Grundlage des staatlichen Handelns dient. Zu einer rechtsstaatlichen Demokratie gehört die Vereinigungsfreiheit. Sie ist Bürgerrecht. Alle Bürgerinnen und Bürger müssen die Chance haben, zur Wahrung ihrer sozialen, kulturellen, regionalen oder wirtschaftlichen Interessen sich in Vereinen und Verbänden zusammenzuschließen. Die größte Bedeutung in marktwirtschaftlich verfassten Gesellschaften haben in der Regel die Wirtschaftsverbände, wie etwa Unternehmerverbände, Gewerkschaften, Bauernverbände. Diese haben einerseits die Aufgabe, im Umgang miteinander die Belange ihrer Mitglieder zu regeln,

etwa die Gewerkschaften und Unternehmerverbände beim Aushandeln von Tarifverträgen und Arbeitsbedingungen. Darüber hinaus streben aber alle Vereine und Verbände auch nach politischem Einfluss, um die großen gesellschaftlichen und politischen Rahmenbedingungen für das Leben und Handeln ihrer Mitglieder zu verbessern. Darin besteht ihre Lobby-Funktion. Die Unternehmerverbände etwa sind ständig darauf bedacht, auf alle Gesetze, die die Situation ihrer Mitglieder beeinflussen, von der Steuergesetzgebung bis hin zum Arbeitsrecht einzuwirken. Ebenso streben die Gewerkschaften nicht nur in der Wirtschafts- und Sozialgesetzgebung, sondern auch in vielen anderen Bereichen bis hin zur Steuer- und Bildungspolitik nach einem ihren Mitgliedern dienlichen Einfluss. In diesem Sinne haben die wirtschaftlichen und gesellschaftlichen Verbände und Vereine immer auch eine politische Handlungsdimension. Das ist legitim und der Demokratie angemessen, solange sie nicht am Mehrheitswillen der Bevölkerung vorbei wirtschaftliche und soziale Positionsmacht direkt in politische Gestaltungsmacht umsetzen können. Es dient einer gesellschaftsnahen Politik der Interessensberücksichtigung und des Interessensausgleichs, solange Verbände nicht durch den Einsatz von Macht- und Blockademitteln zu Lasten der ganzen Gesellschaft ihren Einfluss durchzusetzen versuchen oder ihre Positionsmacht zu politischen Erpressungen nutzen. Auch die Verbände und Vereine müssen in der Demokratie in ihrem Inneren demokratisch organisiert sein, damit sie wirklich die Interessen ihrer Mitglieder zum Ausdruck bringen und nicht lediglich Machtinstrument in den Händen kleiner Führungscliquen sind.

Im Politikverständnis der deliberativen und partizipativen Demokratietheorie muss diese Dynamik der politischen Willensbildung als ein diskursiver Prozess verstanden werden, in dessen Verlauf sich die dann tatsächlich verfochtenen politischen Interessen der Beteiligten im Lichte der Bewertung widerstreitender Argumente und der Einbeziehung anderer Interessen in die eigenen Überlegungen überhaupt erst ausbilden. Das Gemeinwohl ist nicht die Voraussetzung, sondern das Produkt der diskursiven Willensbildung. Die politischen Interessen sind in diesem Sinne interne Faktoren des politischen Prozesses. Demgegenüber basiert die sogenannte realistische Demokratietheorie auf der Annahme, dass sich die politischen Interessen aus vorpolitischen Bedürfnissen und Überzeugungen ergeben und an den politischen Prozess von außen herangetragen werden. Sie verändern sich in ihm nicht, sondern bleiben als externe Faktoren wirksam. Dem entspricht die Annahme der *rational choice* –Theorie, dass der einzelne Bürger das Programmangebot der Parteien, die als eine Art politischer Unternehmer zum Zwecke des Gewinns von Mandaten -und Ämtern tätig werden, vergleicht, um dann derjenigen von ihnen seine Unterstützung zu gewähren, die die größte Übereinstimmung mit seien individuell fixierten Interessen aufweist.

Gegen diese Annahmen der „realistische Demokratietheorie" sprechen eine Reihe starker empirischer Argumente, insbesondere die Tatsache, dass die weit größere Zahl der Wähler bereit ist, Gemeinwohlargumente und den Verlauf politischer Debatten in ihre eigene Meinungsbildung einzubeziehen statt sich allein oder überwiegend nur an vorgängigen persönlichen Interessen zu orientieren. Daher kann davon ausgegangen werden, dass die von allen am demokratischen Willenbildungsprozesse beteiligten Akteuren vorausgesetzte Erwartung, die öffentlichen Debatten hätten Auswirkungen auf die gesellschaftliche Willensbildung, realistischer ist als die entgegengesetzten Annahmen der „realistischen" Demokratietheorie. Das heißt freilich nicht, dass die Wahrnehmung und Würdigung der kontroversen Argumente gänzlich unabhängig von Vorannahmen über persönliche Interessen erfolgt. Gerade der Beitrag der Verbände, etwa der Wirtschaftsverbände und der Gewerkschaften, zielt drauf ab, ihren eigenen Mitgliedern die jeweiligen Gruppeninteressen nachdrücklich bewusst zu machen und deren Stimme in den öffentlichen Debatten Gehör zu verschaffen. Das gelingt ihnen in der Regel am besten dort, wo sie sich in der Nähe ihrer zentralen Organisationszwecke bewegen und weniger dort, wo es um die weiter gespannten Themen des Gemeinwesens geht.

Für ihre politische Einflussnahme verfügen die Verbände über vier legitime Instrumente:

1. Sie können ihre Mitglieder zu einem bestimmten Wahlverhalten veranlassen.
2. Sie können die öffentliche Meinung durch ihre PR-Arbeit beeinflussen.
3. Sie können als Lobby - Organisationen auf Verwaltungen und Regierungen einwirken und
4. Sie können durch die Mitgliedschaft ihre Mitglieder in den Parteien und durch Verhandlungen von außen Einfluss auf Programmatik und Handeln der Parteien nehmen.

Asymmetrie der Einflusschancen
Vereine und Verbände verfügen offensichtlich über höchst unterschiedliche Ressourcen der Einflussnahme auf den politischen Prozess. Es ist offenkundig, dass die Menschenrechtsorganisationen über eine mit großem Abstand geringere Einflussmöglichkeit verfügen als ein nationaler Unternehmerverband. Das liegt nicht allein an der sehr unterschiedliche Mitgliederzahl und Finanzausstattung

IV. Die Realität moderner Demokratie 147

beider, die wiederum weit reichende Konsequenzen für ihre Verfügung über eine schlagkräftige Organisation, Expertenwissen und professionalisierte Öffentlichkeitsarbeit haben, sondern auch an der Art der Interessen, die von ihnen vertreten werden. Große, für das gesellschaftliche und erst Recht das wirtschaftliche Leben zentrale Interesse, wie sie Unternehmerverbände oder Gewerkschaften, etwa im Bereich der öffentlichen Versorgung vertreten, schaffen große und starke Sanktionspotentiale, an denen die Politik nicht vorbeigehen kann. Verbände, die „weichere Interessen", etwa im Bereich der Menschenrechte vertreten, können nicht mit vergleichbaren Einflusschancen rechnen.

Aus diesen Gründen erfüllt der Prozess des Verbandspluralismus für sich genommen auf keinen Fall die Bedingungen einer demokratischen Willensbildung. Er darf in einer funktionierenden Demokratie nie mehr sein als ein begrenzter Input. Erst durch die Verarbeitung dieses Inputs im Parteienwettbewerb, in einer demokratisch fungierenden Öffentlichkeit und einer informierten Wählerschaft kann er zu einem produktiven Element demokratischer Teilhabe werde.

Zentralität der Parteien
Die ursprünglichen Erwartungen und Forderungen der Gesellschaft an das politische System finden ihren unmittelbaren Ausdruck in den Initiativen der Zivilgesellschaft sowie in Vereinen und Verbänden. Politische Parteien versuchen möglichst viele von ihnen zu erreichen und ihre politischen Sichtweisen und Interessen auf der Basis ihres eigenen Programms zu integrieren. Unter besonderen Bedingungen kann ihre Vielfalt einen beträchtlichen Umfang annehmen, so dass zwischen ein und zwei Dutzend von ihnen im nationalen Parlament vertreten sein können. Das gilt etwa für die nach religiösen Denominationen und Herkunftsgruppen stark zerklüfte israelische Gesellschaft oder das in regionale Teilgesellschaften zerfallende Indien.

Die empirische Parteienforschung hat aber gezeigt, dass in modernen Gesellschaften normalerweise nur wenige wesentliche Konfliktlinien die Energien freisetzen, die ein dauerhaftes und stabiles Parteiensystem ausbilden. Dazu gehören vor allem die im ursprünglichen Prozess der Nationbildung auftretenden Konflikte zwischen Zentrum und Peripherie, der Interessengegensatz zwischen Kapital und Arbeit im Marktkapitalismus, kulturelle Konflikte zwischen Religionen oder zwischen religiösen und säkularen Gruppen sowie seit kurzem auch der Gegensatz zwischen dem Interesse am industriewirtschaftlichen Wachstum und dem ökologischen Interesse an der Wahrung einer intakten Umwelt.

In der Regel können nur solche Parteien in der nationalen politischen Arena eine dauerhafte Rolle spielen, die solche grundlegenden Interessen in einer für die Gesellschaft glaubwürdigen Weise zum Ausdruck bringen. Das ist der Hauptgrund dafür, dass sich die Parteiensysteme so vieler moderner Gesellschaften in hohem Maße ähneln. Die Parteien aggregieren die in den Verbänden und in der Zivilgesellschaft zum Ausdruck gebrachten Interessen and transformieren sie auf diese Weise zu in sich zusammenhängenden jeweils einheitlichen, aber miteinander konkurrierenden politischen Handlungskonzepten. Die Bürger haben dann die Wahl zwischen ihnen und nehmen auf diese Weise ihr politisches Souveränitätsrecht der Letztentscheidung über die staatliche Willensbildung wahr.

Politische Parteien sind die wichtigsten Formen, in denen sich freie Gesellschaften organisieren, um ihre politischen Interessen artikulieren und durchsetzen zu können. Politische Parteien, die demokratisch organisiert und in der Zivilgesellschaft verankert sind, sind das Lebenselement der Demokratie. Unter allen politischen Organisationen nehmen die Parteien eine besondere Stellung ein. Sie sind aus zwei Gründen *zentral* für den politischen Prozess:

Erstens: Nur sie können die Aufgabe übernehmen, aus den unterschiedlichen gesellschaftlichen Interessen und Werten, zivilgesellschaftlichen Initiativen und Verbänden Programmkompromisse für die ganze Gesellschaft zu erarbeiten. In den Projekten der Parteien kann einerseits das Gemeinwohl berücksichtigt werden, denn sie wollen viele Wähler ansprechen. In ihnen können sich andererseits aber auch möglichst viele der unterschiedlichen gesellschaftlichen Gruppen und Organisationen mit ihren Interessen wiedererkennen. Darin besteht die für die Demokratie lebenswichtige Aufgabe der Integration. Die Parteien spielen die Rolle zentraler Integrationskerne im Prozess des politischen Pluralismus.

Zweitens: Parteien sind aber auch zentral im Prozess der Vermittlung zwischen gesellschaftlichen Interessen und staatlichem Handeln. Denn nur Parteien sind einerseits im politischen Leben der Zivilgesellschaft verankert und andererseits in den staatlichen Institutionen, Parlamenten und Regierungen repräsentiert, in denen politische Handlungsprogramme und Gesetze verbindlich in Kraft gesetzt werden können. Es sind nur die Parteien, die - als Oppositions- oder Regierungsparteien jeweils mit unterschiedlichem Gewicht und in unterschiedlicher Rolle - die politische Verwirklichung dessen bewirken können, was in der Gesellschaft gefordert und erstrebt wird. Diese Funktionen der politischen Integration und

IV. Die Realität moderner Demokratie 149

Kontrolle erfüllen Parteien naturgemäß umso besser, je demokratischer ihre innere Organisation ist.

Parteien und Gesellschaft
Innerparteiliche Demokratie und einheitliches Handeln der Parteien, die beiden Bedingungen ihrer Wirksamkeit in der Demokratie, stehen zwar in einem Spannungsverhältnis zueinander, aber nicht in einem unauflösbaren Widerspruch. Wenn die Entscheidungsprozesse innerhalb der Partei überzeugend demokratisch organisiert sind, können die Mitglieder besser motiviert werden, die gemeinsam getroffenen Entscheidungen nach außen diszipliniert und überzeugt zu vertreten. Führung und Demokratie widersprechen sich nicht, denn gute Führung integriert auf zustimmungsfähige Weise unterschiedliche Positionen und entzieht sich nicht der Kontrolle durch die Mitglieder und Grundeinheiten einer Partei. Reine Gefolgschaftsparteien, die sich um einen autoritären Führer gruppieren, der von kleinen Einflussgruppen gestützt und abgesichert wird, können kaum vielfältige und tiefe Wurzeln im gesellschaftlichen Leben schlagen.

Aus diesem Grunde ist es auch häufig nützlich, nicht alle Führungsämter im Staat und in den Parteien in wenigen oder gar nur einer Hand zu konzentrieren. Eine Aufteilung dieser Ämter auf verschiedene Personen kann die innerparteiliche Demokratie fördern und dafür Sorge tragen, dass unterschiedliche Positionen und Sichtweisen in die Willensbildung der Partei einfließen.

Parteien dienen dem Zweck der demokratischen Integration, der Vermittlung von Politik und Gesellschaft am besten, wenn sie für Menschen unterschiedlicher weltanschaulicher Prägung und sozialer Herkunft offen sind, sofern diese klar definierte Grundsätze und politischen Ziele der Partei zu unterstützen bereit sind. Sie sind dann offen gegenüber der Gesellschaft und offen im Inneren. Demokratie heißt ja auch kooperatives Handeln und Integration. Diese Prinzipien müssen sich in der Organisationsweise, im Selbstverständnis und in der Kultur der politischen Parteien in der Demokratie widerspiegeln. Im Maße wie große Parteien weltanschaulich, regional oder sozial geschlossen sind, kann es dann für die ausgeschlossenen Interessen als einziger Ausweg erscheinen, ihrerseits kleine Gegenparteien zu gründen, die nur auf einen einzigen, z.B. religiösen oder regionalen Zweck gerichtet sind. Das Parteiensystem tendiert dann dazu, sich zu polarisieren und zu seggregieren. Eine stabile Demokratie braucht aber ein offenes Parteiensystem.

Entgegen einem weitverbreitetem Missverständnis, muss es keineswegs ein Nachteil für die Wirksamkeit einer Partei sein, wenn ihr Innenleben vielgestaltig und spannungsreich ist. Differenzen, Konflikte, Meinungs- und Interessensunterschiede über Personen und Sachen können die Wirksamkeit von Parteien durch eine Stärkung ihrer gesellschaftlichen und politischen Integrationskraft sogar erhöhen. Das gilt, solange ihre inneren Strukturen eine faire Integration und die Berücksichtigung der unterschiedlichen Positionen möglich machen. Nur wo Parteien auf Integration und fairen innerparteilichen Interessenausgleich ausgerichtet sind, kann der offene Austrag von Differenzen ihre innere Integrationskraft und ihre äußere Attraktionskraft erhöhen. Im anderen Falle drohen Spaltung, permanente innere Intrigenkämpfe und Ansehensverlust.

In der Demokratie und bei offenen Parteien gibt es immer ein Spannungsverhältnis zwischen der Wahllogik und der Mitgliederlogik. Parteimitglieder, vor allem aber Parteifunktionäre neigen dazu, ihre eigenen Interessen und ihre Sicht der Dinge in den Vordergrund zu stellen. Die Bewerber um Mandate und Regierungsämter, die in öffentlichen Wahlen erfolgreich sein müssen, sind hingegen gezwungen, darüber hinaus ein weiteres Spektrum gesellschaftlicher Interessen und Sichtweisen im Blick haben. Zwischen diesen beiden Gesichtspunkten einen der inneren Integration und der Mehrung ihrer Wahlchancen gerecht werdenden Kompromiss zu finden, ist immer ein schwieriger Balanceakt für politische Parteien. Er ist aber unvermeidlich und gehört zum Leben demokratischer Parteien hinzu.

In der Mediendemokratie der Gegenwart entwickeln die politischen Parteien eine starke Tendenz in Richtung professionalisierter Wählerparteien. Die Professionalisierung findet in der Hauptsache im Bereich Außenkommunikation statt. Die professionelle Erarbeitung medienwirksamer Kommunikationsstrategien, von denen sich die Parteiführungen effektvolle Medienpräsenz erhoffen, überlagert in der großen Politik die innerparteiliche Willensbildung und ersetzt sie mitunter sogar.

 Weiter führende Literatur

v. Alemann. Ulrich 1996: Interessenverbände. Bonn

v. Alemann, Ulrich/ Heinze, Rolf G. 1981: Verbände und Staat. Opladen.

v. Beyme, Klaus 1984: Parteien in westlichen Demokratien, München.

Schröder, Wolfgang/ Wessels, Bernhard (2003): Die Gewerkschaften in Politik und Gesellschaft der Bundesrepublik Deutschland, Wiesbaden

Wiesendahl, Elmar 2006: Parteien, Frankfurt/M.

IV. Die Realität moderner Demokratie

21 Moderne Öffentlichkeit

Demokratie und Kommunikation
Demokratie ist Kommunikation. Diese Erkenntnis zieht sich als roter Faden durch die gesamte Geschichte der Demokratietheorie seit ihren Anfängen. Entgegen dem fast unbegrenzten Kommunikationsoptimismus mancher Demokratietheoretiker, löst sie sich freilich nicht ganz in argumentativem Handeln auf. Auch wenn Demokratie in erster Linie auf öffentliche Rechtfertigung von Macht zielt und in diesem Sinne immer auf Argumentation, sind die Akteure der Macht häufig bestrebt, sich dem Druck der argumentativen Rechtfertigung zu entziehen. So lange die demokratische Öffentlichkeit intakt ist, bleibt sie ihnen freilich dabei auf der Spur und holt sie immer auf Neue in das Licht der öffentlichen Debatten zurück. In diesem Sinne hat Kommunikation tatsächlich das letzte Wort im demokratischen Prozess.

Daher ist Öffentlichkeit das Lebenselement der Demokratie. Öffentlichkeit ist der allen Bürgerinnen und Bürgern des Landes zugängliche Raum des Austauschs von Informationen, Meinungen, Argumenten, politischen Projekten, Alternativen und der Kritik an alledem. In modernen Gesellschaften wird die Öffentlichkeit in besonderer Weise durch die Massenmedien – Zeitungen, Radio, Fernsehen, zunehmend auch Internet – ermöglicht und gestützt. Öffentlichkeit ist aber mehr als die Gesamtheit der Massenmedien eines Landes. Zu ihr gehören auch die kleinen Foren des Meinungsaustausches und der Verständigung in der Zivilgesellschaft, die Debatten in Parteien, Verbänden, Vereinen und Initiativen, das Gespräch in Nachbarschaft und Lebenswelten über das politische Geschehen. Zu ihr gehören darüber hinaus auch die Einstellungen, Kenntnisse, Fähigkeiten, die Diskussionsbereitschaft und das Diskussionsverhalten der Bürgerinnen und Bürger selbst. Politische Öffentlichkeit umfasst also die Gesamtheit der öffentlich zugänglichen Kommunikationen einer Gesellschaft über das Politische. Das Grundrecht der Informationsfreiheit, gleichermaßen im passiven und im aktiven Sinne, ist daher einer der wichtigsten Tragpfeiler im Gebäude moderner Demokratie.

Demokratiemodelle und Formen politischer Öffentlichkeit
Die demokratiepolitischen Normen der pluralistisch-rechtsstaatlichen Demokratie markieren ein weites Spielfeld, das Raum für höchst unterschiedliche Modelle demokratischer Beteiligung lässt. Das gilt selbst noch für die Konkurrenz demokratiepolitischer Projekte, mit denen unterschiedliche Akteure denselben verfassungsrechtlichen Rahmen eines Gemeinwesens füllen wollen. Für die Realität

politischer Beteiligungsverhältnisse spielen vor allem drei paradigmatische Demokratietheorien samt den ihnen zugehörigen demokratiepolitischen Projekten eine ausschlaggebende Rolle: Das *Marktmodell* der Demokratie, das *Partizipationsmodell* der deliberativen Demokratie und das Modell der *zivilgesellschaftlichen Basisdemokratie*. Sie alle erheben den Anspruch, auf legitime Weise zu präzisieren, was Demokratie in modernen Gesellschaften in der Praxis tatsächlich heißen kann.

Das *Marktmodell* der Demokratie ist von seinen Befürwortern mit dem Prädikat „realistische Demokratietheorie" ausgezeichnet, so als sei jede weitergehende Vorstellung demokratischer Beteiligung von vornherein ein illusionäres Projekt in der komplexen Welt der Gegenwart, wie sie sich nun einmal wirklich herausgebildet hat. In seiner auf *Josef Schumpeter* und *Anthony Downs* zurückgehenden Kernform ermäßigt es die klassischen Legitimationsbedingungen der Demokratie auf die individuelle Chance, zwischen mindestens zwei konkurrierenden politischen Eliten auswählen zu können, ganz gleich was deren eigentliche Interessen, Motive und Absichten sein mögen und ganz gleich in welchem Umfang die Wählerschaft an den Entscheidungen, die diese, einmal im Amt, treffen, überhaupt noch teilnimmt. Wie bei der klassischen Vorstellung vom Markt der Güter und Dienstleistungen als eine Art Harmonieautomat, der dafür sorgt, dass am Ende alle auf ihre Kosten kommen, obgleich ein jeder nur seine eigenen Interessen verfolgt, sieht dieses Modell in der bloßen Auswahlchance allein die demokratische Bedingung der Übereinstimmung von gesellschaftlichen Interessen und politischen Handlungen vollkommen erfüllt.

Die um die Wählergunst konkurrierenden politischen Eliten mögen nach dieser Vorstellung allein ihrem privaten Interesse an Macht, Prestige und Einkommen folgen, die Konkurrenz um Wählerstimmen nötigt sie zur öffentlichen Präsentation und nachfolgenden Erfüllung von Handlungsprogrammen, die jeweils von der Mehrheit der Wähler als ihr eigenes politisches Interesse erkannt und darum unterstützt werden. Die zentrale Bedingung für diese Konvergenz widerstreitender Interessen durch die unsichtbare Hand des Eliten- und Wählermarktes ist *Information*. Zwar hängt das Ausmaß, in dem sich die potentiellen Wähler tatsächlich über die wählbaren Alternativen sowie die bisherige Handlungsbilanz der kandidierenden Eliten informieren, davon ab, wie groß der Vorteil ist, den sie vom Triumph der einen Partei über die andere für sich erwarten. Gerade darum müssen die überhaupt verfügbaren Informationen über alternative Handlungsprogramme, Handlungserfolge und Leistungsbilanzen der konkurrierenden Akteure umfassend, verlässlich, leicht zugänglich und vollständig sein, da sonst der Preis für die Bildung eines hinlänglich informierten Urteils für den

IV. Die Realität moderner Demokratie 153

einzelnen unerschwinglich würde. Dann könnte selbst dieses minimale Demokratiemodell seinen eigenen Legitimationsanforderungen nicht mehr genügen. Obgleich es also die *Partizipationsansprüche* auf das geringst mögliche Maß absenkt und die Prozeduren der öffentlichen Deliberation und Verständigung keine konstitutive Rolle spielen, müssen die *Informationsanforderungen* an die politische Öffentlichkeit in diesem Demokratiemodell gerade darum besonders weitreichend und verlässlich sein. Das bedingt ein Verständnis von Öffentlichkeit als vollständig funktionierendem *Informationsmarkt*.

Das Modell der *partizipativen bzw. deliberativen Demokratie* bezieht sich auf dauerhafte und folgenreiche Entscheidungsbeteiligung einer großen Zahl von Aktivbürgern in den politisch fungierenden Organisationen des politischen Systems auf allen Ebenen, besonders jedoch im intermediären politischen System der Vereine, Parteien und zivilgesellschaftlichen Initiativen. Ihm zufolge wird der demokratische Legitimationsanspruch erst dadurch verwirklicht, dass sich die Bürgerinnen und Bürger selbst um die Formulierung und Durchsetzung ihrer Interessen in den Organisationen und Gremien kümmern, die sie dafür für geeignet und erfolgversprechend ansehen.

Im Bezug auf die politischen Entscheidungen, die die Gesellschaft im ganzen betreffen, sind es vor allem die politischen Parteien und die Vereinigungen im Zwischenbereich zwischen politischem und gesellschaftlichem System, also die Verbände und Vereine, Bürgerinitiativen, Kirchen und Parteien, in denen sich die dauerhafte und für die politischen Letztentscheidungen wesentliche Beteiligung des größeren Teils der Bürger vollzieht. Im Bezug auf Arbeits- und Lebenswelt geht es um aktive Entscheidungsteilhabe in zivilgesellschaftlichen Foren und Initiativen, Mitbestimmungsgremien sowie soziale und politische Selbsthilfeprojekte im gesellschaftlichen Nahbereich.

Damit demokratische Partizipation wirksam werden kann, bedarf es entgegenkommender Beteiligungschancen in den betreffenden Organisationen, aber ebenso der Beteiligungsbereitschaft vieler Bürgerinnen und Bürger. Dieses Demokratiemodell ist infolgedessen vom Marktmodell auch dadurch unterschieden, dass es in den partizipativen Beteiligungsorganisationen und um sie herum *Foren direkter Kommunikation unter Anwesenden, also der Deliberation* hervorbringt, in denen neben der Gewinnung und Verarbeitung von Informationen in erster Linie *Verständigung* über die Ziele und Wege gemeinsamen Handelns gesucht wird. Öffentlichkeit muss in diesem Modell auch als im Wesentlichen medial vermittelte die Bedingungen eines *funktionierenden Verständigungsforums* erfüllen.

Das Modell der *zivilgesellschaftlichen Basisdemokratie* unterscheidet sich von der partizipativen und deliberativen Demokratie vor allem darin, dass es an das politische System selbst keine großen demokratischen Erwartungen mehr richtet. Stattdessen sollen sich demokratische Partizipation und Entscheidung letztlich auf den überschaubaren Bereich der Zivilgesellschaft und der Lebenswelt beschränken, weil nur hier ungeschmälerte Teilhabe und ungeteilte Kontrolle über die Entscheidungen möglich ist. Nur aus der horizontalen Vernetzung zivilgesellschaftlicher Initiativen kann sich diesem Anspruch zufolge für die Gesellschaft als ganze und sogar für die Weltgesellschaft ein demokratisches Gemeinwesen ergeben.

Auch wenn den Verfechtern dieses Modells die Vorstellung einer weltweiten Verflechtung der zivilgesellschaftlichen Initiativen nicht fremd ist, sehen sie doch die eigentliche Arena demokratischer Beratung und Entscheidung auf die ortsgebundene Zivilgesellschaft begrenzt. Unter Anwesenden kann im Dialog über Ziele und Wege der Entscheidung beraten, deren Umsetzung beschlossen und kontrolliert werden. Noch mehr als im Modell der partizipativen und deliberativen Demokratie verlagert sich die Praxis der Informationsverarbeitung, Urteilsbildung und Verständigung in die kleinen Kommunikationskreise anwesender Bürgerinnen und Bürger in den Bereichen ihrer Lebenswelt. Diese sind freilich auf verlässliche Informationen über Politik und Gesellschaft im großen Maßstab ebenso angewiesen wie diejenigen Bürger, die ihr Handeln direkt auf das politische System richten. Öffentlichkeit ist in diesem Modell vor allem *deliberative Versammlungsöffentlichkeit.*

All diese Modelle sind mit dem normativen Anspruch der rechtsstaatlichen Demokratie verträglich, auch wenn die Grenzen ihrer Praktikabilität umstritten sind. Der entscheidende Unterschied zwischen ihnen besteht nicht in ihrem Anspruch auf umfassende und verlässliche Informationen über die und aus den großen Systemen von Politik und Gesellschaft, den sie alle teilen, sondern im Ausmaß, in dem sie zusätzlichen Spielraum für Foren *der dialogischen Beratung und Verständigung* in Anspruch nehmen. Alle setzen die vollständige und authentische Information aller Bürger über alle wichtigen politischen Sachverhalte und die Handlungsabsichten der repräsentativen politischen Akteure voraus. Die partizipative Demokratie verlangt darüber hinaus eine diskursive Qualität der Kommunikationskultur der Massenmedien und das zivilgesellschaftliche Modell basiert auf flächendeckenden Netzen von Chancen für verständigungsorientierte Kommunikation unter Anwesenden.

Demokratische Kern-Funktionen von Öffentlichkeit
Solange ein Anspruch *demokratischer* Öffentlichkeit überhaupt aufrecht erhalten werden soll, ganz gleich ob auf der Basis eines weiten oder eines engen Demokra-

IV. Die Realität moderner Demokratie 155

tieverständnisses, muss öffentliche politische Kommunikation diejenigen Grundfunktionen erfüllen, die die demokratische Teilhabe der Bürger überhaupt erst möglich machen. Im Hinblick auf die Bedingungen der modernen Medienöffentlichkeit hat *Friedhelm Neihardt* sie auf folgende Weise beschrieben[30]:

Erstens die *Transparenzfunktion;* jeder Bürger muss die Chance haben, zu sehen und zu verstehen, was in der Politik und den auf sie bezogenen wesentlichen Prozessen seiner Gesellschaft vor sich geht, umfassend, zutreffend und zuverlässig.

Zweitens die *Validierungsfunktion;* die Konfrontation der relevanten unterschiedlichen Meinungen, Themen und Informationen muss dem Bürger, der dies will, die Bewertung seiner eigenen Position im Lichte der anderen erlauben.

Drittens die *Orientierungsfunktion;* in der Begegnung der Informationen und Argumente im öffentlichen Raum muss sich für die Bürger einsichtig eine öffentliche Meinung herausbilden, an der sie sich auf je eigene Weise orientieren können

Eine Struktur oder Kultur der öffentlichen politischen Kommunikation, die diese Basisfunktionen nicht in angemessener Annäherung erfüllen kann, mag immer noch zur gesellschaftlichen Systemintegration beitragen und die große Zahl der Bürger irgendwie zusammenhalten, indem sie an dieselben Themen angeschlossen und auf diesem Wege miteinander verbunden bleiben. Sie mag sogar zum Bestand einer Gesellschaft beitragen, die über demokratische Institutionen verfügt und insofern anscheinend der Demokratie dienen. Sie beraubt diese Institutionen jedoch genau derjenigen politischen Kommunikationskultur, die ihren demokratischen Anspruch auch in ihrer tatsächlichen Praxis einlösen könnte. Die öffentliche Kommunikation der Medien über Politik in der Demokratie muss daher trotz der für sie konstitutiven Methoden der Aufmerksamkeitserzeugung durch Auswahl, Verkürzung und Darstellung der Eigenlogik der politischen Prozesse in der Gesellschaft im Großen und Ganzen angemessen sein. Wo diese Voraussetzung nicht erfüllt ist, lässt sich auch der Anspruch der Demokratie nicht mehr ernsthaft aufrecht erhalten. Die Garantie freier Wahlen allein und einer durch sie bedingten Elitenkonkurrenz reicht für die Einlösung des demokratischen Anspruchs jedenfalls nicht hin.

---

[30] Neidhardt 1994

Mediale Öffentlichkeit

Moderne Öffentlichkeit ist Medienöffentlichkeit. Der Soziologie *Niklas Luhmann* hat diesen Sachverhalt auf den Satz zugespitzt: „Alles was wir über die Welt wissen, wissen wir aus den Medien".[31] Das Fernsehen hat in fast allen Gesellschaften der Welt mittlerweile eine Schlüsselstellung in der politischen Öffentlichkeit erobert. Seine weite Verbreitung, seine leichte Zugänglichkeit, die keinerlei Vorkenntnisse voraus setzt, die große Attraktivität seiner Bilder und seine in den meisten Ländern nahezu flächendeckende Sendezeit rund um die Uhr, haben es in mehrfacher Hinsicht zum wichtigsten öffentlichen Kommunikationsmedium werden lassen. Im ländlichen Raum vieler Gesellschaften spielt noch immer das Radio eine besondere Rolle. Aber auch die Printmedien sind im Zeitalter des Fernsehens nicht bedeutungslos geworden. Studien haben gezeigt, dass sie sogar in den ländlichen Bereichen von Entwicklungsländern mit einer großen Zahl von Analphabeten dennoch sehr einflussreich sein können, weil die wenigen Zeitungsleser mit ihren mündlichen Berichten einen weiten Umkreis von Menschen erreichen können, die selber nicht lesen oder lesen können.

Demokratische Anforderungen

In der Bundesrepublik Deutschland hat das Bundesverfassungsgericht in einer Reihe ausführlicher Medienurteile den Anspruch konkretisiert, der der demokratischen Angemessenheit für die öffentlich-rechtlichen und privaten Massenmedien rechtsverbindliche Geltung verschaffen soll, soweit dergleichen überhaupt durch Gerichtsurteile möglich und sinnvoll ist. Daraus ergibt sich ein auf bezeichnende Weise zugleich vager, aber im Ergebnis dennoch zielgenauer und weitreichender Maßstab. Er ist in die Programmgrundsätze der öffentlich-rechtlichen Rundfunkanstalten sowie die Mediengesetze der Bundesländer eingegangen. Das *Leitbild* des Beitrags der Massenmedien zur demokratischen Kommunikation ist eine umfassende und ausgewogene Berichterstattung, Sachlichkeit und gegenseitige Achtung, Wahrheitstreue in Inhalt, Stil und Formen der Wiedergabe, sowie eine Präsentationsweise, die allen Bürgern die Teilnahme an der öffentlichen Kommunikation möglich macht.

Diese Normen sind zugleich äußerst weitreichend, denn sie beschreiben eine fast ideale Kommunikationssituation, und sie sind vage, denn sie lassen offen, auf welche Weise und in welchem Maße sie in der Realität der Massenkommunikation tatsächlich zu erfüllen sind. Sie sind dennoch nützlich, denn sie beschreiben die Ziele, denen die geforderte Kommunikationsweise in ihren Ergebnissen die-

---

[31] Luhmann 1996

IV. Die Realität moderner Demokratie 157

nen soll, hinreichend präzise. Es handelt sich dabei um regulative Normen, denen sich die Kommunikationspraxis so weit wie möglich annähern soll. Das Ausmaß und die Art und Weise ihrer kommunikationspolitischen Konkretisierung hängt offensichtlich davon ab, welches Leitbild von Demokratie in der gesellschaftlichen Praxis, in der Politik und von den Massenmedien eines Gemeinwesens verfolgt wird.

Für eine funktionierende Demokratie sind vor allem drei Dinge mit Bezug auf die politische Öffentlichkeit notwendig:

Erstens: Die großen Kommunikationsmedien, Zeitungen, Radio und Fernsehen müssen frei und ungehindert berichten können. Sie müssen darüber hinaus offen sein für die Meinungen, Vorschläge und Kritiken aus allen Teilen des politischen Lebens des Landes. Und sie müssen im Wesentlichen umfassend, ausgewogen und fair über das politische Leben des Landes, die Arbeit der Regierung, die Standpunkte der Opposition, die Meinungen und Vorschläge aus der Zivilgesellschaft berichten. Nur wenn dies im Großen und Ganzen der Fall ist, können sich die Bürgerinnen und Bürger eine eigene Meinung von den politischen Vorgängen machen, nur dann können sie ihr Recht der gleichberechtigten und freien politischen Mitwirkung als Staatsbürger auch wirklich ausüben. Sobald Informationen beschnitten, verkürzt, verzerrt oder auf andere Weise manipuliert sind, wird die Handlungsmöglichkeit des demokratischen Staatsbürgers untergraben.

Zweitens: Politische Öffentlichkeit muss Chancen des Austauschs der Meinungen und Argumente, der Verständigung und der Annäherung von Positionen und Meinungen bieten. Die reine Umfragedemokratie, die vorgefasste Meinungen der Bürgerinnen und Bürger in einer Momentaufnahme festhalten und zur Basis von Entscheidungen machen, entspricht der Demokratie nicht. Erst im Austausch der Argumente und Meinungen, in der Rücksichtnahme auf die Interessensposition und Ansichten der anderen, können sich die Staatsbürger selbst eine begründete Meinung bilden. Im Verlaufe des Prozesses der öffentlichen Meinungsbildes ändern sich in der Regel die ursprünglichen Positionen, denn neue Informationen, andere Sichtweisen, die Darstellung der Konsequenzen des eigenen Handelns und die Rücksichtnahme auf die Interessen anderer verändern fast immer die Ausgangspositionen des Meinungsstreites. Auf diesem Wege trägt die öffentliche Meinungsbildung zur demokratischen Integration bei.

Damit dieser Prozess der Herausbildung einer öffentlichen Meinung durch Argument und Gegenargument, durch Erweiterung und Vertiefung von Informationen möglich ist, muss es neben den Massenmedien viele Gelegenheiten des

Meinungsaustausches für die Bürgerinnen und Bürger in direkten sozialen Dialogen geben. Dazu gehören Gespräche in Nachbarschaft und Lebenswelt, in den Foren der Zivilgesellschaft, in Vereinen und Verbänden, auf öffentlichen Veranstaltungen und Versammlungen und bei vielen anderen Gelegenheiten. Die Information der Massenmedien selbst sollten für die meisten Menschen nur ein erster Schritt der Meinungsbildung sein. Der zweite Schritt der Verständigung mit anderen im direkten Gespräch sollte folgen. Erst dann können auch die Informationen der Massenmedien relativiert, eingeordnet und bewertet werden und erst dann kommt der einzelne Staatsbürger in die Lage, sich wirklich im Austausch mit anderen eine eigene Meinung zu bilden, statt nur die vorgefertigten Meinungen von öffentlichen Personen oder prominenten Journalisten der Medien zu übernehmen.

Drittens: Die Bürgerinnen und Bürger eines Landes sollten annähernd die gleichen Chancen zur Teilnahme an der politischen Öffentlichkeit haben. Sie brauchen Chancen der aktiven Teilnahme, sei es über öffentliche Foren, Vereine, Verbände, Parteien oder andere Möglichkeiten der kollektiven Willensbildung. Und sie sollten einen annähernd gleichberechtigten Zugang zu allen wichtigen Informationen über die politisch bedeutenden Fragen ihres Landes haben. Der Zugang zu den Massenmedien und zu Foren des politischen Dialogs sollte allen Bürgerinnen und Bürgern, auch denen, die in abgelegenen Regionen leben, möglich sein.

Da in vielen Ländern die Massenmedien tendenziös berichten, ist das Vorhandensein einer zivilgesellschaftlichen Öffentlichkeit von ausschlaggebender Bedeutung für die Qualität der demokratischen Öffentlichkeit im Ganzen. Denn dort, wo der Rundfunk unter dem Einfluss der jeweiligen Regierung steht, ist naturgemäß zu erwarten, dass die Auswahl der Informationen und ihre Gewichtung, die Art der Kommentare und Interpretationen strukturell die Regierung stark begünstigt. Dort wo wirtschaftliche Machtcliquen über die großen Kommunikationsmedien verfügen, seien es private Printmedien oder Funkmedien, ist damit zu rechnen, dass private Wirtschaftsinteressen einen Einfluss auf die Auswahl und Gewichtung von Informationen und Meinungen ausüben. Dort wo Parteien oder Vereine die Medien kontrollieren, setzt sich naturgemäß deren Eigensicht in ihren Berichten am stärksten durch. Und sogar dort, wo unabhängige private Wirtschaftsunternehmen die öffentlichen Kommunikationsmedien betreiben, ist in unterschiedlichem Maße immer damit zu rechnen, dass deren

IV. Die Realität moderner Demokratie 159

gesellschaftliche Interessen und Sichtweisen einen gewissen Einfluss auf die präsentierten Informationen und Meinungen haben.

In den Fällen eines breiten und gut funktionierenden Wettbewerbs der Kommunikationsmedien untereinander können solche Verzerrungseffekte teilweise aufgehoben und jedenfalls in gewissem Maße ausbalanciert und kontrolliert werden. Wo aber freie Massenmedien von vornherein nicht bestehen, ist eine der wichtigsten Grundbedingungen der Demokratie versäumt. Demokratie verlangt eine freie und unabhängige Öffentlichkeit. Wie alle Standards der Demokratie geht es auch hier nicht um alles oder nichts, sondern um Grade der Annäherung. Wichtig ist daher, dass sich die Öffentlichkeit eines Landes den hier genannten Kriterien möglichst weitgehend annähert und bestehende Defizite wiederum Gegenstand der öffentlichen Debatte werden können, damit Schritte ihrer Überwindung ermöglicht werden.

Medienlogik
Für die Massenmedien besteht das Problem der Informationsvermittlung im öffentlichen Raum unvermeidlich in der Lösung von zwei Arten von Problemen:

Erstens: Aus der unendlichen Fülle möglicher Informationen in jedem gesellschaftlichen Teilbereich diejenigen herauszufiltern, die bei einem möglichst großem Publikum Interesse finden können.

Zweitens: Diese Informationen in den jedem Mediun möglichen Darstellungsformat so attraktiv zu präsentieren, dass das Publikum einen ausreichenden Teil seiner stets knappen Zeit dem entsprechenden Produkt seine Zuwendung gibt.

Die modernen Massenmedien erzeugen gesellschaftliche Aufmerksamkeit für gemeinsame Themen im Wesentlichen durch die Befolgung von zwei aufeinander abgestimmten Regelsystemen. Das erste Regelsystem (Selektionslogik) besteht in der Auswahl berichtenswerter Ereignisse nach Maßgabe ihrer Nachrichtenwerte. Das zweite Regelsystem (Präsentationslogik) besteht aus einem Kanon von Inszenierungsformen für das so ausgewählte Nachrichtenmaterial, die die Maximierung eines anhaltenden Publikumsinteresses gewährleisten sollen. Das Zusammenwirken beider Regelsysteme, das sich in einem gewissen, allerdings eng begrenztem Ausmaß von Medium zu Medium anders gestaltet, kennzeichnet die spezifische *Logik des Mediensystems*. Dieser Logik ist alles unterworfen, was im Mediensystem hervorgebracht wird, jede Information und jeder Bericht über alle anderen gesellschaftlichen Teilsysteme und deren Leistungen. Sie wirkt als eine Prä-Inszenierung, über die der Zugang zu den Medienbühnen verbindlich geregelt wird. Nicht nur bei den visuell ausgerichteten elektronischen Medien fordert diese Medienlogik auf der Präsentationsebene vor allem spannungsreiche theatralische Inszenierungen.

Die Selektionslogik der Massenmedien, die als Regelsystem die Auswahl der in Betracht kommenden Ereignisse steuert, besteht in der Anwendung der sogenannten Nachrichtenfaktoren. Der Nachrichtenwert eines Ereignisses gilt als umso größer, je mehr dieser Faktoren auf es zutreffen. Es sind vor allem die folgenden:

Nachrichtenfaktoren:
- kurze Dauer des Geschehens
- räumliche, politische und kulturelle Nähe zum Betrachter
- Überraschungswert im Rahmen eingeführter Großthemen
- Konflikthaftigkeit
- Schaden, ungewöhnliche Erfolge und Leistungen
- Kriminalität
- Personalisierung
- Prominenz der handelnden Personen
- Episodenhaftigkeit, kurze Dauer, abgeschlossenes Ereignis

Die Präsentationslogik, die als Regelsystem die Darstellung der ausgewählten Ereignisse in den Medien steuert, unterscheidet sich graduell von Medium zu Medium. Erhebliche Unterschiede bestehen in dieser Hinsicht zwischen den Boulevard- und den Qualitätsmedien, jedoch zeigt der genauere Vergleich, dass alle Grundtypen theatraler Inszenierungsoptionen in allen Mediengattungen eine Rolle spielen können, einige von ihnen naturgemäß eher in den Bild- als in den Printmedien:

Präsentationslogik
- Personifikation
- Mythisierung der Personen und ihrer Konfliktmuster
- Drama
- Archetypische Erzählung
- Wortgefecht
- Sozialrollendrama
- Symbolische Handlung

IV. Die Realität moderner Demokratie 161

- Unterhaltungsartistik
- Sozialintegrative Rituale

Bei all diesen Inszenierungsformen geht es um die Erzeugung von Aufmerksamkeit, Neugier und Spannung mit den kulturellen Inszenierungsstrategien, die in der jeweiligen Gesellschaft am besten dafür geeignet erscheinen. Die Anwendung der beiden Filtersysteme als Produktionsregeln der Massenmedien führt dazu, dass das Bild der Politik in den Medien nicht als ein Abbild der Realität verstanden werden kann, sondern als ein Erzeugnis der Produktionsgesetze des Mediensystems.

Mediatisierung
Die zunehmende Mediatisierung von Politik ist durch das Zusammenwirken der beiden komplementären Teilsysteme gekennzeichnet. Auf der Seite der Medien trägt jede Darstellung des Politischen in ausschlaggebender Weise die Spuren des Wirkens der beiden medialen Filtersysteme. Damit entsteht die Frage, ob die Darstellung der Politik in den Massenmedien die Eigenlogik des Politischen noch in einem für die selbständige Urteilsbildung der Bürger angemessenen Maße erkennen lässt oder ob sie diese in zu weitgehender Weise in die Regeln ihrer eigenen Logik auflöst. Auf der Seite der Politik führt die Schlüsselrolle des Mediensystems im Prozess der Legitimation politischen Handelns zur Vermehrung und zur Professionalisierung der Anstrengungen, ein Höchstmaß an Kontrolle über die Darstellung der Politik im Mediensystem zurückzugewinnen. Dies geschieht auf dem Wege der möglichst perfekten Übernahme der medialen Logik in die Selbstdarstellung der Politik. Die Selbstmediatisierung wird zu einer zentralen Strategie politischen Handelns in der Mediengesellschaft.

Damit entsteht die Frage, ob Politik unter diesen Bedingungen überhaupt noch in angemessenem Ausmaß ihrer eigenen Logik folgen kann oder in der Hauptsache zum Lieferanten für die spezifischen Bedürfnisse des Mediensystems wird, in der Hoffnung, auf diese Weise ihren unbegrenzten Bedarf an öffentlicher Zustimmung umfassend und risikoarm befriedigen zu können. Die Auswirkungen dieser Entwicklung sind umfassend und vielgestaltig. Sie strukturieren nicht nur die Darstellung des Politischen, sondern auch seine Herstellung neu. Welche Themen auf den Tisch kommen, welcher Politiker Aufstiegschancen hat, wer die Führung übernimmt und wie groß seine Spielräume zur Definition seiner Politik sind – gegenüber der eigenen Partei, gegenüber den Kontrahenten und gegenüber der Öffentlichkeit – wird durch mediale Vermittelbarkeit und Mediencharisma mit entschieden. Wo beides ausbleibt, haben Themen und Interessen wenig Aussicht auf Berücksichtigung.

Angemessenheit
Die Formen der Synthese aus Medienästhetik und Politik sind beinahe unbegrenzt, sie können dem Verständnis des Politischen weit entgegenkommen oder massiv im Wege stehen. Nicht die Tatsache der Inszenierung überhaupt, sondern die Frage, was in die Inszenierung auf welche Weise eingeht, ist also für die mediale Politikvermittlung entscheidend. Die theatralen Inszenierungschancen der Massenmedien stellen eine Gelegenheitsstruktur dar, die von den Medienschaffenden im Hinblick auf politische Informativität und Argumentativität auf gänzlich unterschiedliche Weise genutzt werden kann. Infotainment kann eine vorzugswürdige Art der Politikvermittlung sein, nämlich dann, wenn sie ihre Chance der Erreichung eines großen und dispersen Publikums nicht allein zur Unterhaltung, sondern zur angemessenen Information über die Sachen nutzt, auf die sie sich bezieht. Diese Chance wird in der täglichen Praxis der Politikvermittlung im Fernsehen und einem Teil der Printmedien allerdings eher selten genutzt.

Der lange unterstellte Gegensatz zwischen Inszeniertheit und Informativität lässt sich angesichts der aktuellen Ergebnisse empirischer Forschung nicht aufrecht erhalten. Während sich die Beherrschung des Politischen durch die Regeln des Mediensystems auf dem gegenwärtigen Stand der Erkenntnis mit großer Sicherheit konstatieren lässt, bleibt es eine offene Frage, ob und inwieweit es künftig gelingen kann, Formen der Synthese zwischen den Regeln des Mediensystems und der Politik herauszubilden, die eine ausreichendes Maß an Informativität und Argumentativität ermöglichen. Es bleibt auch eine offene Frage, ob die Vorherrschaft der Mediokrität der durchschnittlichen Inhalte medialer Kommunikation unwiderruflich mit der Dominanz der medialen Kommunikationsregeln verbunden ist oder eher ein Kennzeichen ihrer gegenwärtigen Verfassung im Übergang zu einer reiferen Kommunikationsgesellschaft darstellt.

Obgleich die Sichtung der tagtäglichen Medienproduktionen zum Thema Politik und viele Einzeluntersuchungen zur Medienwirkungsanalyse in allen großen Mediendemokratien der Gegenwart zu demselben Ergebnis einer weitgehenden Entpolitisierung der Politikvermittlung durch die Dominanz von Unterhaltungsinszenierungen führt, entbehrt die prinzipielle Kulturkritik vom Schlage *Neil Postmans* dennoch der Grundlage.[32] Zwischen der Dominanz der elektroni-

---

[32] Postman 1985

IV. Die Realität moderner Demokratie 163

schen Massenmedien mitsamt ihrer unhintergehbaren Prä-Inszenierung und der Informationsentleerung ihrer Produkte besteht nämlich in Wahrheit kein deterministischer Zusammenhang. Empirische Inhaltsanalysen medialer Konstruktionen des Politischen zeigen vielmehr, dass die mediale Inszenierungsweise nicht von vornherein das Maß an Informationen und Argumentationen ausschließt, in dem das Politische selbst auf angemessene Weise zum Ausdruck kommen kann.[33] An der Inszenierung des medialen Scheins von Politik ist nicht die Inszenierung das Problem, sondern der Schein, nämlich sofern sich die Inszenierung mit ihren ins Leere laufenden Aufmerksamkeitsregeln und Unterhaltungselementen selbst genügt und das Politische und dessen Personal nur noch als Ausgangspunkt für die eigenen Produktionen benutzt.

Der Leerlauf der Inszenierungskunst ohne relevante Beimischung eines dem Politischen angemessenen Informationsgehalts ist in den Mediensystemen der Gegenwart am meisten verbreitet und ebenso von zunehmendem Einfluss im Bereich der medialen Eigenkonstruktion von Politik. Zumal im Fernsehen sind jene Medienprodukte überall unterrepräsentiert, in denen es den Produzenten gelingt, fesselnd zu inszenieren und dennoch einen angemessenen Einblick in die Eigenart der entsprechenden politischen Sachverhalte zu vermitteln. Gelungene Magazinbeiträge, einzelne Talkshows und Nachrichtensendungen erbringen indes den Beweis, dass mediale Politikinszenierungen im gelungenen Falle eine Synthese eigenen Rechts zwischen der Medienlogik und der Eigenlogik der politischen Sachverhalts sein können.

Mediale Politikinszenierungen erheben durchaus auch einen Anspruch auf Rationalität. Sie erlauben in ausreichendem Ausmaß die Aufnahme von Informationen zur Sache und in begrenzterem Umfang auch die Repräsentation von Argumenten und Argumentationsprozessen. Zwischen dem Grad und der Art der Inszenierung auf der einen Seite und der Vollständigkeit und Angemessenheit des sachlichen Informationsgehalts auf der anderen Seite besteht kein negativer Kausalzusammenhang. Ebenso wie didaktische Reduzierungen von Sachverhalten in Lehre und Unterricht, wenn sie von kompetenten Vermittlern vorgenommen werden, die jeweilige Sache in spezifisch umgewandelter, aber dennoch angemessener Form für das Verständnis von Nichtexperten aufbereiten, können auch Formen der medialen Inszenierung zur einer Synthese führen, in der der inszenierte Sachverhalt zwar medial transformiert, aber in seinem Informationskern dennoch angemessen repräsentiert wird.

---

[33] Meyer/Ontrup/Schicha 2000.

Eine funktionierende zivilgesellschaftliche Öffentlichkeit ist die beste Gewähr dafür, dass einseitige Medieninteressen erkannt, in ihren Effekten gemildert und in der direkten Kommunikation der Bürgerinnen und Bürger neutralisiert werden können.

 Weiter führende Literatur

Bennett, W. Lance/ Entman, Robert M. (2001): Mediated Politics. Communication in the Future of Democracy, Cambridge.

Jarren, Otfried/ Donges, Patrick (2002): Politische Kommunikation in der Mediengesellschaft, 2 Bände, Wiesbaden.

Luhmann, Niklas 1996: Die Realität der Massenmedien. Opladen.

Meyer, Thomas 2002. Mediokratie. Die Kolonisierung der Politik durch das Mediensystem. Frankfurt/M.

Meyer,Thomas / Ontrup, Rüdiger/ Schicha, Christian 2000: Politische Diskursinzenierung. Wiesbaden.

Neidhard, Friedhelm 1994: Öffentlichkeit, öffentliche Meinung, soziale Bewegungen. In: Ders. (Hg.) : Öffentlichkeit, öffentliche Meinung, soziale Bewegungen. Sonderheft 34 der Kölner Zeitschrift für Soziologie und Sozialpsychologie, Opladen

Postman, Neil 1985: Wir amüsieren uns zu Tode, Frankfurt/M.

Sarcinelli, Ulrich 2005: Politische Kommunikation in Deutschland. Zur Politikvermittlung im demokratischen System, Wiesbaden.

22 Demokratische Wahlen

Umkämpftes Wahlrecht
Beim Thema Wahlen handelt es sich gleichzeitig um eines der einfachsten und schwierigsten Themen der Demokratietheorie. Dass ohne allgemeine, freie und gleiche Wahlen Demokratie nicht möglich ist, ist ein Gemeinplatz. Welche Wahlen aber ein Land braucht oder verträgt, wenn es seine demokratischen Möglichkeiten in bestmöglicher Weise entfalten soll, ist eine Wissenschaft für sich. Tat-

IV. Die Realität moderner Demokratie 165

sächlich hat die vergleichende Wahlforschung in überzeugender Weise gezeigt, dass es in dieser Hinsicht Patentrezepte nicht gibt, aber eine Fülle von Erfahrungen, aus denen sich ein gut bewährter Rahmen für die sinnvoller Weise stets auf den Einzelfall zu beziehenden Entscheidungen über das Wahlsystem ergeben kann.

Die Geschichte des Wahlrechts und der Wahlsysteme ist lang und beginnt, wie könnte es anders sein, mit den ersten Experimenten der Demokratie im antiken Griechenland. Sie ist eine Geschichte, die zeigt, wie aus den Anfängen äußerst weit gehender Begrenzungen auf eine sehr kleine Gruppe von Staatsbürgern in großen Schüben, mit großen Unterbrechungen und häufig in Jahrzehnte langen harten politischen Kämpfen das moderne Wahlrechtsverständnis erwuchs, das in der Theorie keine Ausschlüsse erwachsener Bürgerinnen oder Bürger mehr duldet und sogar die Frage ernsthaft zur Debatte stellt, ob nicht auch Kindern oder zumindest den Eltern im Namen ihrer Kinder unter den Bedingungen der Gegenwart ein Wahlrecht zustehen sollte.

In den verschiedenen politischen Systemen mit demokratischem Anspruch sind viele Gründe geltend gemacht worden, die rechtfertigen sollten, warum das Wahlrecht auf bestimmte Gruppen der Gesellschaft begrenzt sein soll. Diese Geschichte der Rechtfertigung von Ausschlüssen dauerte bis ins letzte Viertel des 20. Jahrhunderts an, als in der ansonsten durchaus vorbildlichen Demokratie der Schweiz nun auch den Frauen das volle Wahlrecht gewährt wurde.

Wie das Mehrparteiensystem so gehören auch Wahlen zum Wesen der Demokratie. Uneingeschränkt verträglich mit dem Anspruch der Demokratie sind nur freie, gleiche, allgemeine und geheime Wahlen, in denen jede erwachsene Person eine Stimme hat. Im Gegensatz zu weit verbreiteten Vorurteilen gibt es für das Wahlrecht selbst darüber hinaus keine generell gültigen Maßstäbe. Ob für eine gegebene Gesellschaft, ihre geografischen und kulturellen Gegebenheiten sowie ihre spezielle politische Kultur das Mehrheitswahlrecht oder das Verhältniswahlrecht demokratisch gehaltvoller ist und wie diese beiden unterschiedlichen Wahlrechtsformen genau ausgeprägt sein sollen, ist in hohem Maße von der Situation und der Erfahrung des Landes abhängig.

Behinderungen und Ausschlüsse
In der antiken griechischen Polis wurden zwei Gründe dafür genannt, warum eine Person an den Wahlen zu den Führungsämtern des Gemeinwesens teilnehmen sollte: die volle und freie Verfügung über die eigenen Vernunftkräfte und die angestammte Zugehörigkeit zum Gemeinwesen. Das schloss von vornherein die Zugereisten aus und auf Grund der damals allgemein geltenden Lehre von

den drei individuell höchst unterschiedlich gemischten Seelenkräften auch die Sklaven und die Frauen. Diese Argumente galten in jener Zeit als hinreichende Belege dafür, dass zwischen dem Demokratieanspruch des Gemeinwesens und dem die große Mehrheit seiner Bewohner ausschließenden Wahlrecht im Prinzip kein Widerspruch bestand. Die Qualifikationen galten als eine Art natürlicher Ausschließungsgrund, der sich von selbst verstand.

In den Republikstädten Europas in der frühen Neuzeit erschien das Argument überzeugend, dass die volle Mitwirkung des einzelnen Bürgers am Gemeinwesen ein Mindestmaß an Wohlhabenheit voraussetzte, das zugleich sicher stellte, dass die betroffene Person über ein ausreichendes Eigeninteresse am Gemeinwesen, Bildung und Zeit verfügt, die als selbstverständliche Voraussetzungen für die Teilhabe am politischen Leben galten. Für die Frauen galt weiterhin der seit der Antike bekannte Ausschließungsgrund, nun aber auf christlicher Grundlage mit neuer Glaubwürdigkeit versehen. Die republikanischen Verfassungen der freien Städte inspirierten die politische Theorie des frühen Liberalismus, aber jetzt auf der Grundlage des universalistischen Freiheitsverständnisses der Aufklärung mit nachdrücklicherem Geltungsanspruch und weiterem Geltungshorizont.

Es ist das historische Kennzeichen des modernen Liberalismus, dass er überall in Europa sein universalistisches Freiheitsideal mit einem Zensus- Wahlrecht in Verbindung brachte, das die Stimmen der Bürger nicht zählen, sondern wiegen sollte. Dabei wurden in der Theorie nicht besitzbürgerliche Teilinteressen, sondern universalistische Argumente für die Rechtfertigung eines partikulären Projekts der Wahlrechtsbeschränkung angeführt. Informativ ist in dieser Hinsicht die Argumentation des deutschen Aufklärungsphilosophen Immanuel Kant. Aktivbürger des Gemeinwesens, also gleichberechtigte Wahlbürger, konnten ihm zufolge nur diejenigen Personen sein, die über eine ausreichende bürgerliche Selbstständigkeit verfügen, um Herr ihres eigenen Willens sein zu können. Das waren nach dieser Definition weder die Frauen, denn sie waren ja in der Familie dem Mann untertan und ebenso wenig die unselbständig Tätigen, denn sie waren ja im Erwerbsleben einem Patron unterworfen, der über sie gebot. Folglich konnten auf der Basis eines vermeintlich allein dem universalistischen Autonomiekonzept verpflichteten Arguments allein die Besitzbürger, Beamten und gebildeten Freiberufler das Wahlrecht beanspruchen.

Es waren dann seit der Mitte des 19. Jahrhunderts zunächst die europäische Arbeiterbewegung und in ihrem unmittelbaren Gefolge die Frauenwahlrechtsbewegung, die beide mit dem universalistischen Gleichheitsargument der Aufklärung die besitzbürgerlichen und patriarchalischen Herrschaftsstrukturen angriffen und die Bewegung hin zu einem wirklich allgemeinen und gleichen Wahlrecht in Gang

IV. Die Realität moderner Demokratie 167

setzten. Mit beträchtlicher Ungleichzeitigkeit setzten sich ihre Argumente und Forderungen dann unter dem wachsenden Druck der sozialen und politischen Bewegungen, die sich für sie einsetzten, in den europäischen und nordamerikanischen Demokratien durch. Es dauerte aber mehr als ein Jahrhundert, ehe drei Jahrzehnte vor dem Ende des 20. Jahrhunderts in den fortgeschrittensten Demokratien alle rechtlichen Beschränkungen des Wahlrechts gefallen waren. Das gleiche Männerstimmrecht wurde in den meisten Demokratien in der Zwischenkriegszeit realisiert. Das volle Wahlrecht für die Afroamerikaner in den USA erst in den 1960er Jahren und das gleiche Frauenstimmrecht in der Schweiz erst 1974.

Mehrheits- und Verhältniswahlrecht
Beim Mehrheitswahlrecht werden in jedem Wahlkreis ein oder mehrere Abgeordnete gewählt. Die Stimmen der unterlegenen Kandidaten bzw. Parteien entfallen bei der Gesamtrechnung der Verteilung der Sitze im Parlament. Beim Verhältniswahlrecht werden die Parteien im nationalen Parlament möglichst genau im Verhältnis der im ganzen Lande abgegebenen Stimmen repräsentiert. Das Mehrheitswahlrecht konzentriert in der Regel die Sitze im Parlament auf wenige große Parteien. Gibt es Hochburgen bestimmter Parteien im Lande, wo ihre Anhänger die Bevölkerungsmehrheit bilden, während sie im Lande insgesamt nur eine kleine Minderheit sind, sei es als regionale, religiöse oder ethnische Gruppe, so sichert es ihnen einige Sitze im Parlament. Bei knappen Mehrheiten und einer Tendenz zur Parteienzersplitterung konzentriert es im Ergebnis die Parlamentssitze auf die größten Parteien und führt in der Regel zu eindeutigen Mehrheiten, die Koalitionsbildungen überflüssig machen. Das begünstigt klare Verhältnisse bei der Regierungsbildung und politische Stabilität beim Regieren. Solche Stabilität ist aber nicht unter allen Umständen ein Vorteil. Sie kann auch dazu führen, dass in der Gesellschaft neu entstehende Interessen oder Werte über all zu lange Zeit hin im Parlament des Landes nicht berücksichtigt werden und dass strukturell schwache Gruppen dauernd von wirksamer politischer Beteiligung ausgeschlossen sind, so dass sie mit der Zeit auf andere, extralegale Formen zur Einflusssicherung sinnen mögen. Die durch das Mehrheitswahlsystem bewirkte Verzerrung der Anzahl der Sitze im Parlament gegenüber den Stimmenverhältnissen kann in einer gegebenen Gesellschaft als sehr ungerecht empfunden werden, so dass dann aus diesem Grunde die politische Stabilität des Landes leidet. Die technische Ausgestaltung des demokratischen Wahlrechts ist folglich kein Dogma, sondern eine pragmatische Frage der Zweckmäßigkeit für jedes Land.

Nicht selten allerdings sind herrschende Gruppen, die die demokratische Kontrolle fürchten, geneigt, sich ein Wahlrecht nach eigener Interessenlage maßzuschneidern. Das kann entweder dadurch geschehen, dass sie die Wahlkreise so ungleich einteilen, dass in ihren eigenen Hochburgen wenige, in den Hochburgen der Opposition aber viele Stimmen nötig sind, um ein einziges Mandat im Parlament zu gewinnen. Das kann auch dazu führen, dass sie ein bestehendes Mehrheitswahlrecht, das kleineren regionalen oder kulturellen Minderheiten die Vertretung in den Parlamenten sicherte, abschaffen, um diese Gruppen künftig aus den Parlamenten auszuschließen. Fast immer wird natürlich eine solche interessengeleitete Manipulation mit dem Hinweis auf eine scheinbare Verbesserung der demokratischen Qualität des Wahlsystems gerechtfertigt. Wichtig ist darum, dass die pragmatische Entscheidung für ein bestimmtes Wahlsystem mit guten Argumenten öffentlich begründet und von der überwältigenden Mehrheit der Bürger als gerecht empfunden werden kann.

Tabelle 3: Wirkungen des Wahlsystems (II): Stimmen- und Mandateverteilungen nach Wahlsystemen

Wahlsystem	Partei A 39,3%	Partei B 36,5%	Partei C 13,8%	Partei D 6,0%	Partei E 4,5%	Nach Mandaten stärkste Partei	Regierungsbildung durch:
Reine Verhältniswahl: Mandateverteilung nach Hare / Niemeyer	8	7	3	1	1	A	A + C
Verhältniswahl: Mandateverteilung nach d'Hondt	8	8	3	1	–	A + B	A + C oder B + C
Verhältniswahl mit Zehn-Prozent-Sperrklausel	9	8	3	–	–	A	B + C
Einfache Mehrheitswahl	5	11	3	1	–	B	B
Absolute Mehrheitswahl mit Koalitionen A D E / B C	9	11	–	–	–	B	B
Differenz zwischen günstigstem und ungünstigstem Wahlsystem	4	4	3	1	1	–	–

Anmerkung: Auswertung auf der Grundlage der Stimmenverteilungen in Tabelle 1. Regierungsbildung: Alleinregierung der Partei mit der absoluten Mehrheit oder Koalitionsregierung nach dem Kriterium der kleinstmöglichen Koalition und dem der absoluten Mehrheit der Mandate. Quelle: Schmidt, Manfred G.: Demokratietheorien. Eine Einführung, Wiesbaden 2006³.

Es liegt auf der Hand, dass in Mehrparteiensystemen die dauerhafte Dominanz einer einzigen Partei oder der Gewinn einer absoluten Mehrheit für eine Partei

IV. Die Realität moderner Demokratie 169

bei Landeswahlen selten ist. Folglich setzt eine mehrheitsgestützte Regierung Koalitionsbildungen voraus. Zwei oder drei, in Ländern mit einem Vielparteiensystem auch mehr Parteien, müssen sich auf ein gemeinsames Regierungsprogramm einigen. Dabei werden Kompromisse, mitunter auch weitgehender Art, unerlässlich. Die Verhandlungen, die sie ermöglichen und die Berücksichtigung vieler unterschiedlicher Interessen und Werte, die sie voraussetzen, stellen dabei stets ein mehr oder weniger weitreichendes Stück Annäherung an die Konkordanzdemokratie dar. Darüber hinaus wirkt die Repräsentanz einer Vielfalt unterschiedlicher Parteien und Interessen auch auf der Oppositionsseite des Parlaments förderlich für die Responsivität des politischen Systems, für seine Fähigkeit, in der Gesellschaft tatsächlich vorhandene Interessen und Werte aufzunehmen und im politischen Prozess zu berücksichtigen.

Das Verhältniswahlrecht entfaltet seine Stärke vor allem dort, wo Gesellschaften von einer Vielzahl heterogener Interessen geprägt sind, die sich nicht leicht in gemeinsamen Vereinen und Parteien zusammen führen lassen. Der Druck zum Kompromiss, der im Verfahren der parlamentarischen Regierungsbildung entsteht, ist deutlich größer als derjenige, der in zivilgesellschaftlichen Zusammenhängen oder im intermediären politischen System der Vereine und Verbände besteht. Daher kann das Verhältniswahlrecht einen bedeutenden Beitrag zur gesellschaftlichen und politischen Integration leisten. Die Nachteile, die damit auch verbunden sind, liegen auf der Hand. Da im Falle von Koalitionsregierungen politische Identitäten verschwimmen können und Kompromisse in der Regel den großen einheitlichen politischen Entwurf vermissen lassen, kann Enttäuschung der Wähler die Folge sein. Das gilt vor allem dann, wenn politische Traditionen und eingespielte politisch kulturelle Gewohnheiten dazu führen, dass der Eigenwert von Integration durch Kompromissbildung verkannt wird und ältere Politikvorstellungen auf der Linie von Herrschafts- oder Unterwerfungsmodellen als beispielgebend gelten. Eine politische Kultur hingegen, in der Informiertheit und Urteilkraft der Staatsbürger ein hohes Niveau erreicht haben, erlaubt einen politischen Umgang mit dem Koalitions- und Kompromissproblem, ohne dass solche Enttäuschungen überhand nehmen müssen, solange die rechtfertigenden Gründe und die politischen Erfolge überzeugend sind.

Demgegenüber entspricht das einfache Mehrheitswahlrecht in Einerwahlkreisen, bei dem in jedem einzelnen Wahlkreis jeweils nur ein Kandidat bzw. eine Partei den Sieg davon trägt und die anderen Stimmen bei der Auszählung der Parlamentssitze komplett ignoriert werden, dem Konkurrenzmodell der Demokratie. Es führt in aller Regel zu einem Zwei-Parteienparlament, in dem die Mehrheitspartei zudem, verglichen mit der eigentlichen Stimmabgabe bei der

Wahl, mit weit überproportionalen Parlamentssitzen belohnt wird. Zur Wahl stehen letztlich nur zwei große Alternativen. Die übrigen Interessen und Werte scheiden früh aus dem Rennen aus, da ihre Chancenlosigkeit allgemein bekannt ist. Strukturelle Minderheiteninteressen haben auf lange Sicht kaum Chancen, auf den politischen Willensbildungsprozess oder gar das Regierungshandeln effektiv einwirken zu können. Zwar erscheinen die Mehrheiten im Parlament und das Regierungsprofil stets eindeutig, aber um den Preis einer geringen politischen Responsivität.

Wie die empirische Forschung gezeigt hat, ist in politischen Systemen, die mit diesem Wahlrecht ausgestattet sind, etwa dem der USA, nach den Wahlen oft ein solches Maß an Verhandlungen und Kompromissbildung mit den anderen am Gesetzgebungs- und Regierungsprozess beteiligten politischen Institutionen notwendig, dass der zunächst offensichtliche Vorteil der Eindeutigkeit und Klarheit sowie der ungeschmälerten Umsetzung von Mehrheitsprojekten weitgehend aufgehoben oder sogar in sein Gegenteil verwandelt werden kann. Auf jeden Fall aber ist beim Mehrheitswahlrecht die Hürde der Übersetzung gesellschaftlicher Interessen und Werte in Handlungs- und Machtpositionen innerhalb des politischen Systems wesentlich höher.

Die Akzeptanz und der Erfolg des Mehrheitswahlrechts setzen daher Gesellschaften voraus, in denen entweder die großen Interessenunterschiede auf wenige klare Alternativen reduziert werden können oder politische Kulturen, in denen ein solches Verfahren als legitim erachtet wird. Unter diesen Bedingungen kann es durch die klaren Verhältnisse, die es schafft, Stabilität fördern. In Gesellschaften, in denen eine Vielzahl schwer vereinbarer Teilinteressen religiöser, ethnischer oder regionaler Art die Kompromissbildung und Interessenzusammenführung erschweren, würde das Mehrheitswahlrecht zu dauerhaften Ausgrenzungen und damit in vielen Fällen nicht nur zu empfindlichen Ungerechtigkeiten, sondern auch zu politischer Instabilität führen. Dies ist einer der Gründe, warum Länder, auf die diese Umstände zutreffen, zumeist bestrebt sind, das Mehrheitswahlrecht, wenn sie aus traditionellen Gründen an ihm festhalten wollen, so zu differenzieren, dass es in seinen Gesamtwirkungen responsiver wird. Das kann z.B. dadurch geschehen, dass in jedem einzelnen Wahlkreis zwei oder mehr Kandidaten gewählt werden. Dann nähert es sich auf der Mikroebene dem Verhältniswahlrecht an, obgleich es auf der Makroebene formal gesehen immer noch die Merkmale des Mehrheitswahlrechtes teilt.

Bei der Abwägung, ob sich das Verhältnis- oder das Mehrheitswahlrecht für eine Gesellschaft besser eignet, etwa um politische Handlungsblockaden zu überwinden oder bei der Neugründung von Demokratien, geht es regelmäßig um

IV. Die Realität moderner Demokratie 171

die Abwägung der beiden demokratiepolitischen Ziele Gerechtigkeit und Stabilität. Für das Ziel Gerechtigkeit spricht die möglichst umfassende Aufnahme in der Gesellschaft vorhandener Interessen und Werte in dem politischen Prozess. Für das demokratiepolitische Ziel der Stabilität spricht die Gewährleistung jederzeitiger klarer Mehrheitsverhältnisse und problemloser Regierungsbildungen. Wie die beiden Gesichtspunkte gegeneinander gewichtet werden, ist eine Frage, die immer nur in konkreter Lage und im Hinblick auf gegebene Gesellschaften und ihre politischen Erfahrungen beantwortet werden kann. Auch wenn im Falle von Krisen und politischer Blockaden das Wahlrecht eines Landes aufs neue zur Disposition gestellt wird, sind es diese Gesichtspunkte, die am Ende bei den Debatten den Ausschlag geben oder geben sollten.

Moderne Beschränkungen
In vielen modernen Demokratien werden indirektere und weniger radikale Formen des faktischen Ausschlusses von der Wahlbeteiligung praktiziert. Dazu können auch verschiedene Formen einer besonderen Registratur der Bürger vor der Wahl gehören. Sie mag in manchen Situationen notwendig sein, um die mehrfache Stimmabgabe zu verhindern. Sie hat sich aber in vielen Ländern der Welt, selbst in den USA, als ein ernsthaftes Hindernis für viele Bürgerinnen und Bürger zur Beteiligung an den Wahlen überhaupt erwiesen. Die Skala der Mechanismen, durch die sie zu einem oft sogar bewusst eingesetzten Hindernis für die Wahlbeteiligung wird, ist sehr breit. Sie reicht von dem zusätzlichen lästigen Aufwand, überhaupt eine Registrierung vornehmen zu lassen, über eine künstliche Erschwerung der Registratur, etwa durch mehrfache Einbestellung derer, die sich registrieren lassen wollen, aufgrund wirklich oder vermeintlich unvollständiger Daten, die Entrichtung einer Gebühr bis hin zu einer einschüchternden Anwesenheit von Vertretern der Regierungsgewalt im Registrierlokal bei gleichzeitiger Einrichtung einer Prozedur, die schon in diesem Stadium ein Bekenntnis zur bevorzugten Partei verlangt. Auch die Wahl des Ortes für die Wahllokale kann für Menschen, denen damit ein unzumutbar weiter und beschwerlicher Weg abverlangt wird, zu einem ernsthaften Hindernis für die Realisierung des gleichen Wahlrechts werden.

Obgleich also die konkrete Ausgestaltung des Wahlrechts und des Wahlsystems eine für pragmatische Entscheidungen offene Frage der Demokratie ist, gilt dennoch: In der Offenheit des Wahlrechts für unterschiedliche Ausgestaltung liegen viele versteckte Hürden und Hindernisse verborgen, die zum Einfallstor einer ernsthaften Beschädigung oder gar Annullierung des demokratischen Anspruchs führen können. Es hat sich auch gezeigt, dass selbst die Einführung einer

Wahlpflicht, etwa in Belgien, weit davon entfernt ist, die Teilnahme aller Bürgerinnen und Bürger an den Wahlen zu gewährleisten. Je nach Situation und Angebot an politischen Parteien weisen die pluralistischen Demokratien der Gegenwart erhebliche Unterschiede in der Wahlbeteiligung auf, die von lediglich 30 bis über 90 Prozent der Wahlberechtigten reichen können.

Annäherungen
Im Hinblick auf die Wahlsysteme besteht zunächst ein großer Unterschied zwischen dem Verhältniswahlrecht und dem Mehrheitswahlrecht. Allerdings kann das Mehrheitswahlrecht so ausgestaltet werden, dass es sich dem Verhältniswahlrecht weitgehend annähert. Die beiden grundlegenden Wahlrechtsformen hängen sehr eng mit dem Verständnis von Demokratie überhaupt zusammen, insbesondere mit den Optionen Konkurrenz – oder Konkordanzdemokratie. Das Verhältniswahlrecht zielt darauf ab, ein weitgehend proportionales Verhältnis zwischen den abgegebenen Wählerstimmen und den durch sie bewirkten Parlamentssitzen zu erreichen. Der Prozentsatz der Stimmen, den eine Partei erzielt, soll sich möglichst genau in der Anzahl der Sitze widerspiegeln, die sie dafür im Parlament erhält. Dieses Wahlrecht fördert die Herausbildung von Mehr- oder Vielparteiensystemen, so dass in Landesparlamenten, die es praktizieren, bis zu einem Dutzend oder sogar mehr Parteien regelmäßig vertreten sein können. In den meisten europäischen Demokratien pendelt sich über längere Fristen hinweg deren Zahl zumeist bei einem halben Dutzend oder weniger ein. Um eine sonst drohende Zersplitterung der Wählerstimmen und der Parlamentsparteien zu begrenzen, wird das Verhältniswahlrecht fast überall, wo es praktiziert wird, durch eine Mindesthürde ergänzt, die überwunden werden muss, damit eine geringe Anzahl von Wählerstimmen in Parlamentssitze übertragen wird. Es ist eine Frage des Ermessens in konkreter Lage und im Hinblick auf bestimmte Erfahrungen eines bestimmten Landes, ob diese Schwelle eher niedrig bei 2 oder 3 Prozent oder eher hoch, bei 10 Prozent, angesetzt wird. In der Bundesrepublik Deutschland hat sich die Fünf-Prozent-Klausel weitgehend bewährt. Sie hat immerhin die Herausbildung eines Fünf-Parteien-Systems ermöglicht, wobei fast zwei Dutzend kleiner und kleinster Splitterparteien, die bei Landtagswahlen oder bei der Bundestagswahl antreten, regelmäßig an dieser Hürde scheitern.

IV. Die Realität moderner Demokratie 173

📖 **Weiter führende Literatur**

Niedermayer, Oskar/Westle, Bettina [Hg.] 2000: Demokratie und Partizipation. Festschrift für Max Kaase, Wiesbaden.

Nohlen, Dieter 2004: Wahlrecht und Parteiensystem. Opladen.

Schmidt, Manfred G. 2006: Demokratietheorien. Wiesbaden.

23 Die Messung der Demokratie

Ein Frage des Mehr oder Weniger
Auch Demokratie ist, wie nahezu alle anderen normativen Ansprüche im gesellschaftlichen und menschlichen Leben keine Frage des Alles oder Nichts, sondern des Mehr oder Weniger. Das gilt in nahezu allen für die Demokratie entscheidenden Teilfragen, etwa dem Grad der Teilhabe der Bürgerinnen und Bürger an Wahlen, des Wettstreits zwischen konkurrierenden politischen Parteien, Umfang und Vitalität der Zivilgesellschaft und des intermediären Sektors, der zwischen Gesellschaft und Parteiensystem vermittelt sowie die Vollständigkeit und die Realwirkung der Grundrechte. Aus diesem Grunde ist es prinzipiell sinnvoll, anhand gut begründeter Indikatoren im empirischen Vergleich zu messen, in welchem Maße ein Land den demokratischen Ansprüchen gerecht wird und wo gegebenenfalls seine Defizite liegen. Tatsächlich sind im letzten Viertel des 20. Jahrhunderts zahlreiche anspruchsvolle und hoch differenzierte politikwissenschaftliche Studien vorgelegt worden, die sich mit unterschiedlichen Methoden dem empirischen Demokratievergleich gewidmet haben. Einige von ihnen, vor allem die Studien von *Tatu Vanhanen, Keith Jaggers* und *Ted R. Gurr* sowie die jährlichen Berichte der amerikanischen Stiftung *Freedom House* sind äußerst umfassend und schließen nahezu alle Demokratien in ihre Betrachtung ein. Sie alle sind in bestimmter Hinsicht informativ, werfen aber auf je verschiedene Weise auch schwer wiegende Fragen auf. Was genau müssen und was können wir messen, wenn wir Demokratie messen wollen?

Messung der Verwirklichung der Grundrechte
Vergleichsweise gut messbar und im Hinblick auf die demokratischen Normen aussagekräftig ist die Messung des Grades der Verwirklichung der Grundrechte. Sie sind auch gut skalierbar in dem Sinne, dass dem jeweiligen Maß ihrer Ver-

wirklichung in einem überprüfbaren Verfahren Indexzahlen zugeordnet werden können. Die *Freedom House*-Skalen reichen für die politischen und bürgerlichen Grundrechte jeweils von 1 bis 7, je geringer der Wert, umso vollständiger die Geltung der jeweiligen Grundrechte. Der jährlich weltweit durchgeführte Vergleich erlaubt auf diese Weise alle Länder, nicht nur die verfassten Demokratien, in „freie", „teilweise freie" und „nicht freie" Länder zu unterscheiden. Dieses Messverfahren erlaubt nicht nur den horizontalen Vergleich zwischen unterschiedlichen Ländern, sondern auch die Beurteilung der Entwicklung innerhalb eines Landes.

Die Skalen von *Freedom House* setzen sich aus gut begründeten und eindeutig auf den Demokratiegehalt eines Landes bezogenen einzelnen Indikatoren zusammen. Dazu gehören in Bezug auf die politischen Grundrechte so wichtige Fragen wie die, ob die Regierungen der jeweiligen Länder aus freien und fairen Wahlen hervorgingen, die Parlamente frei und fair gewählt werden, die Wahlen selbst fair und korrekt ablaufen, das Recht der Gesellschaft zur Gründung politischer Parteien und der Minderheitenschutz. Im Bereich der bürgerlichen Grundrechte werden Versammlungs- und Demonstrationsfreiheit gemessen, die Freiheit der Medien, die Freiheit zur Gründung und Betätigung von Vereinen, die Freiheit der Religion und die persönliche Freiheit. Diejenigen Länder, die bei diesen Messungen den niedrigsten Wert erhalten, können als freie Länder im Sinne realisierter Demokratie gelten, jene, die den höchsten Wert von vierzehn Punkten erhalten, werden als unfrei, d.h. vollständig undemokratische Systeme qualifiziert und alle übrigen, naturgemäß bei weitem die meisten, nehmen Rangplätze zwischen den extremen Werten ein.

Diese Variante der Demokratiemessung ist offensichtlich an einem Modell der libertären Demokratie orientiert, da die für die Gleichheit der demokratischen Mitwirkungschancen ja gleichermaßen entscheidenden sozialen und wirtschaftlichen Grundrechte keine Berücksichtigung finden. Da diese jedoch für die Befähigung der einzelnen Personen zur Wahrnehmung ihrer gesellschaftlichen und politischen Mitwirkungsrechte eine gewichtige, in Grenzbereichen ausschlaggebende Rolle spielen, bleibt die Meßmethode von Freedom House in dieser Hinsicht grundsätzlich unbefriedigend. Erst wenn Sie durch eine ebenso aussagekräftige und umfassende Einbeziehung der sozialen und wirtschaftlichen Grundrechte ergänzt würde, könnte sie ihrem eigenen Anspruch gerecht werden. Für die Messung der sozialen und wirtschaftlichen Grundrechte bestehen zwar in der wissenschaftlichen Literatur vereinzelte Ansätze, aber bei weitem keine so aufwendig und systematisch betriebene Vergleichsuntersuchungen wie die von Freedom House.

IV. Die Realität moderner Demokratie

Tabelle 4: ‚Schlanke' Indikatoren der Demokratiemessung (15-Felder-Matrix)

Feld	Indikatoren Freiheit	Feld	Indikatoren Gleichheit	Feld	Indikatoren Kontrolle
1/1	Freie nationale Wahlen	1/2	gleiche Inanspruchnahme des aktiven und passiven Wahlrechts bei nationalen Wahlen	1/3	Unabhängige Wahlprüfungskommission bei nationalen Wahlen
2/1	Organisationsfreiheit für Parteien und Gewerkschaften	2/2	Faire Parteienfinanzierung und Konsultationsmechanismen	2/3	Politische Kontrolle durch Oppositionsparteien
3/1	Freie Presse	3/2	Vielfalt der Medienlandschaft	3/3	Regierungskritische Presse
4/1	Unabhängigkeit der Justiz	4/2	Rechtssicherheit für marginale Gruppen	4/3	Effektive Rechtsprechung gegenüber anderen staatlichen Institutionen
5/1	Staatlichkeit und das Fehlen von *tutelary powers*	5/2	Ausmaß der Korruption in der Verwaltung	5/3	Wirksame Rechnungshöfe und wirksame parlamentarische Kontrollrechte

Quelle: Lauth, Hans-Joachim: Demokratiemessung. Eine konzeptionelle Grundlegung für den interkulturellen Vergleich, Wiesbaden 2004.

Qualitative Maßstäbe

Die von *Wolfgang Merkel* und anderen Autoren entwickelten Kriterien zur Unterscheidung von konsolidierten und defekten Demokratien sind zwar ein grobes, aber im Hinblick auf den gewählten Zweck des Vergleichs hochgradig informatives Verfahren zur qualitativen Demokratiemessung. Sie erlauben vor allem die Unterscheidung zwischen politischen Systemen, die in formaler Hinsicht grundlegende Kriterien der Demokratie erfüllen, jedoch in der Praxis von den demokratischen Normen so gravierend abweichen, dass sie nicht als vollwertige Demokratie eingestuft werden können[34]. Sie begründen auf der Basis empirischer Daten die kategoriale Unterscheidung zwischen defekten Demokratien, in denen wesentliche demokratische Funktionen trotz stattfindender allgemeiner Wahlen nicht erfüllt werden, und konsolidierten Demokratien, die alle wesentlichen Be-

---

[34] Vergl. Dazu Kap.15

dingungen des demokratischen Anspruchs in der Praxis ausreichend erfüllen. Diese Unterschiede können, teilweise anhand der Skalen von *Freedom House*, teilweise anhand darüber hinaus gehender Kriterien wie die vollständige Kontrolle demokratisch gewählter Autoritäten über die Gesamtheit der politischen Entscheidungen quantitativ gemessen werden. Doch auch dieses Messverfahren beschränkt sich auf die „liberale" Dimension der politischen und bürgerlichen Grundrechte und ist daher nur geeignet, „illiberale Defekte" verfasster Demokratien zu messen. Auch in diesem Falle gilt, dass erst die Ergänzung durch die Messung der „unsozialen Defekte" libertärer Demokratien, die einen Teil ihrer Bürgerinnen und Bürger von effektiver demokratischer Teilhabe durch die Verweigerung sozialer und ökonomischer Grundrechte ausschließen, ein vollständiges Bild des Maßes der Verwirklichung demokratischer Ansprüche ergeben würde.

Komplexe Messverfahren
Eine bedeutende Rolle in den Debatten zur Messung von Demokratie haben die Arbeiten des finnischen Sozialwissenschaftlers *Tatu Vanhanen* gespielt, die mit großem methodischen Aufwand und unter Einschluss einer sehr bedeutenden Anzahl von Ländern auch innerhalb der konsolidierten Demokratien die Quantifizierung des Demokratiegehaltes erstrebten. Vanhanen hat zu diesem Zweck zwei Indikatoren kombiniert und in einer akribischen Detailarbeit auf die untersuchten Länder angewandt. Dabei handelt es sich um die beiden Indikatoren Partizipation und Wettstreit. Partizipation wird anhand des an den Wahlen teilnehmenden Anteils der Bevölkerung gemessen, der Grad des politischen Wettbewerbs an der Anzahl der an den Wahlen teilnehmenden Parteien und ihren jeweiligen Stimmenanteilen. Die Auswahl dieser Indikatoren Teilhabe und Wettbewerb erscheint zunächst äußerst schlüssig, vor allem wenn an die grundlegende Demokratiedefinition *Robert A. Dahls* gedacht wird, der zufolge Demokratie als ein Wettbewerb um die Macht definiert werden kann, der offen ist für Teilhabe.

Das Ergebnis zeigt aber, dass sich der Demokratiegehalt auf diese Weise kaum messen lässt, weil im Ergebnis dann Länder wie Italien, Belgien und die Tschechische Republik allein aufgrund der Tatsache Spitzenplätze gewinnen, dass in ihnen sehr viele Parteien an Wahlen teilnehmen, ohne dass diese tatsächlich ihre Gesellschaften angemessen repräsentieren und deren Interessen in einer wirksamen Art und Weise in politisches Handeln umsetzen müssen. Zudem handelt es sich dabei um Länder mit einem hohen Maß an politischer Instabilität und teilweise, wie es lange Zeit für Italien galt, einer hochgradigen Verselbständigung des politischen Systems gegenüber der Gesellschaft. Obgleich in diesem

IV. Die Realität moderner Demokratie 177

Falle die Maßstäbe selbst plausibel erscheinen, können die Verfahren ihrer Anwendung nicht überzeugen.

Jaggers und *Gurr* haben bei ihren Demokratiemessungen ein Verfahren angewandt, das einerseits den Demokratiegehalt einer Gesellschaft misst, gleichfalls anhand von Indikatoren wie politische Beteiligung, Wettbewerb, Kontrolle politischer Macht. Andererseits wird dabei auch der Autokratiegehalt desselben politischen Systems gemessen, anhand von Indikatoren wie die Begrenzung politischer Beteiligung, Mangel an demokratischer Rekrutierung des politischen Führungspersonals und mangelnde Kontrolle der Exekutive. Die Zahlenwerte, die sich dabei in der Autokratieskala ergeben, werden von denen der Demokratieskala abgezogen. Das Ergebnis zeigt dann den Demokratiegehalt eines politischen Systems. Auch dieses aufwendige Messverfahren enthält sehr informative Hinweise zum Vergleich des Grades realisierter Demokratie, kann aber in seinen Ergebnissen gleichfalls nicht überzeugen, weil es Länder in die Spitzengruppe befördert, deren demokratische Qualität im Hinblick auf andere wichtige Kriterien als eher fragwürdig erscheint.

Bilanz
In der Bilanz zeigt sich, dass alle bisher entwickelten Demokratievergleiche immer nur für Teilaspekte der jeweils untersuchten Demokratien informativ und aussagekräftig sind, aber ihrem Anspruch auf eine gültige, die Qualität einer Demokratie im ganzen messende Aussage nicht einlösen können. Sie sind dennoch informativ und die genaue Beschäftigung mit ihnen ist für das Verständnis des Funktionierens von Demokratien und des Beitrages einzelner Institutionen und Funktionsbereiche zur Erfüllung des demokratischen Anspruchs lehrreich. Keines dieser Verfahren kann den Anspruch erheben, die demokratische Qualität von Gesellschaften im Ganzen überzeugend zu messen und den Rangplatz der einzelnen Länder auf zwingende Weise zu bestimmen.

Solange diese Begrenzungen und Defizite nicht aus den Augen verloren werden, sind empirische Demokratievergleiche, und dabei vor allem der Vergleich zwischen den Vergleichsverfahren selber, informative Instrumente zum Verständnis und zur Beurteilung von Demokratien und der Rolle der einzelnen Institutionen und Gegebenheiten, die zu ihrem Funktionieren beitragen. Sie schärfen vor allem das Bewusstsein für zwei grundlegende Sachverhalte. Der eine besteht in der Einsicht, dass alle Demokratien immer nur politische Systeme auf dem Wege zur Demokratie sind, die sich den Normen der politischen Gleichheit mehr oder weniger annähern. Der andere besteht darin, dass Demokratien fast immer politische Systeme in Bewegung sind, die im Laufe der Zeit ihren selbst gesetzten Zielen mehr oder weniger gerecht werden. Dies im Auge zu behalten und die Ursachen dafür zu verstehen, ist nicht nur ein wichtiger Beitrag zur Theorie der Demokratie, sondern auch zur Verbesserung der demokratischen Praxis.

 **Weiterführende Literatur**

Beetham, David 1994: Defining and Measuring Democracy, Thousand Oaks.

Lauth, Hans-Joachim 2004: Demokratie –und Demokratiemessung. Eine konzeptionelle Grundlegung für den interkulturellen Vergleich. Wiesbaden.

Merkel, Wolfgang u.a. 2003. Defekte Demokratien, 2 Bände. Wiesbaden.

Schmidt, Manfred. G. 2006: Demokratietheorien. Wiesbaden.

V. Die Transformation der Demokratie

24 Post-Parlamentarische Demokratie

Eine Reihe miteinander verbundener Entwicklungen haben dazu geführt, dass auch den parlamentarischen Demokratien in Europa seit den 1990er Jahren aus politikwissenschaftlicher Sicht die Diagnose gestellt worden ist, sie befinden sich auf dem Wege zum post-parlamentarischen Regime. Seit langem galt freilich der Anspruch parlamentarischer Legitimation des Regierens in den modernen Demokratien ohnehin als eingeschränkt, da wesentliche Teile der Entscheidungsvorbereitung und häufig auch der Entscheidungsvorprägung, die damit verbunden ist, in den Händen der Verwaltungen und damit der Exekutive lagen, die doch eigentlich ihrerseits der parlamentarischen Kontrolle unterliegen soll. Je komplexer die Entscheidungsprobleme der modernen Dienstleistungsgesellschaft werden und je zeitaufwendiger und kompetenzabhängiger daher auch die Informationsverarbeitung wird, die für informierte Entscheidungen vorausgesetzt werden muss, umso mehr werden die Parlamentarier von einer professionellen Beamtenschaft abhängig, die nicht nur neutrale Informationen, sondern eigene Sichtweisen und Präferenzen in ihren Entscheidungsvorleistungen einfließen lässt. In der Regel steht sie dabei zudem noch unter dem Einfluss von Lobbygruppen, die im Rahmen fachlicher Beratungsleistungen private wirtschaftliche und andere Interessen in diesen Prozess der Vorbereitung parlamentarischer Entscheidungen einfließen lassen. Unter dem Einfluss von exekutiven Führungsstäben und Berufspolitikern, die sie zu handhaben wissen, an der Spitze der Verwaltungen entsteht daraus eine in vielen Fällen massive Tendenz zur Verringerung der eigenständigen Entscheidungsspielräume der Parlamente.

Neuere Entwicklungen
Über diese, sozusagen zum normalen Grundbefund parlamentarischer Demokratien gehörende Entwicklung hinaus haben sich jedoch drei weitere Faktoren in den Vordergrund geschoben, die schon je für sich, um so mehr aber in ihrem Zusammenwirken eine durchaus substantielle Beschränkung parlamentarischer Entscheidungssouveränität zur Folge haben. Sie haben zu dem dadurch begründeten Urteil geführt, dass die Parlamente in den Gegenwartsdemokratien in vielfacher Hinsicht nur noch über eine eingeschränkte Entscheidungssouveränität verfügen. Häufig erscheinen sie sogar lediglich als Organe des Nachvollzugs

anderweitig getroffener politischer Führungsentscheidungen. Diese neuen Entwicklungen sind:

Erstens: Der *Neo-Korporatismus*, der freilich schon seit den ersten Jahrzehnten nach dem Zweiten Weltkrieg in vielen europäischen Demokratien zur zentralen Einflussstruktur geworden war und sich mittlerweile schon wieder im Niedergang befindet.

Zweitens: Die *Neue Räte- Demokratie* mit ihrer Tendenz der Verlagerung der Vorbereitung zentraler politischer Führungsentscheidungen aus den Parlamenten hinaus in von Regierungen einberufene Expertenstäbe, die nur ihren Auftraggebern, nicht aber den Wahlbürgern des Landes und ihren Vertretern verpflichtet sind.

Drittens: Die Tendenz zur Ausbildung einer *Mediendemokratie* in fast allen Demokratien der Gegenwart, die dem Einfluss der schnellen Medienlogik Vorrang vor der politischen Entscheidungslogik langsamer Institutionen wie den Parlamenten verschafft.

Der Neo-Koporatismus
Als Neo- Korporatismus ist die in den europäischen Wohlfahrtsdemokratien der Zeit nach dem Zweiten Weltkrieg zu beobachtende Tendenz bezeichnet worden, grundlegende wirtschafts- und sozialpolitische Entscheidungen im maßgeblichen Einflussdreieck zwischen den Spitzen von Gewerkschaften, Unternehmerverbände und Staat zu fällen. Sie werden dann entweder gänzlich ohne Beteiligung der Parlamente getroffen oder diesen nur noch zur Bestätigung vorgelegt. Dieses Entscheidungsverfahren der großen gesellschaftlichen Korporationen ohne Mitwirkung der Parlamente versprach sozialen Frieden und wirkungsvolles politisches Handeln, solange die übergroße Mehrzahl der Arbeitnehmer und Unternehmen in einheitlichen Großverbänden organisiert waren, so dass sie ihre Mitglieder zur Loyalität gegenüber den getroffenen Entscheidungen verpflichten konnten und diese sich mit ihnen identifizierten.

Auf diese Weise konnten die gesellschaftlichen Verbände (Korporationen) mit dem größten Machtpotenzial einen wichtigen Teil der politischen Entscheidungen an sich ziehen. Sie fanden gesellschaftliche Zustimmung, solange Einigung zwischen ihnen in den zentralen sozialökonomischen Fragen möglich war und die Ergebnisse der ganzen Gesellschaft akzeptabel erschienen. Diese Bedin-

V. *Die Transformation der Demokratie* 181

gungen sind in den kontinentaleuropäischen Ländern im Zuge der zunehmenden Marktglobalisierung weitgehend verloren gegangen. Während der Neo-Korporatismus in den skandinavischen Ländern weiterhin eine erkennbare Rolle spielt, ist seine Bedeutung in den übrigen europäischen Demokratien beträchtlich zurückgegangen, jedoch ohne gänzlich von der Bildfläche der Politik zu verschwinden.

Der Neo- Korporatismus kann als ein unter den genannten Bedingungen erfolgreicher Versuch verstanden werden, die Legitimation durch parlamentarische Verfahren zu ersetzen durch eine Legitimation als Ergebnis erfolgreicher Interessenskompromisse unter Beteiligung allein der stärksten gesellschaftlichen Akteure.

Die neue Räte-Demokratie.
In vielen entwickelten Gegenwartsdemokratien ist eine Tendenz der Exekutive zu beobachten, Expertenkommissionen einzuberufen und von diesen Entscheidungsvorschläge erarbeiten zu lassen, die dann gegebenenfalls mit großem politischem Gewicht der Öffentlichkeit präsentiert oder in anderer Weise zur Legitimation von exekutiven Entscheidungshandeln herangezogen werden, ohne dass dabei die Parlamente und deren einschlägigen Ausschüsse in nennenswerter Weise beteiligt würden. Für ein solches Verfahren, bei dem Experten-Räte tendenziell die Parlamentsarbeit ersetzen, in jedem Falle aber in substantieller Weise vorprägen, eignen sich besonders hoch umstrittene und schwer verständliche politische Themenbereiche. Es handelt sich dabei vor allem um neuartige oder besonders komplexe Problemlagen, die in der Öffentlichkeit als besonders unübersichtlich oder umstritten erscheinen, so dass zunächst ihre weiträumige Klärung durch ausgewiesene Experten geboten erscheint. So sind zum Beispiel in der Bundesrepublik Deutschland in letzter Zeit unter anderem die Außenpolitik, die Parteienfinanzierung, die Bioethik, die Zivilgesellschaft, die Wirtschaftpolitik, die Gesundheitspolitik und die Bildungspolitik zu Themen des postparlamentarischen Räteverfahrens geworden. Zwar verbietet es die unaufgebbare Voraussetzung der Legitimation des Entscheidungsverfahrens in der Demokratie jeder Regierung, bei der Zusammensetzung solcher Expertenräte ausschließlich ihrer eigenen politischen Tendenz zuneigende Wissenschaftler und Fachleute heranzuziehen. Regierungen haben aber oft freie Hand bei der Auswahl und können jedenfalls dafür sorgen, dass die notwendige Streuung der Expertenmeinungen im Ganzen gesehen das gewünschte Maß an Nähe zu ihren eigenen Positionen aufweist und damit von der Exekutive gesteuerte politische Vorentscheidungen in die Arbeit dieser Räte einfließen.

Das große öffentliche Gewicht der versammelten Spitzenexperten, notfalls durch eigens für den jeweils vorliegenden Zweck erstellte wissenschaftliche Untersuchungen untermauert, setzt die parlamentarischen Entscheider in Zugzwang und verschafft den Regierungen eine zusätzliche beträchtliche Durchsetzungschance ihrer eigenen Absichten gegen widerstrebende Parlamentsmehrheiten. Dies gilt umso mehr, je größer die Resonanz der jeweiligen Expertenräte in der Öffentlichkeit ist.

Mediendemokratie
Die zunehmende Mediatisierung von Politik ist durch das teils symbiotische, teils konflikthafte Zusammenwirken der Akteure aus Medien und Politik gekennzeichnet. Auf der Seite der Medien trägt jede Darstellung des Politischen in ausschlaggebender Weise die Spuren des Wirkens der beiden medialen Filtersysteme, der Nachrichtenfaktoren für die Auswahl des als berichtenswert Erachteten und der mediengerechten Inszenierung der ausgewählten Informationen zur Steigerung der Aufmerksamkeit des gewünschten Publikums. Damit entsteht zum einen die Frage, ob die Darstellung der Politik in den Massenmedien die *Eigenlogik des Politischen* noch in einem für die selbständige Urteilsbildung der Bürger angemessenen Maße erkennen lässt oder ob sie diese in zu weitgehender Weise in den Regeln ihrer eigenen Logik auflöst und damit das Verständnis politischer Vorgänge erschwert. Auf der Seite der Politik führt die Schlüsselrolle der Medienlogik für die Erlangung von öffentlicher Aufmerksamkeit als Voraussetzung der Legitimation politischen Handelns zur Vermehrung und zur Professionalisierung der Anstrengungen, ein Höchstmaß an Kontrolle über die Darstellung der Politik im Mediensystem zurückzugewinnen. Dies geschieht auf dem Wege der möglichst perfekten Übernahme der medialen Logik in die Selbstdarstellung der Politik durch mediengerechte Selbstinszenierung. Damit entsteht die Frage, ob Politik unter diesen Bedingungen überhaupt noch in angemessenem Ausmaß ihrer eigenen Logik folgen kann oder in der Hauptsache zum Lieferanten für die spezifischen Bedürfnisse des Mediensystems wird in der Hoffnung, auf diese Weise ihren unbegrenzten Bedarf an öffentlicher Zustimmung umfassend und risikoarm befriedigen zu können.

Die schnellen Prozesse der medialen Politikvermittlung führen zu einem unmittelbaren Zusammenspiel zwischen politischen Spitzenakteuren und Massenmedien, bei dem die Organisationen und Institutionen der deliberativen Politik, vor allem auch die Parlamente an den Rand des Geschehens geraten. Anscheinend entsteht auf diese Weise eine Art „direktdemokratischer", nur noch durch die Medien vermittelter Kontakt zwischen politischen Eliten und gesellschaftlicher Basis. Das verändert die Logik der Politikvollzüge, ihrer demokratischen Qualität und ihrer Rolle in der öffentlichen Wahrnehmung. Im Zuge dieser Veränderungen verlagert sich das Zentrum der politischen Willensbildung aus den Parlamenten in die Massenmedien. Die Talkshows werden zu den eigentlichen „Parlamenten" der Nation.

Damit entstehen zwei demokratie-politisch und demokratie-theoretisch gleichermaßen brisante Probleme. Das eine bezieht sich auf die offene Frage, ob das Politische in den Formen seiner medialen Repräsentation noch in angemessener Weise erkennbar bleibt. Das andere reicht wesentlich weiter. Es betrifft die Frage, ob sich das Politische selbst im Kern verändert, wenn es unter den Einfluss der vom Mediensystem festgelegten Vermittlungsbedingungen gerät.

Fazit
Zwar gilt für diese neuen Herausforderungen parlamentarischer Entscheidungssouveränität grundsätzlich die Feststellung, dass es den gewählten Parlamentariern in allen Fällen in letzter Instanz unbenommen bleibt, welche der Entscheidungsvorlagen der Exekutive sie unterstützen wollen und welche sie ablehnen. Im formellen Sinne bleibt die Letztentscheidungsmacht der Parlamente daher unangetastet. Gleichwohl hat in vielen Fällen das überwältigende Gewicht der beschriebenen neuen Herausforderungen die Folge, dass sich die Parlamentarier im Hinblick auf das Urteil der Öffentlichkeit oder die Bedingungen des Machterhalts der von ihnen prinzipiell gestützten Regierung außer Stande sehen, den „räte-demokratisch" oder „mediendemokratisch" vorbereiteten Entscheidungsvorlagen der Exekutive zu widerstehen. Vor die Wahl gestellt, durch das Beharren auf einer eigenen Position die von ihnen prinzipiell unterstützte Regierung zu Fall zu bringen oder gegenüber der eigenen Wählerschaft in ein Legitimationsdefizit zu geraten, nehmen die Abgeordneten in der Regel dann doch lieber die Unterwerfung unter die Imperative der Regierungsvorgaben in Kauf, häufig durchaus in dem Bewusstsein, damit in Konflikt zu ihrer parlamentarischen Verantwortung zu geraten.

Wie weit diese Tendenz geht und wie massiv der Entscheidungsdruck jeweils ist, der auf den Abgeordneten lastet, variiert mit der Konstellation in den einzelnen Ländern und mit der Art der Themen und Probleme, die jeweils zur Entscheidung stehen. Im Falle der Auslandseinsätze der Bundeswehr in Krisenregionen wie Afghanistan und im Kosovo sowie bei den restriktiven Sozialstaatsreformen der sozialdemokratischen mitbestimmten Regierungen Schröder nach 2003 jedenfalls war die Anzahl der Abgeordneten in den Regierungsfraktionen, die die eigene Regierung unter Druck nur wider Willen unterstützten, durchaus beträchtlich.

Medial legitimierte gesellschaftliche Konsenspolitik an den Parteien und Parlamenten vorbei ist daher nur in dem Maße demokratisch gerechtfertigt, wie sie die Grenze der Mitbetroffenheit nichtvertretener Dritter respektiert. Im anderen Falle mag sie unter Umständen zu passablen Ergebnissen führen und auch zur Einbeziehung sehr großer Interessensgruppen, bleibt aber vom Makel der demokratischen Fragwürdigkeit behaftet. Die demokratischen Institutionen sind ja kein Beiwerk, das die Entscheidungsprozesse nur verzögert und formalisiert. Sie legen vielmehr die Prozedur fest, die garantiert, dass die Beteiligung und Zustimmung von Mehrheiten in geordneten Verfahren bezogen auf die Programme, um die es jeweils geht, gewährleistet werden kann. Wo ein Konsens zwischen wenigen Zentralakteuren, der dennoch das Interesse der ganzen Gesellschaft berührt, gegen die Willensbildung in den Parteien zustande gebracht und dann durch wirksame Präsentationsstrategien medial abgesichert wird, kann kaum von einem Demokratiegewinn die Rede sein [35].

In Wahrheit ist es dann auch nicht die Gesellschaft, in die die Entscheidungskompetenz zurück verlagert wird, sondern vielmehr nur ein Club der mächtigsten Akteure, der für alle entscheidet. Das demokratie-politische Problem liegt in diesem Falle nicht darin, dass die gesellschaftlichen Akteure mit oder ohne Mitwirkung des Staates verbindliche Entscheidungen getroffen haben, sondern darin, dass diese über mediale Vermittlungsstrategien als gesamtgesellschaftlich legitim deklariert werden, ohne das entsprechende demokratische Verfahren. Der Anspruch, die Umgehung der Parteien in der Mediendemokratie sei letztlich ein Gewinn für direktere demokratischer Einflussnahme, lässt sich demokratietheoretisch kaum ernsthaft begründen.

 Weiter führende Literatur

Manin, Bernhard / Petzer, Tatjana 2007: Kritik der repräsentativen Demokratie, Berlin.

Abromeit, Heidrun 2002: Wozu braucht man Demokratie? Die postnationale Herausforderung der Demokratietheorie, Opladen.

---

[35] Schmitter 1983

V. Die Transformation der Demokratie   185

Benz, Arthur 2001: Postparlamentarische Demokratie und kooperativer Staat. In: Leggewie C./Münch, R. (Hg.): Politik im 21. Jahrhundert. Frankfurt/M.

Schmitter, Philippe C. 1983:Democratic Theory and Neocorporatist Practice. In: Social Research 50 : 825 – 928.

25 Mediendemokratie

Der demokratische Anspruch
Eine funktionierende politische Öffentlichkeit ist für die Demokratie wesensnotwendig. Erst ein öffentlicher Raum, in dem Informationen über das Politische von allen, die das wollen, frei und unbehindert sowohl verbreitet wie beschafft werden können, ermöglicht den Bürgern die Urteilsbildung für autonome Entscheidungen. In den modernen Flächenstaaten ist Öffentlichkeit auf die Vermittlungsleistungen der Massenmedien angewiesen, da nur sie in der Lage sind, Kommunikation zu organisieren, an der im Prinzip alle Bürger teilhaben können. Die Massenmedien sind damit zu einer notwendigen Voraussetzung der modernen Demokratie geworden. Sie sollen, nach Urteilen des Bundesverfassungsgerichts der Bundesrepublik Deutschland, dafür Sorge tragen, dass ein faires und ausgewogenes, vollständiges und verständliches Bild des Politischen entsteht, das den Bürgern ein angemessenes Verständnis des politischen Lebens ihres Gemeinwesens möglich macht.

Nach den Idealen der Lehrbücher zu Politik und der Rechtsprechung des Verfassungsgerichts der Bundesrepublik gelten das politische System und das Mediensystem als zwei im Wesentlichen voneinander unabhängige gesellschaftliche Funktionsbereiche mit höchst unterschiedlichen Aufgaben. Während das politische System in Abhängigkeit von den jeweiligen Wahlergebnissen und in Verantwortung gegenüber Verfassung und Gemeinwohl Politik vollzieht, wird es vom Mediensystem beobachtet, das durch seine Vermittlungsleistung die vernünftige Urteilsbildung der Bürger ermöglichen soll, die auf dieser Grundlage die Mandatsträger und Amtsinhaber des politischen Institutionen- Systems beauftragen und kontrollieren können. Dieses klassische Modell gehört in der heutigen Mediendemokratie der Vergangenheit an. Es ist einer neuartigen Gestaltung der Beziehung zwischen den beiden Funktionssystemen gewichen, die für den Vollzug, für die Darstellung und die öffentliche Wahrnehmung des Politischen durch die Bürger und die Politik selbst weitreichende Folgen hat.

Das Verhältnis von Politik und Medien war nie spannungsfrei. Die neuartigen Beziehungen zwischen Mediensystem und politischem System werden in

Politik- und Medienwissenschaft je nach theoretischem Ansatz in aufschlussreicher Weise höchst unterschiedlich beurteilt. Zentrale Grunderkenntnisse über Art und Ausmaß der Veränderungen zwischen den beiden Systemen finden gleichwohl weitgehende Übereinstimmung. Dazu gehört die Einschätzung, dass die neue Beziehung zwischen den beiden Systemen in der modernen Mediendemokratie zu einem Schlüssel für das angemessene Verständnis von Politik geworden ist. Politik in der Mediendemokratie kann nicht mehr unabhängig vom Verständnis des Mediensystems und den Wechselwirkungen zwischen beiden Systemen verstanden werden.

Kern der Veränderung ist eine weitgehende Überlagerung der beiden Systeme, die zu einem erheblichen Teil aus der Wirkungsweise ihrer jeweiligen Funktionslogiken selbst hervorgegangen ist. Aus Legitimationsgründen ist demokratische Politik unvermeidlich auf die öffentliche Darstellung ihres Vollzugs und ihrer Ergebnisse angewiesen. In den schwer überschaubaren komplexen Gesellschaften der Gegenwart benötigt sie dazu die Massenmedien. Diese folgen freilich bei jeglicher Darstellung von Politik unvermeidlich ihrer eigenen Logik, wenn sie *ihrem gesellschaftlichen Funktionszweck,* der Erzeugung von Aufmerksamkeit für gemeinsame Themen, gerecht werden wollen.

Medienlogik und politische Logik
Die modernen Massenmedien erzeugen gesellschaftliche Aufmerksamkeit für gemeinsame Themen im Wesentlichen durch die Befolgung von zwei aufeinander abgestimmten Regelsystemen. Das erste Regelsystem besteht in der Auswahl berichtenswerter Ereignisse nach Maßgabe ihrer *Nachrichtenwerte*. Das zweite Regelsystem besteht aus einem Kanon von *Inszenierungsformen* für das so ausgewählte Nachrichtenmaterial, die die Maximierung des Publikumsinteresses gewährleisten. Das Zusammenwirken beider Regelsysteme, das sich in einem gewissen, allerdings eng begrenztem, Ausmaß von Medium zu Medium anders gestaltet, kennzeichnet die spezifische *Logik des Mediensystems*. Dieser Logik ist alles unterworfen, was im Mediensystem hervorgebracht wird, jede Information und jeder Bericht über alle anderen gesellschaftlichen Teilsysteme und deren Leistungen. Bei den visuell ausgerichteten elektronischen Medien fördert diese Medienlogik auf der Präsentationsebene vor allem spannungsreiche theatralische Inszenierungen von Bildern.

Die *Selektioslogik* der Massenmedien, die als Regelsystem die Auswahl der in Betracht kommenden Ereignisse steuert, besteht in der Anwendung der sogenannten *Nachrichtenfaktoren*. Der Nachrichtenwert eines Ereignisses gilt als umso größer, je mehr dieser Faktoren auf es zutreffen. Es sind vor allem die folgenden:

V. Die Transformation der Demokratie 187

Kurze Dauer des Geschehens, räumliche, politische und kulturelle Nähe zum Betrachter, Überraschungswert im Rahmen eingeführter Großthemen, Konflikthaftigkeit, Schaden, ungewöhnliche Erfolge und Leistungen, Kriminalität, Personalisierung, Prominenz der handelnden Personen.

Die Präsentationslogik, die als Regelsystem die Darstellung der ausgewählten Ereignisse in den Medien steuert, unterscheidet sich von Medium zu Medium. Erhebliche Unterschiede bestehen in dieser Hinsicht zwischen den Boulevard- und den Qualitätsmedien, jedoch zeigt der genauere Vergleich, dass alle nachfolgend benannten Inszenierungsformen in allen Mediengattungen eine Rolle spielen können, einige von ihnen naturgemäß, eher in den Bild - als in den Printmedien: *Personifikation, mythisierender Heldenkonflikt, Drama, Archetypische Erzählung, Wortgefecht, Sozialrollendrama, Symbolische Handlung, Unterhaltungsartistik, Sozialintegratives Nachrichtenritual.* Bei all diesen Inszenierungsformen geht es um die Erzeugung von Aufmerksamkeit, Neugier und Spannung mit den Stilmitteln des Theaters, um ein möglichst breites Publikum zu gewinnen und bei der Stange zu halten.

Die Mediatisierung der Politik
Die zunehmende Mediatisierung von Politik ist durch das Zusammenwirken ihrer beiden komplementären Seiten gekennzeichnet. Auf der Seite der Medien trägt jede Darstellung des Politischen in ausschlaggebender Weise die Spuren des Wirkens der beiden medialen Filtersysteme. Damit entsteht die Frage, ob die Darstellung der Politik in den Massenmedien die *Eigenlogik des Politischen* noch in einem, für die selbständige Urteilsbildung der Bürger angemessenen, Maße erkennen lässt oder ob sie diese in zu weitgehender Weise in den Regeln ihrer eigenen Logik auflöst und damit das Verständnis politischer Vorgänge erschwert.

Auf der Seite der Politik führt die Schlüsselrolle des Mediensystems im Prozess der Legitimation politischen Handelns zur Vermehrung und zur Professionalisierung der Anstrengungen, ein Höchstmaß an Kontrolle über die Darstellung der Politik im Mediensystem zurückzugewinnen. Dies geschieht auf dem Wege der möglichst perfekten Übernahme der medialen Logik in die Selbstdarstellung der Politik durch mediengerechte Selbstinszenierung.

In den Medienwissenschaften wie in der Politikwissenschaft besteht ein Konsens darüber, dass sich unter dem Einfluss der erweiterten und neuartigen Rolle der Massenmedien für das politische System die Grenzen zwischen diesem und dem Mediensystem in folgenreichem Ausmaß verschoben hat. Die klassische Vorstellung, der zufolge beide Funktionssysteme zwei durch ihre unterschiedlichen Funktionslogiken klar und eindeutig voneinander getrennte gesellschaftliche Handlungsbereiche sind, die jeweils füreinander und für die Gesellschaft im ganzen verschiedenartige aber gleichermaßen bestandsnotwendige Aufgaben erfüllen, ist offenkundig im Kern überholt.

Die ursprüngliche Lehrbuchvorstellung des Verhältnisses der beiden Teilsysteme, der zufolge die Politik eigensinnig und unbeirrt den ihr zugeschriebenen Dienst der Erzeugung gesamtgesellschaftlich verbindlicher Entscheidungen leistet und das Mediensystem das politische Handeln und seine Folgen aus kritischer Distanz beobachtet und einem breiten Publikum möglichst ausgewogen und objektiv, angemessen und sachlich vermittelt, ist von vielen Wissenschaftlern, die sich empirisch mit dem Thema befassen, seit längerem kommentarlos zur Seite gelegt worden.

Ästhetisierung der politischen Öffentlichkeit
Der öffentliche Raum in der Mediengesellschaft ist in kennzeichnender Weise durch inszenierte Bilder, Handlungen, Symbole und Zeichen geprägt, die sich weit von dem entfernt haben, was im idealen Modell der Demokratie eigentlich bis heute vorgesehen ist. Die Mediendemokratien der Gegenwart folgen immer mehr den Regeln der ästhetischen Inszenierung. Diese Regeln sind durch gesellschaftliche Wandlungsprozesse, besonders aber durch die Eigenlogik der Wirkungsweise der Massenmedien geprägt. Sie müssen zunächst unvoreingenommen verstanden werden, damit beurteilt werden kann, ob und in welchem Maße sie den Erfordernissen vernünftiger Verständigungsprozesse zwischen den Staatsbürgern entsprechen, oder wenigstens entsprechen können, oder aber ihnen prinzipiell widersprechen. Alle drei dieser möglichen Einschätzungen sind gegenwärtig in der wissenschaftlichen Literatur zu dieser Frage zu finden.

Empirische Untersuchungen haben gezeigt, dass die Dominanz der inszenierten Bilder, Handlungen und Symbole im öffentlichen Raum der Mediengesellschaft zwar in besonderer Weise dazu einlädt, das Politische auf eine Weise darzustellen, die der politischen Logik nicht gerecht wird und einen politischen Schein zu erzeugen, der mit der politischen Wirklichkeit oft außer Zusammenhang steht. Diese durch die technischen Produktionsmittel der politischen Ästhetik der Gegenwart, besonders die audiovisuellen Techniken des Fernsehens, gegebene Möglichkeit wird zwar tatsächlich in einem für die Demokratie höchst problematischen Umfang realisiert, ist aber keineswegs ohne bessere Alternative. Politische Ästhetik kann nämlich auch unter geeigneten Bedingungen genutzt werden, um authentische Informationen einem breiten Publikum zugänglich zu machen, die Teilhabe eines beispiellos großen Teils der Gesellschaft am politischen Leben zu ermöglichen und damit die Grundlagen der Demokratie zu erweitern. Diese Verbindung von Information und unterhaltsamer Inszenierung ist im Begriff des Politainment zum Ausdruck gebracht[36].

Die Ästhetisierung der politischen Kommunikation ist prinzipiell ambivalent, sie kann beidem dienen: der beträchtlichen Erweiterung der Öffentlichkeit bei angemessenem Informationsgehalt der Kommunikation oder der Ersetzung der Inhalte durch den emotional gewinnenden schönen Schein. Die Informationswirkung ist immer möglich, aber nie gesichert. Sie ist nur eine Möglichkeit, die im Falle der verantwortlichen Nutzung der technischen Infrastruktur der modernen Massenmedien realisiert werden kann, aber unter dem Druck der knappen Zeit, des Geldes, des leichten Erfolges, und der größtmöglichen Einschaltquote häufig ungenutzt bleibt.

Das Bildmedium Fernsehen und die Werbung sind in ihren bildbeherrschten Kommunikationsformen zur wahrnehmungsprägenden und die Kommunikation beherrschenden "Kulturmetaphern" für die Kommunikation insgesamt, vor allem auch die politische Kommunikation geworden. Die "Sprache der Bilder" und auch die Verfügbarkeit von Bildern überlagern dabei zunehmend die Rede, das Argument und den Text. Die Logik der Bilder, ihre Bezugnahme aufeinander, ihre Botschaften, sowie der Status ihrer Glaubwürdigkeit prägen die politische Kommunikation in neuartiger Weise. Der Stil unterhaltsamer visueller Eindrücklichkeit übernimmt eine Leitfunktion in der politischen Kommunikation und relativiert den Stil diskursiver Kommunikation.

Die Vorherrschaft fotografischer Bildlichkeit hat weitreichende Folgen. Sie bewirkt zunächst den Verlust der Distanz zwischen den im Bild gebotenen Informationen und Deutungen und den Menschen, die sie wahrnehmen. Bilder lassen von sich aus selten erkennen, dass sie ebenso sehr Inszenierungen und Diskurse sind wie die gesprochene und geschriebene Sprache. Sie wirken zumal im Fernsehen wie die unwillkürliche Spiegelungen der objektiven Welt selbst. Die Regisseure verschwinden hinter ihren Bildern, so dass die Urheberschaft der stets gemachten und inszenierten Bilder zunächst immer aus dem Blick gerät. Während Wörter und Texte immer die Frage nach der Rechtfertigung aufwerfen, scheinen Bilder für sich selbst zu sprechen. Das Bild scheint als Abbild seine eigene fraglose Beglaubigung zu besitzen, wie ein Stück Realität selber. Beim gesprochenen und geschriebenen Wort ist immer deutlich, dass es einen Autor gibt. Das Zeigen von Bildern wirkt zunächst auf die Betrachter, als würde nur der Vorhang beiseite geschoben, der den Blick auf die Dinge selbst verstellte. Bilder wirken zudem nachhaltiger und eindrücklicher als die bloße Sprachinformation.

---

[36] Dörner 2001

Die Inszenierung der Bilder
Diese Zusammenhänge in der Bildwirkung sind von H. M. *Kepplinger* als "essentialistischer Trugschluss" beim Lesen von Bildern bezeichnet worden. Fotos unterlaufen die beim geschriebenen und gesprochenen Wort stets gegenwärtige Distanz zwischen der Realität und den Behauptungen über sie[37]. Während im Falle ideologischer Weltbilder immerhin noch der Behauptungscharakter erkennbar bleibt, umgehen Bilder, wenn sie geschickt als Dokumentation in Szene gesetzt sind, die Erkenntnismöglichkeit ihres auch immer nur behauptenden Status. Auch Bilder können ja durch ihre Perspektive, den Moment der Aufnahme, die Auswahl, den Fokus, die Schnitte und vieles anderes, nie etwas anderes sein als eine *Deutung* der Sache, die sie zeigen.

Diesen Sachverhalt können sich die Regisseure der Inszenierung in doppelter Weise zunutze machen. In den Medien selbst werden vornehmlich die Ereignisse und die Aspekte von Ereignissen ausgewählt, die in den unterhaltsamen Bildern in besonderer Weise zum Ausdruck gebracht werden können, um die Attraktivität des Angebots für die Zuschauer zu erhöhen. Die politischen Akteure ihrerseits können sich durch vorbedachte Inszenierungen auf diese Regeln einstellen und gewünschte Botschaften durch Aktionen, arrangierte Ereignisse, gestellte Bilder so in Szene setzen, dass sie mit der starken Bildwirkung die von ihnen gewünschten Effekte erzielen. Das geschieht vor allem durch die Vorführung von symbolischen Handlungen und die Darstellung der Verkörperung großer politischer Eigenschaften und Projekte, wie Mut, Entschlossenheit, Weisheit, Fortschritt oder Modernität.

Die Kolonisierung der Politik durch das Mediensystem
Für die Beschreibung und Erklärung des Verhältnisses von Politik und Mediensystem lassen sich drei grundlegende Varianten unterscheiden: *Autonomietheorien* gehen von der weitgehenden Unabhängigkeit beider Funktionsbereiche voneinander aus. *Dependenztheorie* behaupten die Abhängigkeit des einen der beiden Bereiche vom anderen, *Interdependenztheorien* gehen von ihrer wechselseitigen Verflechtung und Abhängigkeit aus. Die besten Argumente und die empirische Forschung sprechen für eine Kennzeichnung des modernen Politk- Medien-Verhältnisses im Sinne einer *asymmetrischen Interdependenz*. Mit Interdependenz wird dabei der unbestreitbare Sachverhalt zum Ausdruck gebracht, dass die medialen und politischen Akteure für den Erfolg ihres Wirkens in hohem Maße voneinander abhängig sind. Die Politik braucht zur Erlangung der für sie lebens-

---

[37] Kepplinger 1987

V. Die Transformation der Demokratie 191

notwendigen Legitimation mediale Öffentlichkeit. Die Medien benötigen für die Erfüllung ihres elementaren Kommunikationszwecks, die Herstellung von Öffentlichkeit, fortlaufend neuester Informationen aus der Politik, über die vor allem deren Akteure primär verfügen. Diese gegenseitige Abhängigkeit kann als eine Symbiose nur dann bezeichnet werden, wenn bei der Verwendung dieses Bildes nicht in Vergessenheit gerät, dass dabei beide beteiligten Partner von ihrem Zusammenwirken in höchst unterschiedlicher Weise profitieren oder auch Schaden nehmen können. Die Medien können nämlich in allen drei denkbaren Fällen auf ihre Kosten kommen: wenn sie das jeweils thematisierte Politikerhandeln positiv, neutral oder negativ darstellen. Das gilt jedenfalls dann, wenn es ihnen gelingt, einen das öffentliche Interesse fesselnden Aspekt dieses Handelns zu vermitteln. Die Politiker hingegen profitieren von der Symbiose nur dann, wenn sie dabei positiv oder wenigstens neutral, nicht aber wenn sie negativ dargestellt werden. Aus dieser prinzipiellen Differenz besteht die unvermeidliche Asymmetrie der Interdependenz zwischen dem medialen und dem politischen System.

Aus dieser Asymmetrie ergibt sich eine Tendenz der Kolonisierung der Politik durch das Mediensystem, weil die politischen Akteure, von dem existentiellen Interesse an möglichst positiver Repräsentation in den Massenmedien getrieben, zunehmend dazu neigen, sich auf Kosten der eigensinnigen Funktionslogik der Politik den Regeln einer mediengerechten Selbstdarstellung zu unterwerfen. Die Auswirkungen dieser Entwicklung sind umfassend und vielgestaltig. Sie strukturieren nicht nur ihre Darstellung und deren Anteil am Geschehen, sondern auch den politischen Prozess auf der Herstellungsebene teilweise neu. Sie überformen die konstitutiven Faktoren der politischen Logik, verteilen in vielen Fällen die Akzente zwischen ihnen neu, fügen neue Elemente aus dem Bereich der medialen Wirkungsgesetze hinzu, aber sie schmelzen die Logik der Politik keineswegs vollständig in die des Mediensystems ein.

Unter dem Einfluss der Medienlogik differenziert sich das politische System neu. Das Ergebnis kann am besten in Form eines Drei- Ebenen- Modells beschrieben werden. Mit ihm können sowohl die Vorgänge auf jeder der drei unterschiedlichen Ebenen wie auch die Wechselwirkungen zwischen ihnen beschrieben und erklärt werden:

Ebene I:	*Herstellung* der Politik. Instrumentelles Handeln. Erzeugung verbindlicher Entscheidungen.
Ebene II:	*Selbst-Darstellung* der Politik. Eigen-Inszenierungen von hergestellter und nicht hergestellter Politik *im* politischen System.
Ebene III:	*Fremd-Darstellung* der Politik. Politik-Darstellung *im* Mediensystem nach dessen Regeln.

Transformation der Demokratie
Eine Analyse der Erfolgskarriere einzelner Spitzenpolitiker bei den Machtkämpfen um die obersten Rangplätze in ihren Parteien – wie Gerhard Schröder in Deutschland, Bill Clinton in den USA oder Tony Blair in Großbritannien – lässt deutlich erkennen, dass die vermittels persönlicher Inszenierungskompetenz angesammelte mediale Macht eine der wichtigsten, wenn nicht die ausschlaggebende Ressource beim Kampf um Führungsämter geworden ist. Ohne einen hohen und weiter ausbaufähigen Rangplatz in der Mediengunst haben Bewerber um die Spitzenämter in Partei und Staat heute nicht nur in den USA, sondern auch in den europäischen Mediendemokratien keine realistische Aussicht auf Erfolg.

Die Entscheidungsmacht über Programm und Profil der im Namen einer großen Volkspartei öffentlich vertretenen Politik geht unter diesen Umständen in einem allmählichen Transformationsprozess von den Entscheidungsforen der Parteien in die Beratergremien jener Spitzenpolitiker über, die ihre Herrschaftsposition einem persönlichem Mediencharisma verdanken. Als demokratische *Legitimationsinstanz* werden im Zuge dieser Entwicklungen zunehmend nur noch die Ergebnisse von Umfragen, medial inszenierten Stimmungen und die auf ihnen basierenden Momentaufnahmen von Wahlentscheidungen anerkannt.

Die öffentlichen Arenen argumentativ erwägender und beschließender Politik in den Parteien und in der großen Öffentlichkeit verlieren gegenüber kalkulierten Inszenierungen von Images, Symbolhandlungen und ausdrucksstarken Scheinereignissen an Bedeutung. Die Akteure die über diese Macht-Ressourcen verfügen gewinnen auf Kosten der anderen erheblich an Einfluss. Das genau ist die konzeptionelle Bedeutung des Begriffs "Mediendemokratie". Das instrumentelle politische Handeln (Herstellung) auf der Ebene der Programme und inhaltlichen Entscheidungen wird von der öffentlichen Selbstdarstellung der Politik unter diesen Bedingungen weitgehend entkoppelt.

V. Die Transformation der Demokratie 193

Diese Entwicklung verändert auch die Rolle eines zentralen Faktors in der Logik des politischen Handelns, nämlich die der Legitimation im Kern. An die Stelle der demokratischen Legitimation durch Verfahren und der öffentlichen Diskurse kollektiver Willensbildung in den Parteien, in der Zivilgesellschaft und in der großen Öffentlichkeit tritt in beträchtlichem Ausmaß die persönliche Verfügung über Mediencharisma, das durch professionalisierte Inszenierungskunst akkumuliert und strategisch eingesetzt werden kann. Mediencharisma wird mithin zu einer eigenständigen und häufig dominanten Machtressource.

In Mediendemokratien übernimmt neben den Institutionen der Verfassung im klassischen Sinne sowie der allgemeinen politischen Kultur der Gesellschaft die Verfassung des Mediensystems und die mediale Kommunikationskultur eine teils ergänzende, teils aber auch prägende Rolle. Für die Politikvermittlung, die Bedingungen der Synthese von Medienlogik und politischer Logik sowie die Akkumulation von Mediencharisma durch einzelne politische Spitzenakteure ist einerseits die Rolle von Boulevard-Medien, Qualitäts-Print-Medien und Funk - Medien und andererseits die spezifische Struktur der Verfügung über sie von ausschlaggebender Bedeutung.

Dies ist einer der Gründe dafür, dass die Verführung für die politischen Akteure wächst, offenkundige Erfolgsdefizite durch medienwirksames Scheinhandeln zu überdecken. Die Möglichkeiten dafür sind reichhaltig, denn der größere Teil der Bürgerinnen und Bürger nutzt als einzigen Zugang zur Beurteilung politischen Handelns den Blick auf die "Medienbühnen", obgleich vielfältige andere Informationsmöglichkeiten, von den Qualitätszeitungen, über das Internet bis hin zu politischen Bildungsveranstaltungen bestehen. Für sie ist es schwierig, wenn nicht im Durchschnitt sogar unmöglich geworden, die aufwendig ins Bild gesetzte Eröffnung einer neuen Fabrik durch den Bundeskanzler daraufhin zu prüfen, ob hier politisches Handeln ursächlich war, ob dieses politische Handeln eher zu einer Verbesserung oder Verschlechterung der Bilanz der Arbeitsplätze in der Region beigetragen hat und was daraus für die Konkurrenz der politischen Akteure auf den politischen Bühnen zu folgern ist. Denn viele von ihnen setzen gleichermaßen auf die Erfolgsrezepte politischer Inszenierung von Symbolhandlungen und Persönlichkeitsimages.

Mediendemokratischer Populismus
Für die machtpolitische Konstellation der Mediendemokratie ist die fortwährende taktische Kurzschließung zwischen den aktuellsten Meinungsumfragen und den mediatisierten Test-Kommunikationen der Spitzenakteure des politischen Systems charakteristisch. Die damit verbundene systematische Umgehung des

intermediären Systems der deliberativen Demokratie ist als Demokratiegewinn gedeutet worden, da nun ja Volkes Stimme unvermittelt in die Planungen des politischen Systems gelangt, direkter und unverstellter als in den Vermittlungsprozessen der Vereine, Verbände, Assoziationen und Parteien.

Politik in der Mediendemokratie umgeht das intermediäre System auf zweierlei Weise: als populistische Methode und als als korporatistische Strategie. Beide Umgehungsstrategien sind als Zugewinn direkter Demokratie gedeutet worden. Wenn im politischen Prozess der Mediendemokratie statt zeitlich ausgedehnter Deliberationsprozesse die anfänglichen Augenblickspräferenzen der vereinzelten Staatsbürger abgefragt und zu Medienstrategien verdichtet werden, die von ihnen ausgehen, sie festhalten und bestärken, dann verliert Öffentlichkeit ihre für die Demokratie konstitutiven Funktionen der Validierung und Orientierung. Die anscheinend direktere Beziehung zwischen Führung und Volk kommt im Rahmen der populistischen Strategie darum im Ergebnis eher einem demokratischen Kontrollverlust gleich. Das Ergebnis ist ein scheinplebiszitäres Regime.

 Weiter führende Literatur

Bonfadelli, Heinz 2000: Medienwirkungsforschung, 2 Bände, Konstanz.

Dörner, Andreas 2001: Politainment. Politik in der medialen Erlebnisgesellschaft. Frankfurt/M.

Kepplinger, Hans Mathias 1987: Darstellungseffekte. Experimentelle Untersuchungen zur Wirkung von Pressefotos und Fernsehfilmen, München.

Meyer, Thomas 2001: Mediokratie. Die Kolonisierung der Politik durch die Medien, Frankfurt/M.

Sarcinelli, Ulrich / Schatz, Heribert 2002: Mediendemokratie im Medienland ? Inszenierungen und Themensetzungsstrategien von Medien und Parteieliten am Beispiel der nordrhein-westfälischen Landtagswahl 2000, Opladen.

V. Die Transformation der Demokratie

26 Postdemokratie

Eine neue politische Konstellation
Der Begriff „Post-Demokratie" bezeichnet eine neue politische Konstellation, die sich nach der Beobachtung des britischen Sozialwissenschaftlers *Colin Crouch* in den nationalstaatlichen Demokratien der westlichen Dienstleistungsgesellschaften unter dem Druck der Globalisierung zunehmend herausbildet. Eine vollgültige Demokratie ist die Post-Demokratie gemessen an dem normativen Anspruch der politischen Gleichheit, der dem Begriff nun einmal untilgbar innewohnt, nicht mehr. Dem einschränkenden Zusatz „Post-" kommt dabei eine eigentümliche Doppelbedeutung zu. Sie bedeutet einerseits lediglich „danach", andererseits aber recht kategorisch auch „nicht mehr" oder auch beides in schillernden Spannungsverhältnissen. Das verleiht Crouch's Kritik an der Realität der damit gemeinten modernen Demokratien einen geschichtsphilosophischen Ton, als befänden sie sich nunmehr in einem Prozess des unweigerlichen, weil in großen historische Prozesse eingebetteten Abfalls von einer zuvor realisierten Hochform.

Crouch's These zufolge korrodieren beide Kernelemente der Demokratie, nämlich die Einbeziehung der Interessen des Volkes und seine maßgebliche Entscheidungsteilhabe innerhalb der nationalstaatlichen Gesellschaften unter dem Einfluss der zentralen wirtschaftlichen Akteure der globalisierten Märkte. Der „globalen Firma", den großen transnationalen Wirtschaftskonzernen und ihren Lobbyisten, gelingt es seit dem großen Globalisierungsschub nach den neunzehnhundertsiebziger Jahren immer wirkungsvoller, den Einfluss auf die wichtigsten politischen Entscheidungen der westlichen Demokratie zu monopolisieren. Ihnen stehen keine gesellschaftlichen Akteure mit gleichwertigen Machtpotentialen und politischem Gewicht mehr gegenüber, da sie unmittelbar die unentrinnbaren Zwänge der anonymen Weltmärkte zu verkörpern scheinen.

Diese Entwicklung kontrastiert nach Crouchs Analyse der „egalitären Demokratie" im Westeuropa der Nachkriegsjahrzehnten die von einem Klassenkompromiss zwischen den Repräsentanten der großen Kapitalinteressen und den Vertretern der Arbeitnehmer geprägt waren, der immerhin ein solches Maß an Verteilungs- und Teilhabegerechtigkeit realisierte, das sich die Mittel- und Unterschichten in ihrem Staat noch wiedererkennen konnten. Ihre politische Teilhabe erwies sich in dieser Periode als wirkungsvoll und ihre Interessen fanden Eingang in den demokratischen Willensbildungsprozess ihrer jeweiligen Länder.

Demgegenüber haben in der Phase der „Post-Demokratie" nunmehr die Wirtschaftseliten den Staat in der für die Verteilungsfragen entscheidenden Hinsicht übernommen. Das wird in der institutionell organisierten Demokratie erst durch die Kooperation der politischen Klasse möglich, deren Vertreter davon überzeugt sind, dass sich unter dem Druck der unausweichlichen Globalisierung eine zeitgemäße, den Interessen des Landes folgende Politik allein noch aus der Orientierung an den von der Wirtschaft vorgegeben kommerziellen Erfolgsstrategien auf den Weltmärkten ergeben könne. Infolgedessen werde nun alles, bis hin zur Bürgerschaft selbst, der kapitalistischen Geschäftslogik unterworden. Die Akteure, die diese Strategien am erfolgreichsten verfechten, werden daher entgegen allen Ansprüchen der Demokratie zu den wahren „Herren des Gemeinwesens". Den Teilhabeaktivitäten der Gesellschaft hingegen, von den Wahlen über das Engagement in den politischen Parteien bis hin zur zivilgesellschaftlichen Praxis bleibt der Erfolg einer ausreichenden Interessensdurchsetzung versagt. Sie gehen infolge dieser Erfahrung dann auch mehr und mehr zurück. Die Demokratie verliert ihre Unterstützung in der Gesellschaft und wird zu einer Elite-Veranstaltung gegen zentrale Interessen vor allem der unteren sozialen Schichten.

Abkoppelung von der Gesellschaft
Die ist ein höchst dramatischer Befund, weil unter diesen Umständen keine einzige der für die Demokratie konstitutiven Kernfunktionen erfüllt wäre. Die in der Postdemokratie-These beschriebene Herrschaftsweise vollzieht sich weder durch das Volk noch mit ihm oder für es, aber in Crouchs Interpretation auch nicht in irgendeiner identifizierbaren Weise in seinem Auftrag. Es handelt sich vielmehr darum, im Rahmen der formal fortbestehenden Institutionen der repräsentativen Demokratie politische Herrschaft allein zugunsten der großen Wirtschaftsinteressen zu praktizieren. Der Befund selbst ist nicht ganz neu. Er schließt an das Grundargument der marxistischen Demokratiekritik an, demzufolge allein schon das Fortbestehen einer kapitalistischen Marktwirtschaft mit ihrer eindeutig asymmetrischen Begünstigung der sozialen Interessen der Kapitaleigner und ihrem hohen Maß an Ungleichheit der Verteilung der Einkommen und Vermögen den Anspruch der Demokratie widerlegt und die demokratischen Institutionen daher stets als eine Art politischen Deckmantel für eine undemokratische Wirtschafts- und Gesellschaftsordnung erscheinen lassen.

Es ist offensichtlich, dass viele der empirischen Befunde, die der Autor resümiert, plausibel erscheinen, auch wenn sie nicht neu sind und schon für den Zeitraum gelten, den er als Periode der Hochform der Demokratie kennzeichnet. Zu Recht weist er auch auf die Schwächung der sozialstaatlichen Umverteilungspolitik in den europäischen sozialen Demokratien hin, die unter dem Druck der

V. Die Transformation der Demokratie

zunehmenden Marktglobalisierung seit den neunzehnhundertachtziger Jahren zu beobachten ist. Parallel dazu sind sowohl das politische Bürgerengagement wie die Entscheidungsteilhabe der Gewerkschaft im Rahmen neo-korporatistischer Arrangements ebenfalls zurück gegangen. Hinzukommt unbestreitbar das Anwachsen der Diskurse verdrängenden Medienmacht sowie die Kommerzialisierung großer Teile des öffentlichen Raums und der Bürgerschaft. Sie werden begleitet von der Marginalisierung der Parteimitgliedschaft auch in den großen Arbeitnehmer-Parteien und die Schwächung der Gewerkschaften. Die politischen Organisationen und institutionellen Beziehungen der alten Klassenformation, Arbeitgeberverbände und Gewerkschaften, werden immer schwächer.

Zu konstatieren ist für den fraglichen Zeitraum auch die Zunahme von Ungleichheit und Armut in den meisten europäischen Ländern und das Zentralwerden markt-ökonomischer, nicht selten neo-liberaler Argumente im politischen Diskussions- und Entscheidungsprozess, die gegen Mehrheitsstimmungen in der Gesellschaft ins Feld geführt werden. In all diesen Hinsichten hat sich die Lage in der Mehrzahl der europäischen sozialen Demokratien mit dem Beginn der neuen Welle der Marktglobalisierung seit den neunzehnhundertsiebziger Jahren unbestreitbar verändert. In den ersten drei Nachkriegs- Jahrzehnten war dem gegenüber die verteilungs- und partizipationspolitische Lage der Arbeitnehmer deutlich besser. Diesen Unterschied nimmt Crouch zum Anlass, die stärker sozial ausgeprägten europäischen Demokratien der Nachkriegszeit im Kontrast zur Post-Demokratie als „egalitäre Demokratie" zu bezeichnen.

Die egalitäre Politik der „wirklichen" Demokratie in den Nachkriegsjahrzehnten mit ihren starken Organisationen und Parteien der Arbeiterklasse, ihren wirksamen Regulations- und Umverteilungspolitiken eines selbstbewusst politisierten Staates, sei einer liberalen Grundkonstellation gewichen, in der der einseitige Einfluss der großen Wirtschaftsinteressen dafür sorgt, dass ein hilflos und ohne politisches Selbstbewusstsein agierender Staat so gut wie nur noch das zustande bringe, was den Kapitalinteresse nützt. Die „globale Firma", ein in ihren Eigentümerverhältnissen durchaus stabiles und zielstrebiges, in ihren Organisationsstrukturen und Geschäftsnamen aber bis hin zur Unerkennbarkeit extrem flexibles Wesen, habe die Macht ergriffen und keine politische Gegenmacht ist in Sicht, die sich ihr im Namen der Demokratie entgegen stellen könnte oder wollte. Mit ihrer alleinigen Orientierung am Profit und ihrer unbegrenzten Anpassungsfähigkeit an die raschen Veränderungen der globalen Märkte sei sie die erfolgreichste Handlungseinheit im Zeitalter der Globalisierung geworden. Sie entziehe sich jeglicher demokratischen Kontrolle und werde zum Vorbild für alle anderen, voran die orientierungslosen staatlichen Akteure der modernen Post-Demokratie.

Vieles ist richtig und überzeugend an dem analytischen Mosaik, das Crouch seiner Diagnose der Postdemokratie zugrunde legt. Seine Zuspitzung und Radikalisierung des empirischen Gesamtbefunds lässt aber bloße Tendenzen als unumstößliche Fakten erscheinen. Die Postdemokratie-These erscheint so als ein Alarmruf, als ein Beitrag zur demokratiepolitischen Debatte, der der ungebrochenen Fortsetzung dieser Tendenzen Einhalt gebieten will. Dementsprechend wird die als defizitär beschrieben Gegenwart der europäischen Demokratie mit einem stark idealisierten Verständnis einer „egalitärer Demokratie" der neunzehnhundertfünfziger und -sechziger kontrastiert, um zu demonstrieren, dass eine Alternative möglich ist.

Lesarten
Die Post-Demokratie-These changiert zwischen drei Lesarten. In der *ersten*, dem Anspruch nach schwächsten, behauptet sie den Rückgang demokratischer Bürgerpartizipation gemessen an deren Glanzzeiten in den 1960er und 1970er Jahren. Dabei bleibt die Frage offen, ob in den modernen Dienstleistungsdemokratien in diesem Zeitraum ein Rückgang oder ein Wandel in den Formen der Bürgerpartizipation zu beobachten ist.

In der *zweiten* Lesart konstatiert die These eine längerfristig wirksame strukturelle Transformation der Demokratie hin zu einem zunehmenden Ausschluss der Bürgerinnen und Bürger aus den politischen Willensbildungsprozessen. In dieser Hinsicht präsentiert sie eine Reihe von Faktoren, die durchaus ein solches Urteil nahe legen, allerdings nicht in der Zuspitzung, die der Autor in Anspruch nimmt.

In der *dritten* Lesart soll die Post-Demokratie-These eine Erklärung für die in allen modernen Dienstleistungsdemokratien, wenn auch in höchst unterschiedlichem Grade, zu beobachtende Tendenz einer Politik der Sozialstaatskürzungen und der Zunahme von Ungleichheit und Armut bieten. Sie seien die Folge der Partizipationsdefizite auf Seiten der Bürger. Dieser Nachweis gelingt Crouch aber nicht. Empirisch zu prüfen wäre dafür die Frage, welche sozialökonomische Politikalternativen unter den Bedingungen der Marktglobalisierung bei stärkerer politischer Bürgerpartizipation denn real möglich wären. Er müsste zeigen, wie unter den gegebenen Bedingungen der offenen Märkte und des demographischen Wandels in den europäischen Ländern, auf die er sich bezieht, eine alternative Politik aussehen könnte, die seinem kritischen Maßstab einer egalitären Politik entspräche.

Vivien A. Schmidt ist in ihren empirischen Vergleichstudien mit guten Argumenten zu einer anderen These gelangt, nämlich dass der Rückgang redistributiver Politik unter den veränderten globalen Bedingungen unvermeidlich sei, wie auch der Vergleich aller sozialdemokratischer regierter Länder in Europa zeige.[38] Das wird von Bevölkerungsmehrheiten dann auch bewusst akzeptiert, wenn in öffentlichen Diskursen glaubhaft gemacht werden kann, dass es die Normen der Gerechtigkeit nicht nur nicht verletzt, sondern diesen in veränderter Lage auf neuen Wegen in der Bilanz dienlich ist. Auf diesen, für seine These entscheidenden Beweispfad lässt sich Crouch aber nicht ein.

Für die Stützung der Post-Demokratie-These wäre es darüber hinaus bedeutsam gewesen, hätte der Autor einen analytischen Zusammenhang zwischen dem Ausmaß egalitärer Politik und egalitärer Bürgerpartizipation in den einzelnen europäischen Ländern herstellen können. Etwa durch Antworten auf die Frage, ob sich die nach wie vor vergleichsweise egalitäre skandinavische Sozialpolitik einem höheren Maß demokratischer Bürgerpartizipation verdankt und die sehr viel deutlichere anti-egalitäre Politik seines Hauptbezugslandes Großbritannien einer sehr viel größeren Dominanz der Wirtschaftslobby im politischen Beratungs- und Entscheidungsproeß. Das alles bleibt unerörtert, folglich bleibt die scharfe zugespitzte Zentralthese selbst ohne empirische Basis. Sie beschreibt zutreffend Entwicklungstendenzen der europäischen Demokratie in den ersten Jahrzehnten der neuen Welle der Globalisierung, kann aber nicht plausibel machen, dass diese sich zu einem kompletten Regimewechsel der davon betroffenen Länder verdichtet haben.

 Weiter führende Literatur

Crouch, Colin 2008: Postdemokratie, Frankfurt/M.

Jörke, Dirk 2005: Auf den Weg in die Postdemokratie In: Leviathan 33, Heft 4

Baofu, Peter 2004: Beyond Democracy to Post Democracy: Conceiving a better Model of Governance to supercede democracy, New York.

Schmidt, Vivien A. 2000: Values and Discourse in the Politics of Adjustment. In: Scharpf, Fritz W./Schmidt, Vivien A 2000: Welfare and Work in the Open Economy, Oxford.

---

[38] Schmidt 2000

VI. Transnationale Demokratie

27 Risiko Ent-Demokratisierung

Das politische Diskrepanzproblem
Zur Qualifizierung des politischen Gehalts der seit den 1980er Jahren zu beobachtenden Welle der Globalisierung sind radikale Begriffe auch von seriösen Autoren verwendet wurden. Sie reichten bis hin zu dem Urteil, es handle sich dabei um das „Ende der Demokratie"[39]. Die Demokratie müsse nun weltweit neu erfunden werden oder ihr Ende sei besiegelt[40]. Der Prozess der Globalisierung steht keineswegs an sich im Widerspruch zu Normen des politisch Wünschenswerten. Er hat selbst in seiner gegenwärtigen negativen, der verantwortlichen demokratischen Gestaltung weitgehend entzogenen Form viele positive Folgen, etwa wachsender Wohlstand in ehemaligen Drittweltländern, bedingt durch eine sie begünstigende neue weltweite Arbeitsteilung oder eine Verringerung der Preise für Güter und Dienstleistungen auch in den entwickelten Dienstleistungsgesellschaften selbst. Das grundlegende demokratiepolitische Problem der Globalisierung besteht aber darin, dass sie zu einer folgenreichen Entkoppelung der Arena führt, in der schwerwiegende politisch Probleme erzeugt werden und der Arena, in der demokratisch legitimierte Gestaltung möglich ist. Der Wirkungskreis politischer Entscheidungsmacht und der Horizont politisch wirksamer Problemketten sind anders als in der Blütezeit der nationalstaatlichen Demokratien nicht mehr deckungsgleich. Es entsteht ein prinzipielles politisches Diskrepanzproblem. Die Ko- Extension von politischen Problemlagen und Handlungsmacht des Staates ist verloren gegangen[41].

Der legitime Anspruch von Politik überhaupt, erst recht von demokratisch entschiedener Politik, bestand in der Neuzeit aber immer darin, dass die Ursachen und Wirkungen politisch folgenreicher Entwicklungen in Wirtschaft und Gesellschaft von den legitimierten politischen Entscheidungsinstanzen auf politischem Wege bearbeitet werden können. Die moderne Demokratie hat sich auf den Nationalstaat gestützt, weil er eine klar abgegrenzte Arena schuf, in der die Reichweiten politischer Problemlagen und politischer Entscheidungskompeten-

---

[39] Guéhenno 1994
[40] Beck 1993
[41] Streeck 1998

zen im Wesentlichen deckungsgleich waren. Es war dann immer nur eine politische Entscheidung, welche gesellschaftlichen Problemlagen politisch behandelt und entschieden werden sollten. In ihrer gegenwärtigen Phase verläuft die Globalisierung in dem Sinne überwiegend negativ, dass zumeist nur die bisher wirksamen nationalen Grenzen und Regelungen abgebaut, nicht aber neue, dem weiteren globalen Wirkungshorizont angemessene Instrumente der Entscheidung und Regulierung aufgebaut werden.

Viele der Wirkungen der gesellschaftlichen und wirtschaftlichen Globalisierung entziehen sich daher zum gegenwärtigen Zeitpunkt prinzipiell der politischen Entscheidbarkeit und Gestaltungschance, weil die politischen Entscheidungskompetenzen im Wesentlichen immer noch nationalstaatlich, allenfalls, wie in der Europäischen Union, regional organisiert sind. Nur in wenigen Teilbereichen gelingt bislang transnationale Kooperation, während die Problemursachen und -wirkungen mit immer empfindlicher spürbaren Folgen die Ländergrenzen überschreiten.

Entmachtung der Politik
Eine solche strukturelle Entmachtung der Politik wirft schwerwiegende Probleme auf. Sie kann zu weitreichenden politischen Krisen in den Gesellschaften führen, die davon in besonderer Weise betroffen sind.

In *legitimatorischer* Hinsicht entsteht das Problem, dass große Menschengruppen sowohl in den entwickelten Dienstleistungsgesellschaften wie in den Entwicklungsgesellschaften der "Dritten Welt" infolge der Globalisierung massiven sozialen, wirtschaftlichen, ökologischen und anderen Folgen ausgesetzt sind, für die sich in überschaubarer Zeit kein verantwortlicher Adressat finden lässt, der ihre wirksame politische Bearbeitung garantieren kann. Auf Dauer kann eine solche Entwicklung nur zur Entlegitimierung der neuen Formen der Globalisierung und sogar der Demokratie selber führen, wenn sie sich in lebensentscheidenden Fragen als politisch ohnmächtig erweist.

In *funktionaler* Hinsicht ist nach aller historischer Erfahrung zu erwarten, dass unterschiedliche Varianten extremistischer, populistischer und fundamentalistischer politischer Bewegungen in erheblichem Maße Auftrieb gewinnen können, die das ganze Weltsystem, die etablierte Politik, die Demokratie oder die mächtigsten Staaten der Welt zum Objekt scharfer Anklagen machen, verbunden mit vagen Versprechen durch nationalistische oder fundamentalistische Patentrezepte die gegenwärtigen Probleme zu lösen. Da solche Kräfte innerhalb der jeweiligen Gesellschaft erheblichen Druck ausüben können, dem sich auch die verantwortlichen politischen Kräfte oftmals nicht ganz zu entziehen vermögen, wenn die entsprechenden Bewegungen erst einmal eine bestimmte Stärke erreicht haben, wird durch eine solche Entwicklung dann paradoxerweise die Möglichkeit transnationaler politischer Kooperation zusätzlich verringert.

Da andererseits eine nennenswerte Begrenzung der globalen politischen Wirkungszusammenhänge durch eine Politik der nationalstaatlichen Abschottung in der gegenwärtigen Welt weder durchführbar noch politisch sinnvoll ist, bleibt nur der Weg einer Perspektive der Rückgewinnung politischer Gestaltungs- und Entscheidungsmacht über die global gewordenen politischen Wirkungszusammenhänge. Dabei kann und muss es nicht darauf ankommen, schnelle Rezepte für eine vollständige Lösung des *politischen Diskrepanzproblems* der Globalisierung zu finden. Glaubwürdige und realisierungsfähige Perspektiven für eine schrittweise Überwindung der bestehenden Widersprüche sind jedoch geboten und möglich.

Politik der positiven Globalisierung
Für die Rückgewinnung der politischen Entscheidungsfähigkeit und Gestaltungsmacht über die den nationalstaatlichen Grenzen entwachsenen politischen Probleme bedarf es aus Gründen der Legitimation zwingend einer positiven Globalisierung. Sie entsteht durch den Aufbau neuer Entscheidungs- und Regulationsformen, die in ihrer Reichweite und Wirksamkeit den globalen Wirkungszusammenhängen angemessen sind. Die Demokratie muss so global werden, wie die politischen Probleme, die sie lösen soll. Nur auf diesem Wege kann das prinzipielle Legitimationsdefizit der negativen Globalisierung abgebaut werden. In einem zugleich realistischen und an den Bedingungen von Demokratie und Grundrechten orientierten Ansatz ist eine solche Rückgewinnung der politischen Verantwortung über die Prozesse der Globalisierung nur als ein regulatives Konzept aussichtsreich. Es entwirft ein politisches Vorgehen, das sich auf mehreren Ebenen und in mehreren Bereichen schrittweise dem gesetzten Ziel annähert, ohne dass vorab fertige Modelle entworfen werden können, die den möglichen Endzustand einer solchen Entwicklung vorgeben. Die Rückgewinnung der transnationalen politischen Handlungsfähigkeit und ihrer demokratischen Legitimation erfolgt aus europäischer Perspektive am wirkungsvollsten durch Demokratisierungsprozesse auf zwei miteinander verbundenen transnationalen Ebenen: der regionalen und der globalen.

VI. Transnationale Demokratie 203

 Weiterführende Literatur

Beck, Ulrich 1993: Die Erfindung des Politischen, Frankfurt/M.

Guéhenno, Jean-Marie 1994: Das Ende der Demokratie, München.

Streeck, Wolfgang (Hg.) 1998: Internationale Wirtschaft, Nationale Demokratie. Herausforderungen für die Demokratietheorie, Frankfurt/M.

28 Regionale Demokratie. Europäische Union

Eine politische Organisation neuen Typs
Die Europäische Union verkörpert in ihren Organisationsstrukturen und Souveränitätsquellen einen neuen Typus transnationaler politischer Institutionalisierung, der mit dem Begriff der regionalen Demokratie gekennzeichnet werden kann. Die amerikanische Politikwissenschaftlerin *Vivienne A. Schmidt* hat die verwirrende Vielfalt der Bezeichnungen, mit denen dieses neuartige politische Gebilde von der Politikwissenschaft benannt worden ist, auf den Begriff des Regionalstaates gebracht[42]. Diese Bezeichnung trägt dem Sachverhalt Rechnung, dass sich die Europäische Union als politische Einheit aus einem offenen Prozess versuchsweiser und mitunter auch widersprüchlicher Institutionalisierung ergab. Diese folgte keinem vorab verabredeten Konstruktionsplan. Sie entsprang einerseits einer sehr allgemeinen Vorstellung zunächst wirtschaftlicher und später politischer Integration, verbunden mit höchst unterschiedlichen Vorstellungen der beteiligten Mitgliedsländer über die längerfristigen Ziele dieses Prozesses. Zugrunde lag dem Prozess aber von Anfang an die von allen geteilte gemeinsame Vorstellung, dass die Ausübung politischer Herrschaft in diesem neuartigen Gebilde den von allen anerkannten Normen demokratischer Legitimität folgen müsse.

Ein demokratisches Experiment
Die Europäische Union ist mithin ein historisch beispielloses Experiment in transnationaler Demokratisierung. Das spiegelt sich zunächst in einer komplizierten, mehrdimensionalen Verteilung der politischen Entscheidungskompetenzen wieder. Der Begriff „Mehr-Ebenen-Demokratie" bezieht sich auf den Sachverhalt,

---

[42] V.Schmidt 2006

dass der größere Teil der politischen Souveränitätsrechte innerhalb der Europäischen Union bei den einzelnen Mitgliedsländern verbleibt, die ihrerseits teilweise föderal strukturiert sind, während die Europäische Union ebenfalls über eine Reihe originärer, politischer Souveränitätsrechte verfügt. Diese genuin europäischen Souveränitätsrechte wiederum werden zu einem kleineren Teil auf supranationale Weise ausgeübt, indem Gemeinschaftsinstitutionen wie die Europäische Kommission, der Europäische Gerichtshof und das Europäische Parlament, über die die Mitgliederstaaten nicht verfügen können, die Entscheidungsgewalt ausüben oder über privilegierte Rechte der Gesetzgebungsinitiative verfügen.

Zum größeren Teil werden die europäischen Entscheidungsbefugnisse jedoch auf intergouvernementale Weise ausgeübt, das heißt im Konsens oder durch qualifizierte Mehrheitsbildung seitens der Vertreter der Regierungen der Mitgliedsländer. Die Entscheidungen des Europäischen Gerichtshofes sind für alle Mitgliedsländer bindend und müssen folglich von ihnen durch Gesetzgebung oder auf anderem Wege umgesetzt werden. Das Europäische Parlament wirkt an der für alle Mitgliedsländer verbindlichen Gesetzgebung in vielfacher Hinsicht mit, kann jedoch selbst keine Gesetze erlassen. Der Europäische Rat und der Ministerrat sind bei der Ausübung ihrer letztlich überlegenen Gesetzgebungskompetenz in vielfacher Hinsicht auf die Mitwirkung des Europäischen Parlaments und auf das Vorschlagsvorrecht der Europäischen Kommission angewiesen. Im Ganzen gesehen ergibt sich mithin eine hochgradig komplexe Verflechtung von Institutionen und Ebenen für die bindenden politischen Entscheidungen innerhalb der Europäischen Union.

Trotz der lang anhaltenden und heftigen Debatten um ein vermeintlich gravierendes Demokratiedefizit der Europäischen Union kann diesem neuartigen Regionalstaat die demokratische Legitimation nicht abgesprochen werden. Obgleich die Legitimationsketten in der Europäischen Union ganz anders geknüpft sind und ablaufen als in den nationalstaatlichen Demokratien herkömmlicher Prägung, entbehrt keines der Gremien und keine der möglichen Entscheidungen im Institutionengeflecht der Europäischen Union letztinstanzlich einer soliden demokratischen Legitimation. Es ist kaum gerechtfertigt, die EU daran zu messen, ob sie ihre demokratischen Legitimationsnormen genau in der Weise und genau in dem Maße erfüllt, wie dies für die demokratischen Nationalstaaten gilt. Es liegt, im Gegenteil, auf der Hand, dass für ein so beispielloses politisches Gebilde auch neue Wege demokratischer Legitimation und Partizipation gefunden werden müssen, die nicht allein schon wegen ihrer Differenz zum Gewohnten als defizitär beurteilt werden können. Dass die Legitimationsketten länger werden, wenn einem aus einer Reihe vormals selbstständiger Staaten neu entstandenen

VI. Transnationale Demokratie   205

Gemeinwesen eine neue und höhere Ebene der Entscheidungskompetenz einge-
zogen wird, versteht sich von selbst und kann nicht als Einwand geltend gemacht
werden, sofern dessen Daseinsberechtigung nicht prinzipiell in Zweifel gezogen
wird.

Eine fragmentierte Demokratie
In empirischen Vergleichsanalysen ist darüber hinaus gezeigt worden, dass die
EU sogar im Hinblick auf die demokratischen Normen, denen sich die Nationalstaaten unterwerfen, in mancher Hinsicht eine bessere Bilanz vorzuweisen hat,
als manche ihrer Mitgliedstaaten. Mit ihrem spannungsreichen, mehrstufigen
Institutionengeflecht unterliegt die EU aber einer Reihe besonderer Trade- Offs,
mit denen Nationalstaaten normalerweise nicht zu kämpfen haben. Diese Trade-
Offs hängen auf komplexe Weise mit dem Charakter der EU als einer fragmen-
tierten Demokratie zusammen. Das Charakteristikum der Fragmentierung bedeutet in dieser Hinsicht, dass die EU ihre Souveränitätsrechte teilweise auf die beiden Fragmente ihrer supranationalen Institutionen auf der einen Seite und die
nationalstaatlichen Institutionen auf der anderen so aufgeteilt hat, dass nur aus
deren nicht erzwingbarem Zusammenwirken eine ungeschmälerte demokratische Legitimation der Entscheidungsprozesse und Ergebnisse folgen kann. Demokratische Trade-Offs ergeben sich vor allem aus dem Umstand, dass eine Erweiterung der Entscheidungsmacht der supranationalen Institutionen, zu denen
auch das direkt gewählte Europäische Parlament gehört, die Entfernung der
Entscheidungsinstanzen von den Bürgerinnen und Bürgern der Union deutlich
vergrößern würde und gleichzeitig die direkteren und kürzeren Legitimationswege der Einflussnahme der Bürger auf ihre eigenen nationalen Parlamente beträchtlich entwerten müssten.

   Es gibt folglich keinen Königsweg zur Verbesserung der demokratischen
Legitimation der EU durch institutionelle Reformen. Die gegenwärtig erreichte
Balance, ihre Entscheidungskompetenzen, ihre wechselseitigen Kontrolle und
ihre Mitwirkungsrechte an den Entscheidungsprozessen der jeweils anderen
Institutionen, sind auf dem bisherigen Stand der Erfahrungen relativ gut austa-
riert. Ein demokratischer Legitimationsgewinn wäre eher aus Veränderungen zu
erwarten, die im Bereich der politischen Kultur zu finden sind und daher nicht
durch institutionelle Formen allein bewirkt werden können. Dazu gehört vor
allem die Entwicklung einer dichteren und aktiveren europäischen Öffentlichkeit,
die das Interesse der Bürgerinnen und Bürger an den europäischen Vorgängen
schärft, die Kontrolle der auf europäischer Ebene ablaufenden Entscheidungs-

prozesse verbessert und die Herausbildung eines europäischen Bürgerbewusstseins vorantreibt.

Ein bedeutender Zugewinn demokratischer Legitimation wäre auch vom Ausbau und der Aktivierung einer gesamteuropäischen Zivilgesellschaft zu erwarten, in der sich nicht nur eine lebendige politische Meinungsbildung über die europäischen Belange vollziehen kann, sondern aus der auch andauernde Interventionen in die politischen Prozesse erfolgen könnten, die sich im Rahmen der europäischen Institutionen abspielen. Auch eine Verbreiterung und Intensivierung der Mitwirkung, sei es nationaler, sei es transnational europäischer Interessenvereinigungen an den europäischen Beratungs- und Entscheidungsprozessen könnte im Falle ausreichender Ausgewogenheit als ein Demokratiegewinn der Europäischen Union verbucht werden.

Schwarzer- Peter- Spiele

Der wesentliche Beitrag zur Verbesserung der demokratischen Qualität der Europäischen Union muss von den Mitgliedsländern selbst ausgehen. Dies gilt nicht nur in dem trivialen Sinne, dass alle institutionellen Veränderungen der EU letztlich nur durch Entscheidungen ihrer Mitgliedsländer zustande kommen können. Es gilt vor allem in dem anspruchsvolleren Sinne, dass innerhalb der einzelnen Mitgliedsländer ein angemessenes Verständnis dafür entwickelt werden muss, was die Teilung der Souveränitätsrechte zwischen Mitgliedsländern und europäischer Ebene innerhalb der EU tatsächlich für die einzelnen Bürgerinnen und Bürger bedeutet, welcher Teil ihres Engagements auf welcher Ebene und im Hinblick auf welche der Institutionen für die verschiedenen Entscheidungsmaterien relevant und zielführend ist, und welche der Akteure tatsächlich für das Zustandekommen der jeweiligen politischen Entscheidungen zuständig sind.

In der Europäischen Union hat sich auf zunehmend unfruchtbare Weise ein Schwarzer- Peter- Spiel (blame game) eingebürgert. Die politischen Akteure der nationalstaatlichen Ebene wälzen die Verantwortung für unliebsame europäische Entscheidungen auf die fernen, vermeintlich anonymen EU-Institutionen ab, obgleich sie an ihnen selber maßgeblich mitgewirkt haben. Gleichzeitig erzeugen sie Illusionen darüber, wie weit ihre Entscheidungsmacht auf der nationalstaatlichen Ebene noch reicht, statt realistisch darüber zu informieren, wo diese an Grenzen stößt und auf welche Weise sie selber und die Bürgerinnen und Bürger, die sie vertreten, an den tatsächlich nur noch auf der europäischen Ebene zu treffenden Entscheidungen wirkungsvoll mitwirken können. Was der Europäischen Union also fehlt, ist weniger eine weitergehende Demokratisierung einzelner ihrer Institutionen als vielmehr ein klares Bewusstsein in ihren Mitgliedsge-

VI. Transnationale Demokratie

sellschaften, was diese regionale Demokratie tatsächlich für die Aufteilung der Entscheidungskompetenzen und Verantwortlichkeiten bedeutet sowie die Bereitschaft der politischen Eliten, sich offen in diesem Rahmen zu bewegen.

Ein weiteres demokratiepolitisches Trade- Off ergibt sich für die Europäische Union aus dem spannungsreichen Wechselverhältnis von Input- und Output-Legitimation. Die durchaus gut begründete Forderung, dass das zentrale europäische Gesetzgebungsorgan, der Ministerrat, einen wesentlichen Beitrag zur Politisierung der europäischen Entscheidungsprozesse und damit auch zur Aufmerksamkeit und Partizipation der Bürgerinnen und Bürger leisten könnte, wenn er künftig öffentlich tagte und seine Kontroversen europaweit bekannt würden, stößt auf gut begründete Einwände. Offen ausgetragene Kontroversen, also die Verbesserung des demokratischen inputs, könnten nämlich den output, also die Entscheidungs- und Leistungsfähigkeit des europäischen Entscheidungsorgans für die Bürgerinnen und Bürger entscheidend schwächen. Dadurch würde dann wieder die demokratische Legitimation europäischer Politik in Mitleidenschaft gezogen. Dann wäre das, was auf der Teilhabeseite an Demokratiezuwachs verbucht werden könnte, auf der Leistungsseite wieder annulliert. Für die regionale Demokratie der Europäischen Union erscheint als erfolgversprechender Weg der Verbesserung der demokratischen Qualität also eher eine bessere Passung zwischen Institutionengefüge und Bürgerverhalten denn die Vorstellung, das Entscheidungsgewichts einzelner Institutionen zu verstärken.

Alles in allem erscheint die Europäische Union durchaus als gelungener Versuch, das Problem der wirtschaftlichen und gesellschaftlichen Transnationalisierung durch eine neue Form transnationaler Demokratisierung zu lösen. Die sogenannte „Finalität", das wahrscheinliche Endergebnis dieses Prozesses kann dabei durchaus unbestimmt bleiben. Bislang jedenfalls hat sich dessen Offenheit, jedoch auf der festen Grundlage von allen geteilter demokratischer Legitimationsnormen, als eine Bedingung der tatsächlich erzielten Integrationsfortschritte erwiesen. Diese haben dazu beigetragen, dass das Modell der transnationalen Souveränitätsteilung, wie es die EU praktiziert, in den wissenschaftlichen und politischen Debatten als ein Beispiel dafür diskutiert wird, wie regionale Demokratien in anderen Teilen der Welt organisiert werden und welche Wege zu der fälligen globalen Demokratisierung führen könnten.

Weiter führende Literatur

Scharpf, Fritz W. 1999: Regieren in Europa. Effektiv und demokratisch? Frankfurt a.M./New York.

Schirm, Stefan A. 2002: Globalization and the New Regionalism: Global Markets, Domestic Politics and Regional Co-operation, Cambridge.

Schmidt, Vivien A. 2006: Democracy in Europe. The EU and National Politics. Oxford.

Telo, Mario 2007: European Union and New Regionalism: Regional Actors and Global Governance in a Post-hegemonic Era, London.

29 Globale Demokratie

Politik der positiven Globalisierung
Für die Rückgewinnung der politischen Entscheidungsfähigkeit und Gestaltungsmacht über die den nationalstaatlichen Grenzen entwachsenen politischen Probleme bedarf es zwingend einer positiven Globalisierung, die den Normen der Demokratie und der universellen Grundrechte genügt. Sie kann nur durch den Aufbau neuer Entscheidungs- und Regulationsformen entstehen, die in ihrer Reichweite und Wirksamkeit den globalen Wirkungszusammenhängen angemessen sind. Die Demokratie muss so global werden, wie die politischen Probleme, die sie lösen soll, freilich in Formen, die den Bedingungen der globalen Arena und der Autonomie der fortbestehenden Nationalstaaten angemessen sind. Daher entbehren Vorstellungen eines homogenen Weltstaates als Antwort auf die Herausforderungen der Globalisierung von vornherein der realistischen Grundlage. Wie jedoch die Europäische Union gezeigt hat, sind auf transnationaler Ebene neue Formen der politischen Kooperation und der Souveränitätsteilung möglich, die leistungsfähig und demokratisch legitimiert sind, wenn auch in anderer Weise als in den gewohnten nationalstaatlichen Modellen.

In einem zugleich realistischen und an den Bedingungen von Demokratie und Menschenrechten orientierten Ansatz ist eine solche Rückgewinnung der politischen Verantwortung über die Prozesse der Globalisierung nur als ein regulatives Konzept aussichtsreich. Es entwirft ein politisches Vorgehen, das sich auf mehreren Ebenen und in mehreren Bereichen schrittweise dem gesetzten Ziel annähert, ohne dass vorab fertige Modelle entworfen werden können, die den möglichen Endzustand einer solchen Entwicklung vorgeben. Es geht um die „Erfindung" demokratisch legitimierter Formen globalen Regierens, die die gegebenen Probleme wirksam lösen[43].

Die politische Steuerung der Weltgesellschaft im Hinblick auf die ihrer Natur nach politischen Problemlagen, *global governance*, ist ein Imperativ, der sich aus den Legitimationsbedingungen moderner Politik direkt ergibt. Die Vorstellung eines Weltstaates, der analog zum Nationalstaat weltweit Staatlichkeit organisiert, erscheint weder wünschenswert noch realisierbar. Nicht wünschenswert, weil er ein Moloch zentralistischer Bürgerferne wäre und damit seinerseits ein Problem für demokratische Legitimation und politische Wirksamkeit darstellte. Nicht realisierbar, weil kaum einer der gegenwärtigen Nationalstaaten der Welt je bereit sein wird, seine gesamten Souveränitätsrechte an eine übergeordnete Instanz abzugeben.

Da aber die negative Globalisierung ein Zustand ist, in dem wichtige politische Probleme ungelöst bleiben und damit die demokratische Legitimation moderner Politik in Frage gestellt ist, erscheint allein der mittlere Weg des allmählichen Aufbaus einer politischen Weltgesellschaft angemessen. Ihre Formen dürfen sich allein daran orientieren, was notwendig ist, um die politischen Probleme der Weltgesellschaft unter gleichberechtigter Mitwirkung der von ihnen Betroffenen politisch bearbeiten zu können.

Konzeptionen und Modelle
Die Herausforderungen, die sich aus den Entlegitimierungsprozessen und dem demokratischen Souveränitätsverlust im Prozess der negativen Globalisierung ergeben, verlangen den Gegenentwurf von Strukturen einer positiven Globalisierung, die gleichzeitig grundrechtliche und demokratische Legitimationsbedingungen erfüllen kann und unter absehbaren Bedingungen realisierbar ist. Darin liegt das entscheidende Kriterium für den Aufbau von transnationalen Strukturen der politischen Öffentlichkeit, der Entscheidungsfindung und der Regierung als Elemente positiver Globalisierung. In der wissenschaftlichen Diskussion konkurrieren vier grundlegende Antworten auf sie.

Erstens: Konsequente Basis-Demokraten wie der amerikanische Politikwissenschaftler *Benjamin Barber* vermuten, dass die Wiedereinbettung des globalen Kapitalismus allein von der weltweiten Aktivierung der Zivilgesellschaft erwartet

---

[43] Beck 1993

werden kann[44]. Die Institutionen und Strukturen der repräsentativen Demokratie seien einerseits zu abgelöst von den eigentlichen Bürgerinteressen und andererseits aufgrund der Blockade durch die transnationalen Wirtschaftsinteressen zu wenig in der Lage, eine wirkungsvolle globale politische Regulierung zu organisieren.

Transnationale Netzwerke und Aktivitäten der Zivilgesellschaft sind offensichtlich eine wesentliche Voraussetzung und ein fortwährend mitentscheidendes Element globaler Demokratie. Sie können die Wirkungen transnationaler Institutionen, regionaler Kooperationssysteme und globaler Regelungsregime erheblich verbessern und für die Lebenserfahrungen und Interessen der von ihnen betroffenen Menschen offen halten. Sie können sie aber wegen ihrer mangelnden Komplexität, Beständigkeit und Sanktionsfähigkeit nicht ersetzen.

Zweitens: Libertäre Demokraten sehen im Vorrang der globalen Märkte vor der Politik und damit im weitgehenden Verzicht auf Regulierung die Durchsetzung von Rationalität und Fortschritt gegenüber der stets kurzsichtigen Verteilungsmentalität demokratischer Politiker[45]. Sie erstreben den weitgehenden Verzicht auf den Gebrauch transnationaler Institutionen für wirtschaftliche Regulierung in der Erwartung, dass die selbstregulierten Märkte im Laufe der Zeit die Lebensbedingungen überall auf der Welt verbessern werden. Sie hoffen, dass die Unparteilichkeit der ökonomischen Logik die Mängel demokratischer Politik überwindet.

Für die destruktiven Konsequenzen bloßer Marktsteuerung für die Umwelt, die Auswirkungen globaler Finanzspekulationen auf Wohlstand und Beschäftigung sowie die grob ungerechte Verteilung der Lebenschancen im Weltmaßstab wollen sie daher nicht auf politische Regulierung vertrauen, sondern der Marktlogik noch konsequenter zum Durchbruch verhelfen. Das führt nicht nur zur Verschärfung wirtschaftsbedingter Krisen und ökologischer Destruktion, es widerspricht auch dem Weltbürgerrecht auf demokratische Selbstbestimmung und Sicherung der Bürgerrechte aller.

Drittens: Die „realistische" Schule der internationalen Politik erkennt auch unter den Bedingungen der Globalisierung allein in den souveränen Einzelstaaten handlungsfähige politische Akteure der internationalen Arena. Sie erteilt im Namen des Realitätsprinzips allen Projekten eine Absage, die über die souveräne

---

[44] Barber 1995
[45] von Weizsäcker 2000

VI. Transnationale Demokratie

Politik von Territorialstaaten hinausweisen. Dabei könne es sich nur um folgenlose „Deklamationspolitik" handeln[46].

Für die demokratisierende Gestaltung der globalen Ordnung ist aber nur die „realistische", auch im Eigeninteresse aller beteiligten Akteure begründete Intensivierung der transnationalen Kooperation vorausgesetzt, die seit längerem mit wechselnden Erfolgen tatsächlich praktiziert wird. Dabei kann die Frage offen bleiben, welchen Anteil intergouvernementale Verhandlungen nationalstaatlicher Regierungen an der erreichten politischen Rahmensetzung haben, welchen Anteil Macht und Gegenmachtbildung bei der Erarbeitung von Kompromissen innerhalb der transnationalen Institutionen und Kooperationssysteme. Entscheidend sei allein die Erarbeitung verbindlicher politischer Steuerungsinstrumente für die Prozesse der negativen Globalisierung, also die Schaffung eines global legitimierten Regelwerks der positiven Globalisierung. Demokratisierung bedeutet den Gestaltungsvorrang demokratisch legitimierter politischer Akteure gegenüber privaten Entscheidungen über wirtschaftliche und gesellschaftliche Entwicklungen. Für sie behalten auch die Nationalstaaten eine gewichtige Rolle, freilich im Rahmen transnationaler Koordination.

Unabhängig von der Legitimationsfrage erklärt die „realistische" Schule der internationalen Politikforschung ein solches Gegenprojekt zur politischen Illusion, da es die kategoriale Differenz zwischen den Handlungs- und Legitimationsprozessen innen- und außenpolitischer Prozesse außer Acht lasse. Die mit dieser Prämisse verbundene Position wird nicht allein von gesellschaftspolitisch libertären Akteuren vertreten, sie ist aber in diesem Diskussionsspektrum in besonderer Weise akzeptiert und verbindet sich kohärent mit ihren globalisierungspolitischen Interessen. In dieser theoretischen Sicht bleiben die souveränen Einzelstaaten die einzigen handlungsfähigen politischen Akteure in der internationalen Arena. Alle Projekte, die über die souveränen Territorialstaaten und das Prinzip der dynamischen Macht und Gegenmachtbildung zwischen ihnen hinausweisen, gelten folglich als realitätsfremde Konstruktionen. Die Kritik dieser Schule am Konzept der positiven Globalisierung beruht teilweise auf Missverständnissen. Unstreitig behalten die Nationalstaaten auch künftig ihre ausschlaggebende Rolle, aber im Rahmen von transnationalen Regelungen, die von ihnen selbst institutionalisiert und umgesetzt werden[47].

---

[46] Link 2001: 162 ff
[47] Zürn 2000

Viertens: Aus einer politisch-philosophischen Perspektive hat *Otfried Höffe* seine Begründung sozialer und politischer Weltbürgerrechte zum Vorschlag einer subsidiären und föderalen Weltrepublik ausgebaut[48]. In der Sache kann diese Leitidee politisch produktiv werden, sofern sie ein Richtungssymbol für die vielfältigen Prozesse globaler Demokratisierung ist. Sobald sich mit ihr das Missverständnis verbindet, es ginge dabei um eine integrierte Form von Weltstaatlichkeit, wird dieser Vorschlag problematisch. Ein Weltstaat, wie demokratisch und föderal auch immer konzipiert, lässt sich in akteurstheoretischer Perspektive nicht plausibel begründen. Er schießt auf normativer Ebene über das Ziel hinaus, erscheint in seinen institutionellen Möglichkeiten für die Lösung globaler politischer Steuerungsprobleme dysfunktional und wird als Handlungsprojekt keine Akteurskonstellation finden, die seine Realisierung betreibt. Widerstände wird es bei vielen Akteuren in aller Welt geben, die zwar an einer globalen Demokratisierung interessiert sind, die Ausweitung abgehobener staatlicher Strukturen aber als Kontrollverlust der Gesellschaften fürchten.

Globale Demokratisierung
Tatsächlich steht im 21. Jahrhundert, wie der britische Politikwissenschaftler *David Held* argumentiert hat, ein dritter welthistorischer Schritt der Demokratiegründung auf der Tagesordnung. Er muss von gleichem Gewicht und gleicher Tragweite, aber von ganz anderer Art sein als der erste Schritt im antiken Griechenland der demokratischen Stadtstaaten und der zweite von der europäischen Aufklärung seit dem achtzehnten Jahrhundert eingeleitete Schritt einer Demokratisierung der Nationen [49].

Empirisch fundierte und legitimatorisch begründete Projekte globaler Demokratisierung können im Gegensatz zu den Positionen der „Realisten" und Libertären, wie *Anthony Giddens* überzeugend dargelegt hat, aus diesem Grunde auch dann nicht als „Utopismus" klassifiziert werden, wenn sie weit über die bestehende Realität hinausweisen [50]. Denn auch die Demokratietheorie selbst ist unter den gegebenen Umständen einer im Fluss befindlichen globalisierten Welt, in der der Status quo unhaltbar geworden ist und sich fast täglich verändert, berechtigt und sogar verpflichtet im Sinne eines *utopischen Realismus* auf der Basis der bisherigen Erfahrungen am Entwurf transnationaler Formen von Demokratie mitzuwirken. Entscheidend dabei ist, dass diese geeignet sind, dass Demokratie-

---

[48] Höffe 1999
[49] Held 2000: 429, Beck 1998
[50] Giddens 1999

VI. Transnationale Demokratie 213

defizit der negativen Globalisierung tatsächlich zu überwinden und in überschaubaren Fristen in der real gegeben gegebenen Welt auch über politische Möglichkeiten der Realisierung verfügen.

Diese Forschungsaufgabe wird durch den Umstand begünstigt, dass Elemente der Struktur einer politisch integrierten Weltgesellschaft in embryonaler Form in den gegenwärtigen Formen transnationaler politischer Kooperation schon sichtbar werden. Sie weisen aber in den bestehenden Formen Defizite und Widersprüche auf. Sie sind teilweise durch die Exklusion von Interessen- und Akteursgruppen gekennzeichnet, einige von ihnen, wie die Weltbank und das Welthandelsabkommen leiden an einem für ihre Akzeptanz und Steuerungsfähigkeit belastenden Maß an Ungleichheit in der Repräsentation von Interessen und Akteuren.

Elemente globaler Demokratisierung
Für die Beurteilung der Angemessenheit der Modelle globaler Demokratisierung erscheinen aus demokratietheoretischer und –politischer Sicht drei Kriterien sinnvoll: *erstens* ihre normative demokratietheoretische Qualität, *zweitens* die Angemessenheit ihres institutionellen Designs im Hinblick auf die politischen Probleme der negativen Globalisierung und, *drittens*, die Umsetzungsfähigkeit ihrer Ansprüche in der Welt, die wir kennen. Im Lichte dieser Kriterien kann keines der skizzierten Modelle für sich genommen den Anspruch erheben, einen Weg globaler Demokratisierung zu entwerfen, auf dem schrittweise die transnationale politische Handlungsfähigkeit und damit auch die soziale und ökologische Einbettung des Weltmarkes gewährleistet werden kann. Erst die Kombination ausgewählter Elemente führt zu einem normativ und institutionell angemessenen politischen Handlungsrahmen.

Eine offene Methode der globalen politischen Koordination, die gleichzeitig normativ begründet, institutionell angemessen und in erwartbaren Akteurskonstellationen realisierbar erscheint, kann sich daher auf die folgenden sechs strategischen Elemente, ihre jeweilige interne Demokratisierung sowie wechselseitige funktionsbezogene Interaktion stützen:

Erstens: Das Konzept einer auf Rechten und Pflichten basierenden *Weltbürgerschaft*, das die einzelnen Bürger berechtigt, an den für sie relevanten globalen Entscheidungen aktiv teilzunehmen.

Zweitens: Die Demokratisierung, Ergänzung, Ausweitung und Intensivierung der bestehenden *transnationalen und supranationalen politischen Institutionen* und Organisationen, insbesondere der Vereinten Nationen und ihren Unterorganisationen, aber auch der WTO, der Weltbank und des Weltwährungsfonds. Besonders vielversprechend erscheint in dieser Hinsicht die Einrichtung eines wirtschaftlichen Weltsicherheitsrates, ausgestattet mit Befugnissen der Kontrolle, der Rahmensetzung und, unter bestimmten Bedingungen, auch der Intervention in die wirtschaftlichen Prozesse.

Drittens: Die Vermehrung, Ausweitung, Intensivierung und interne Demokratisierung der regionalen Systeme politischer Kooperation wie der Europäischen Union und der in anderen Weltregionen begonnen Institutionalisierung (ASEAN, SAARC, Merkosur, Nafta u.a.), sowie deren Interaktion. Sie sind Bausteine globaler Demokratisierung.

Viertens: Die Vermehrung und Demokratisierung der funktionalen Regulationen in den wichtigsten Teilbereichen von Weltökonomie und Weltgesellschaft (Handel, Arbeit, Umwelt, Gesundheit, Sicherheit) durch die Ausbildung transnationaler Regime, wie sie im Kyoto-Protokoll, in den Vereinbarungen der Weltarbeitsorganisation ILO und der Welthandelsorganisation WTO begonnen worden sind. Diese funktionalen Regime verlangen eine verbesserte Einbeziehung der von ihren Regelungen betroffenen Länder in die Entscheidungsfindung.

Fünftens: Die transnationale Zivilgesellschaft bedarf verstärkter Unterstützung durch die politischen Institutionen und verdient bei der Entscheidungsfindung der politischen Weltgesellschaft wachsenden Einfluss. Sie ist unverzichtbar auf Handlungsfeldern wie der Sicherung der Menschenrechte, der Gewährleistung humaner Arbeitsbedingungen, dem Umweltschutz und der Geschlechtergleichstellung. Ihre Themenfelder sind nicht begrenzt.

Sechstens: Die politische Weltöffentlichkeit hat eine maßgebende Funktion für die Ausbildung der Weltstaatsbürgerschaft und die Kontrolle der globalen Akteure. In den Erörterungen einer globalen Öffentlichkeit über gemeinsame Probleme kann sich ein verbindendes Bewusstsein von Weltbürgerschaft ausbilden. Sie wirkt als Vermittlungssphäre für die verschiedenen Projekte und Akteure globaler Politik.

Eine realisierbare Vision
Bei diesem Entwurf globaler Demokratisierung handelt es sich nicht um eine abstrakte Utopie, denn all die beschriebenen und eingeforderten Institutionen

VI. Transnationale Demokratie

sind schon in mehr oder weniger ausgebauter Form in der wirklichen Welt vorhanden oder im Aufbau begriffen. Worauf es ankommt ist vielmehr eine zielstrebige Strategie ihrer Weiterentwicklung, so dass sie den politischen Herausforderungen der Globalisierung immer besser entsprechen können. Dazu müssen sie wirksamer, inter besser demokratisiert und miteinander stärker vernetzt werden.

Die Demokratisierung der Weltgesellschaft wird voraussichtlich ebenso wie die der Nationalstaaten ein langer und widerspruchsvoller Prozess sein. Sie ist freilich noch viel schwieriger als diese, nicht nur wegen der Größenordnung und Komplexität des Handlungsfeldes, sondern auch wegen der großen Vielzahl der betlgten Akteure, denn auch ihr schrittweises Gelingen wird auf der fortgeltenden Autonomie der Nationalstaaten aufbauen müssen, wenn auch in gründlich verändertem Rahmen.

 Weiter führende Literatur

Barber, Benjamin 1995: Jihad vs. McWorld, New York.

Beck, Ulrich 1993: Die Erfindung des Politischen, Frankfurt/M.

Beck, Ulrich 1997: Was ist Globalisierung? Frankfurt/M.

Beck, Ulrich(Hg.) 1998: Politik der Globalisierung, Frankfurt/M.

Giddens, Anthony 1999: Jenseits von Rechts und Links, Frankfurt /M.

Held, David 2000: A Globalizing World. Culture, Economics, Politics. Cambridge.

Höffe, Otfried 1999: Demokratie im Zeitalter der Globalisierung, München.

Held, David/ McGrew, Anthony 2000: The Global Transformations Reader. An Introduction to the Globalization Debate, Cambridge.

Link, Werner 2001: Die Neuordnung der Weltpolitik, München.

Meyer, Thomas 2005: Theorie der sozialen Demokratie, Wiesbaden.

Schmidt, Vivien A 2007: Democracy in Europe. Oxford

Schirm, Stefan A. 2006 : Globalisierung. Forschungsstand und Perspektiven, Baden-Baden.

v.Weizsäcker, Carl- Christian 2000: Logik der Globalisierung , Göttingen.

Zürn, Michael 1998: Regieren jenseits des Nationalstaates, Frankfurt/M.

VII. Demokratie als Problem

30   Die Gegner der Demokratie

Versteckspiele
Auch im Hinblick auf die Ansprüche der Demokratie ist die Heuchelei die Verbeugung des Lasters vor der Tugend. Daher halten es die Gegner der modernen Demokratie fast immer für ratsam, im Gewande von besseren Demokraten aufzutreten. Das macht die Lage auf den ersten Blick sehr unübersichtlich. Eine politische Ordnung wie die Demokratie, deren Wesen in der zeitlichen und sachlichen Begrenzung politischer Herrschaft, im Recht zur öffentlichen Kritik von Regierungen und anderen Trägern politischer, sozialer und wirtschaftlicher Macht sowie in der Gleichheit der politischen Einflusschancen für alle Bürger besteht, hat naturgemäß auch viele Gegner. Zu ihnen gehören überall auf der Welt vor allem diejenigen, die es aus unterschiedlichen Gründen nicht hinnehmen wollen, dass die Geltung demokratischer und grundrechtlicher Regeln für ihre eigenen politischen oder sozialen Interessen öffentliche Rechenschaft und die aus ihr folgenden Beschränkungen bedeutet.

Die Gegnerschaft zur Demokratie speist sich aus vielen, höchst unterschiedlichen Motiven. Seit zu den Prinzipien der Volkssouveränität und der universellen Grundrechte als Legitimationsprinzipien politischer Herrschaft in der modernen Kultur überzeugende Alternativen nicht mehr in Sicht sind, ist das offene Bekenntnis zu antidemokratischen Motiven selten geworden. Unter modernen Bedingungen und angesichts der von so gut wie allen Staaten der Welt aus allen denkbaren religiösen und kulturellen Traditionen ratifizierten Grundrechtspakte der Vereinten Nationen ist der prinzipiellen Verteidigung politischer Ungleichheit der Boden entzogen. Selbst die große und fast im gesamten zwanzigsten Jahrhundert mächtige Alternative zur rechtsstaatlichen Demokratie, die sowjetkommunistische Einparteiendiktatur, hat ihre strikte Gegnerschaft zur Demokratie stets hinter dem Argument versteckt, sie selbst sei in Wahrheit deren bessere Einlösung. Sie spielt in der Weltarena der Gegenwart keine Rolle mehr.

Als größte Herausforderung auf der Ebene des grundlegenden Legitimationsanspruchs der Demokratie erscheint seit dem letzten Viertel des zwanzigsten Jahrhunderts der religiös-politische Fundamentalismus. Er beruht in seinen vielen Varianten fast durchweg auf der politischen Instrumentalisierung religiöser Glaubensgewissheit und versucht, diese als eine überlegene Legitimationsgrundlage gesellschaftlicher Ordnung und politischer Herrschaft erscheinen zu lassen. Die rechtsstaatliche Demokratie wird von den politischen Fundamentalisten entweder in Gänze oder in ihren wichtigsten Grundlagen als eine verfehlte Herrschaftsform gebrandmarkt, die dem mit Gewissheit erkennbaren religiösen Wahrheitsanspruch widerspreche und daher die Menschen, die ihr folgen, ins Verderben führe. Zumeist wird mit Hinweis auf einzelne Begleiterscheinungen der modernen „westlichen" Demokratie von den Wortführern dieser Kritik auch ins Feld geführt, dass pluralistische Demokratie zu Sittenverfall, Chaos und Korruption führe.

Zu allen Zeiten hat die Demokratie in Theorie und Praxis leidenschaftliche Gegner gehabt. Fast immer haben sie ihre Interessen zur Beendigung der Mehrheitsherrschaft in die Form von Argumenten gebracht, die das demokratische Verfahren auf dem Felde seines eigenen Anspruchs, nämlich die Gewährleistung guten Regierens im Interesse aller, entwerten sollte. In Zeiten, in denen die demokratische Kultur in der Bürgerschaft noch nicht ausgeprägt war, herrschte ein anderer Typ von Argumentation vor als in der Moderne, in der der demokratische Anspruch in fast allen Gesellschaftern tief verankert und in keiner der Kulturen der Welt ohne ein wachsende Anhängerschaft ist.

Demokratiefeindliche Machtgruppen
Es sind vor allem vier Typen strukturell demokratiefeindlicher *Interessen*, die in der Gegenwart eine besondere Rolle spielen. Ihre Bedeutung wechselt ebenso wie die Argumentation, mit der sie im konkreten Falle die Demokratie relativeren oder auszuhebeln versuchen.

Erstens: Dynastischen Machtgruppen. In vielen Ländern, vor allem Entwicklungsländern mit starken Überresten einer feudalen Gesellschaftskultur, bilden sich Familien-Clans heraus, die für ihre politischen Ansprüche nicht auf die Unterstützung frei entscheidender Mehrheiten rechnen können. Dies können von alters her bevorrechtigte Familien-Verbände sein, oft in Verbindung mit großem Gefolgschaftsgruppen, die sich auf ihren Schutz oder ihre Unterstützung verlassen. Es können traditionell bevorrechtigte ethnische Gruppierungen sein oder auch das Militär eines Landes, wo entsprechende Traditionen die politische Einmischung begünstigen. Oft tarnen solche Gruppen ihren Kampf gegen die Demokratie mit der Berufung auf das Gemeinwohl und die Interessen der von der Politik vernachlässigten „kleinen Leute". Deren Gefolgschaft sichern sie sich oft durch die gezielte Verteilung direkter handgreiflicher Vorteile, etwa in Form von Zuwendungen, Hilfen in Notfällen, Karriere –oder Jobhilfen.

Zweitens: Wirtschaftliche und soziale Machtgruppen. Im weltweiten Maßstab zeigt sich, dass Unternehmungen und andere wirtschaftliche Akteure sich mit der Demokratie auch gut arrangieren können, wo diese fest verankert ist. Dennoch ist in vielen Teilen der Welt auch immer wieder der Versuch wirtschaftlich Mächtiger zu beobachten, demokratische Kontrollen zu umgehen oder ganz außer Kraft zu setzen. Es liegt in solchen Fällen nahe, wo das wirtschaftliche Verhalten dieser Gruppen, die Arbeitsbedingungen, die sozialen Bedingungen, die Einkommensbedingungen, das Investitionsverhalten oder die Umweltschädigung das Licht der öffentlichen Kritik zu scheuen haben oder eine soziale, arbeitsrechtliche und ökologische Einbettung wirtschaftlichen Handelns prinzipiell abgewehrt werden soll. Mitunter wird die Demokratie auch mit dem Argument eingeschränkt, Investoren bei Gewährung voller demokratischer Rechte nicht ins Land holen zu können. Auch hier gilt, wirtschaftliches Handeln, das öffentliche Kritik und Mehrheitsentscheidungen scheuen muss, kann nicht im Interesse des Landes, also der Mehrheit seiner Bevölkerung sein. Das Argument, um des wirtschaftlichen Wohlergehens willen die Demokratie einzuschränken zu müssen, ist nie legitim. Denn: Wer anders, als die von solchem wirtschaftlichen Handeln letztlich betroffenen Menschen selbst, sollte denn in der Lage sein, die Entscheidung über die Erfolge wirtschaftlichen Wohlergehens zu treffen?

Drittens: Technokratisch-autoritäre Elitegruppen. Nicht selten erheben Eliten mit wirtschaftlichem, administrativem oder technischem Expertenwissens den Anspruch auf die politische Macht. Sie meinen, die politischen Probleme, die im politischen Wettbewerb und im öffentlichen Streit der Demokratie ungelöst bleiben, mit den Mitteln einer unpolitischen, rein „sachlichen" Politik besser lösen zu können. Da es aber zum Wesen demokratischer Politik gehört, dass nur die von den politischen Entscheidungen betroffenen Bürger selbst ihren eigenen Interessen angemessen Ausdruck geben können, verfehlt ein solcher „technokratischer" Anspruch den Kern des demokratischen Politikverständnisses. Da die betroffenen Bürger in den Ergebnissen der technokratischen Politik in der Regel ihre eigenen Interessen nicht wieder erkennen können, bleibt dieser darüber hinaus in der Praxis auch regelmäßig der Erfolg versagt.

Viertens: Politisch fundamentalistische Gruppen. Fundamentalismus ist eine moderne politische Ideologie, die mit ethisch-religiöser Begründung politische Herrschaftsansprüche legitimiert. Er kombiniert auf widerspruchsvoll pragmatische Weise Elemente der kulturellen Moderne mit Rückgriffen auf dogmatisierte Bestände vormoderner Traditionen, um die ihm missliebigen Grundlagen und Folgen der Kultur der Moderne auf moderne Weise und mit modernen Mitteln desto wirkungsvoller bekämpfen zu können. Er tritt auf als eine politische Ideologie, die in den Krisen von Modernisierungsprozessen eine zumeist religiöse, seltener weltanschaulich-profane Ethik politisch absolut setzt und entweder im ganzen oder in symbolisch aufgewerteten Grundfragen gegen alternative Ethiken und gegen die politischen Institutionen moderner Gesellschaften für das Gemeinwesen verbindlich machen will. Er ist im Kern totalitäre Identitätspolitik.

Partielle und indirekte Entdemokratisierung
Verbreiteter ist der Versuch, mächtige gesellschaftliche Sonderinteressen dem demokratischen Entscheidungsprozess zu entziehen oder in ihm selber dominant wirksam werden zu lassen. Das wichtigste Instrument, das Erfolg dabei verspricht, ist die Beeinflussung der öffentlichen Kommunikation. Vor allen Dingen mit den Mitteln der politischen Werbung oder anderer Formen der Einflussnahme und Verzerrung kann es in den modernen Mediendemokratien gelingen, problematische Sonderinteressen, die das Licht der offenen Diskussion scheuen, dennoch als Mehrheitsinteressen erscheinen zu lassen. Das ist dort am leichtesten möglich, wo auch die Kommunikationsverhältnisse selbst grundlegend verzerrt sind, sei es durch private oder öffentliche Monopole, sei es durch die Konzentration großer Medienmacht in der Hand einzelner Akteure. Die beste Gewähr gegen den Erfolg solcher Strategien ist die Herstellung eines möglichst großen Pluralismus im Zugang zu den öffentlichen Kommunikationsmitteln und die Sicherung ihrer ungehinderten Nutzung.

Aber auch wenn diese Bedingungen erfüllt sind, können geschickte PR-Arbeit und die politischen Interessen großer Informationsanbieter durch ihre Art der verzerrten Darstellung im demokratischen Sinne fragwürdige Einzelinteressen mit beträchtlichem Erfolg als Mehrheits- oder gar Allgemeininteressen erscheinen lassen. Wo dies der Fall ist, ist öffentliche Kritik, die Chance zur wirkungsvollen Gegendarstellung und auch die Möglichkeit zu Aufklärungs- und Mobilisierungskampagnen außerhalb des Mediensystems selbst aber immer gegeben, solange die Bedingungen demokratischer rechtsstaatlicher Verfassung gewährleistet sind.

Ein Missverständnis liegt in den zahlreichen Fällen vor, wo Leistungsversagen demokratischer Politiker oder Institutionen dem Prinzip Demokratie selber angelastet wird und eine Kritik, die in Wahrheit auf den unzulänglichen Gebrauch der demokratischen Möglichkeiten zielt, als fundamentale Kritik an der Demokratie selber erscheint. Diese Strategie, das Kind mit dem Bade auszuschütten, ist häufig zu beobachten und tritt in vielen unterschiedlichen Varianten auf.

VII. Demokratie als Problem

Gemeinsam ist ihnen allen, dass die Kritik an einzelnen Mängeln, häufig genug auf tatsächlicher Erfahrung beruhend, als das systematische und unvermeidliche Ergebnis des demokratischen Willensbildungsprozesses selbst hingestellt wird. Dazu neigen der rechte und der linke Populismus gleichermaßen. Beide bleiben aber im entscheidenden Punkt ambivalent. Während sie einerseits darauf pochen, dass nun endlich die Versprechen der Demokratie eingelöst werden, diskreditieren sie gleichzeitig deren Institutionen und Repräsentanten, oft in solcher Radikalität, dass die Gegnerschaft gegen Demokratie überhaupt die Folge ist.

Historisch und Systematisch und lassen sich vor allem drei klassische Strategien der Einschränkung oder Entwertung des universalistischen Legitimationsanspruch der Demokratie unterscheiden:

Erstens: Die Verabsolutierung traditionalistischer Ethik. Dies war vor und nach der „Erfindung" der Demokratie im antiken Griechenland stets die am häufigsten und umfassendsten praktizierte Art der Abweisung politischer Gleichheitsansprüche. Dabei wird eine umfassende Ethik, die alle wichtigen Fragen des Zusammenlebens von Individuen und Gruppen betrifft, aus traditioneller Überlieferung für unbedingt verbindlich erklärt und damit in ihren politischen Konsequenzen der öffentlichen Debatte, der möglichen Infragestellung, also der politischen Thematisierung prinzipiell entzogen. Für die legitime öffentliche Formulierung von Differenzen und Konflikten und für die gleiche Mitwirkung aller an den öffentlichen Entscheidungsprozessen bleibt kein Raum. Für alle in Betracht kommenden Handlungsfelder sind die Normen und Verfahren immer schon von vornherein festgelegt, an die die öffentliche Präsentation individueller und kollektiver Interessen gebunden ist.

Eine solche substantielle Ethik, die außer dem privaten Handeln auch die Gesamtheit der gesellschaftlich bedeutsamen Handlungsfelder mit umfasst, findet so gut wie immer ihren Ausdruck auch in Positionen, Ritualen und Ämtern, denen die Auslegung und Anwendung, gegebenenfalls auch die weitere Entwicklung der überlieferten ethischen Substanz unanfechtbar übertragen ist. Die Quellen, aus denen sich eine solche Ethik speist, waren historisch vielfältig, sowohl in der Abfolge der Zeit, wie auch zu gleicher Zeit in unterschiedlichen Kulturen. Zu ihnen gehören vor allem, wie im größten Teil der Welt des Altertums, der Mythos und im Christlichen Mittelalter die religiöse Überlieferung.

Zweitens: Technokratische und fundamentalistische Politik. Beide sind durch den Anspruch gekennzeichnet, für politische Problemlagen über einen einzigen legitimen Lösungsweg zu verfügen, der für alle verbindlich ist und sich aus privilegierten, nicht allen Menschen zugänglichen Erkenntnisquellen speist. Die politische Differenz wird auf diese Weise als ein bloßer Mangel an problemlösendem Wissen dargestellt, der mit allgemein verbindlicher Wirkung behoben werden kann, sobald die "richtigen" Wissensquellen erschlossen sind bzw. denen, die über sie verfügen, Gehorsam gezollt wird. *Technokratisch* wird dabei der Anspruch genannt, der die Quellen seiner alternativlosen Gewissheit bei der Lösung umstrittener Gemeinwohlfragen im wissenschaftlich-technischen Bereich ansiedelt. Eine absolut gewisse, im weiteren Sinne wissenschaftliche "Wahrheit", wird als allein legitime Grundlage für die Umgehung politischer Lösungswege in Anspruch genommen. *Fundamentalistisch* werden in der modernen Kultur diejenigen öffentlich wirksamen Gewissheitsansprüche genannt, die auf religiöse oder ihnen vergleichbare ideologische Quellen zurückgehen.

Drittens: Das verabsolutierte Marktmodell. Es ist dadurch gekennzeichnet, dass es politisch zu definierende Fragen des Gemeinwohls prinzipiell privater Handlungsinitiative überlässt. Es erwartet von der koordinierenden Kraft der Marktlogik, das sie letztlich immer zur angemessenen Lösung der gesellschaftlichen Probleme führen wird. Eine Umgehungsstrategie für politische Entscheidungsfragen ist das Marktmodell aber keineswegs prinzipiell. Es wird dazu allein in den Fällen, in denen es ins Spiel gebracht wird, um legitimerweise politisch definierte Problemlagen ausschließlich der privaten Handlungsinitiative zu überlassen. Dies geschieht entweder mit dem Argument, dass der Markt wie in einem einflussreichen Teil der zeitgenössischen Globalisierungsdebatte eine unbeeinflussbare Lebenstatsache geworden sei oder dass er die unmittelbare Verkörperung des vermeintlich obersten aller Menschenrechte, dem Schutz der Privateigentumsfreiheit sei, und damit politischen Gestaltungsansprüchen entzogen.

Die Verteidigung des demokratischen Entscheidungsanspruchs gegen all die genannten Herausforderungen, sei es in einzelnen Handlungsbereichen, sei es auf der Ebene des großen politischen Systems, ist eine dauernde Aufgabe. Die Demokratie lebt nicht von den politischen Institutionen allein, sondern auch von einer politisch wachen Bürgerschaft und von Akteuren, die diese mit Leben erfüllen und engagiert verteidigen, wo sie angegriffen werden. Dazu gehört vor allem auch die Fähigkeit, ihre Ansprüche mit guten Argumenten öffentlich zu verteidigen, wo sie in Frage gestellt werden.

 **Weiter führende Literatur**

Habermas, Jürgen 2003: Technik und Wissenschaft als Ideologie, Frankfurt/M.

Jaschke, Hans-Gert 2006: Politischer Extremismus, Wiesbaden.

Meyer, Thomas 2001. Identitätspolitik, Frankfurt/M.

31 Paradoxien der Demokratie

Schwierigkeiten mit der Demokratie
In der modernen Welt erheben nahezu alle Menschen, ausgesprochen oder nicht, den Anspruch, über die politischen Angelegenheiten, also das, was für sie verbindlich gelten soll, auch selber mit entscheiden zu können. Nachdem die historisch älteren Argumente der politischen Legitimation aus Überlieferung oder aus Religion, wonach es für einzelne Menschen einen privilegierten Zugang zur Erkenntnis und Herrschaftsbefugnis gibt, ihre Glaubwürdigkeit eingebüßt haben, gelingt es Autokraten, die nach der Ausübung von Macht ohne Zustimmung der Entscheidungsbetroffenen trachten, nur noch unter besonderen Umständen, Zustimmung zu finden. Das universalistische Gleichheitsargument, wonach in öffentlichen Angelegenheiten kein Mensch von Hause aus über andere entscheidungsbefugt sein kann, leuchtet in der Gegenwart unter normalen Umständen den allermeisten Menschen am meisten ein.

Das gilt, von der empirischen Forschung vielfältig belegt, auch für die meisten derjenigen Menschen, die im konkreten Falle von ihrem Mitentscheidungsrecht keinen Gebrauch machen. Sie könnten ja partizipieren und behalten sich diese Möglichkeit vor. Paradox erscheint die überall zu beobachtende, teils sehr beträchtliche Kluft zwischen prinzipiellem Partizipationsanspruch und tatsächlichem Partizipationsverzicht. Das zivilgesellschaftliche Engagement der Bürgerinnen und Bürger und ihre Wahlbeteiligung schwanken infolge dessen an verschiedenen Orten der Welt und zu verschiedenen Zeitpunkten der Entwicklung der einzelnen Gesellschaften beträchtlich. Während in manchen, selbst in langer Tradition gefestigten Demokratien wie den USA die Beteiligung auch an den für das Land entscheidenden Wahlen oft nicht einmal die Hälfte der Wahlberechtigten erreicht, liegt die Beteiligung in anderen Ländern, etwa den skandinavischen, weit darüber und umfasst regelässig mehr als 4/5 der Bevölkerung des Landes.

Zumindest für den aktiven Teil der Gesellschaft, also diejenigen, die sich an Wahlen und anderen Formen politischer Entscheidungsprozesse beteiligen, müsste den Voraussetzungen der Demokratie zufolge eigentlich gelten, dass sie sich in ihrer Mehrheit mit dem Ergebnis ihrer Wahl identifizieren und zur Übernahme der Verantwortung dafür bereit sind. Sie müssten die Erfüllung des Auftrages, den sie mit ihrer Entscheidung erteilt haben, sich selber zurechnen und in seine Folgen im Wesentlichen einwilligen. Dies ist aber, wie Wahluntersuchungen und Meinungsumfragen immer wieder zeigen, für einen großen Teil der Betroffenen in den repräsentativen Demokratien der Gegenwart häufig gerade nicht der Fall. Sie erteilen ihren Auftrag und behalten es sich gleichzeitig vor, sich von dessen Ergebnissen zu distanzieren und die von ihnen gewählten Repräsentanten für die Folgen allein verantwortlich zu machen. Aktive Wahlbeteiligung und Politikverdrossenheit gehen oft Hand in Hand.

Es wäre natürlich mehr als verständlich, würde sich ein solches Verhalten auf die gewiss nicht seltenen Fälle begrenzen, in denen die Gewinner der Wahlen sich in ihrer Regierungspraxis von dem ablösen, wofür sie ihren öffentlichen Versprechungen zufolge tatsächlich gewählt worden sind. Das Paradox besteht aber darin, dass die eigentümliche Kluft zwischen Auftragserteilung und Verantwortungsbereitschaft auf Seiten der Wählerinnen und Wähler sehr häufig auch dort zu beobachten ist, wo eine solche ungerechtfertigte Abweichung gerade nicht festzustellen ist. Es gibt offensichtlich eine weit verbreitete Neigung, zwar die Segnungen, aber nicht die Konsequenzen der Demokratie zu akzeptieren.

Solidarität und Demokratie
Es ist anzunehmen, dass diese Diskrepanz umso leichter auftreten kann, je indirekter die demokratischen Entscheidungsverfahren sind und je mehr Menschen an den Entscheidungsprozessen beteiligt sind. In kleinen Gruppen, in denen intensiv und unter aktiver Beteiligung aller Betroffenen beraten werden kann, so dass der Inhalt der Entscheidungen in diesen Prozessen unter der tatsächlichen Mitwirkung aller erst entsteht, ist die Identifikation aller mit dem Ergebnis am wahrscheinlichsten. Unter diesen Bedingungen ist nicht nur eine dauerhaftere kognitive Übereinstimmung mit den getroffenen Entscheidungen zu erwarten, sondern auch eine soziale und emotionale Bindung an das gemeinsam zustande gebrachte Ergebnis. In dem Maße jedoch, in dem die Entscheidungsprozeduren indirekt und die Beteiligungsmöglichkeiten schwächer ausgebildet sind, entsteht regelmäßig bei einem großen Teil der Bürgerinnen und Bürger eine gespaltene Haltung. Sie wollen auf die Entscheidungen einwirken, um eigene Interessen

VII. Demokratie als Problem

oder Werte zu sichern, billigen den Interessen und Werten anderer dann aber in der Praxis häufig nicht den gleichen Wert wie den eigenen zu und fühlen sich durch die Resultate der unerlässlichen politischen Vermittlungsprozesse auch nicht gebunden. Problematischer noch ist es, wenn sie für Handlungsziele votieren, für deren Verwirklichung allein die anderen den Preis zahlen sollen, während man selber sich auf den Genuss der Früchte beschränken möchte.

Bei diesem Effekt handelt es sich um eine in den modernen Massendemokratien sehr verbreitete Erscheinung. Man verlangt beispielsweise energische Einsparmaßnahmen des Staates, um die Haushalte zu sanieren oder Steuern zu begrenzen, aber ausschließlich bei Staatsleistungen, die anderen zugute gekommen wären, nicht bei den eigenen. Das ist der Grund für die mitunter schwer verständlichen Widersprüche zwischen den politischen Begehren von Mehrheiten in den Umfragen und in ihren Wahlentscheidungen.

Kompromisse sind das Lebenselement der Demokratie, in der Regel umso mehr je größer die Zahl der einbezogenen Menschen ist und je heterogener ihre Interessen, Zugehörigkeiten und Identitäten. Die Fähigkeit zum Kompromiss und die Bereitschaft von Minderheiten, Mehrheitsentscheidungen loyal hinzunehmen, ist davon abhängig, ob zwischen ihnen ein Mindestmaß an Solidarität besteht. Diese ist in kleineren und homogenen Gesellschaften durch Herkunftsbeziehungen und die Möglichkeit intensiverer Sozialkontakte eher zu gewährleisten als in den großen, unübersichtlichen und zudem noch ethnisch, religiös und kulturell heterogenen Gesellschaften der Gegenwart. Die großen Demokratien beruhen daher auf einer ganzen Reihe von Voraussetzungen, auf deren Zustandekommen sie zwar hinwirken, deren ausreichende Sicherung sie aber nicht garantieren können. Zu ihnen gehören vor allem die politische Kultur der Demokratie und die gesellschaftliche Solidarität. Die Demokratie als eines der am meisten kennzeichnenden Produkte der Kultur der Moderne hat diese Eigenart mit der modernen Kultur selbst gemeinsam: sie bietet eine Rahmen für Verständigung, Toleranz und Gleichachtung der Interessen aller, kann aber selbst die Motive nicht zuverlässig erzeugen, von denen sie lebt. Sie kann freilich einen großen Beitrag zu ihrer Entstehung und Erhaltung leisten, indem sie ihren Wert im Alltag und im öffentlichen Leben für möglichst alle Menschen zuverlässig erfahrbar macht. Dies stößt freilich in großen und heterogenen Gesellschaften an deutliche Grenzen. Obgleich gerade auch in ihnen die demokratischen Werte und Verfahren die beste Garantie für zwanglose Verständigung zwischen allen Bürgerinnen und Bürgern ist, bleibt in ihnen die Hervorbringung von Solidarität und Toleranz doch stets prekär.

Die Menschen haben zur Demokratie offenbar zu allen Zeiten ein wankelmütiges Verhältnis gehabt. Aus fast allen Epochen der Menschheitsgeschichte sind, zu Beginn eher im Kleinen als im Großen, Experimente demokratischer Selbstbestimmung überliefert. Versammlungen der Repräsentanten einer Gesellschaft, in denen Beratungen unter Gleichen stattfanden, aus denen dann die alle bindenden politischen Entscheidungen hervorgingen, hat es an vielen Orten und zu fast allen Zeitpunkten der Menschheitsgeschichte gegeben. Gleichzeitig wissen wir aber, dass sie in der Geschichte im Ganzen gesehen bislang eher die Ausnahme bildeten und Demokratie zu allen Zeiten als eine gefährdete Form der politischen Selbstorganisation menschlicher Gesellschaften galt, vielfältig bedroht, oft auch dort, wo ihre Leistungen nichts zu wünschen übrig ließen. Auch die in mancher Hinsicht über die Zeiten hinweg als Vorbild leuchtenden Beispiele praktizierter Demokratie, etwa die der griechischen Stadtstaaten, mussten nach kurzer Frist Formen autokratischer Herrschaft weichen. Und noch in den konsolidierten Demokratien der Gegenwart, zu denen weit und breit keine legitime Alternative in Sicht ist, war das Risiko der Selbstgefährdung nie ganz gebannt. So scheint die Demokratie eine Herrschaftsweise zu sein, die gleichzeitig besonders naheliegt und doch auch über ein nicht zu bändigendes Potenzial der Selbstgefährdung verfügt. Die Demokratie erscheint als eine zugleich selbstverständliche und doch auch unwahrscheinliche Herrschaftsform.

 Weiter führende Literatur

Eisenstadt, Shmuel N. / Opolka, Uwe 2005: Paradoxien der Demokratie. Humanities Online.

32 Eingebettete Demokratie

Voraussetzungen moderner Demokratie
Die theoretische Klärung und die empirische Forschung zu den Funktionsbedingungen stabiler und leistungsfähiger moderner Demokratie haben zu einer informativen Präzisierung und Differenzierung der Demokratietheorie selbst geführt. Einer der führenden deutschen Demokratieforscher, Wolfgang Merkel, hat diese Forschungsergebnisse im Begriff der „eingebetteten Demokratie" auf einen plausiblen und praxisorientierten Begriff gebracht. Darin sind einige der entscheidenden Funktionsvoraussetzungen zusammengefasst, die in den Gesellschaften der Gegenwart erfüllt sein müssen, damit der unaufgebbare Anspruch

VII. Demokratie als Problem

der Demokratie, politische Gleichheit und politische Freiheit für alle Bürgerinnen und Bürger, erfüllt werden kann. Zwar war in den modernen Debatten über Demokratie schon seit längerem geklärt, dass erst die Garantie der gleichzeitigen Geltung universalistischer Grundrechte und des Prinzips der Volkssouveränität dem im Demokratiebegriff eigentlich intendierten Ziel politischer Gleichheit Geltung verleiht. Die Erfahrungen des zwanzigsten Jahrhunderts, insbesondere auch beim Übergang autokratischer Systeme zu Demokratien, haben aber erwiesen, dass diese Bedingung präzisiert werden muss und eine Reihe weiterer Voraussetzungen hinzu treten müssen, um den Anspruch von Demokratie in ausreichendem Maße zu erfüllen. Auf diese Weise wird auch begrifflich klar gestellt, dass Demokratie für ein weiter gespanntes, in sich differenziertes Konzept politischer Normen und Regelungen steht und keineswegs auf die Institution gleicher und freier Wahlen reduziert werden kann. Diese bleibt zwar ein Kernbestandteil moderner Demokratie, bedarf aber der Einbettung in mehrere sich gegenseitig ermöglichende und stützende demokratieorientierte Teilregime in anderen politischen Handlungsbereichen.

Merkel spricht in diesem Zusammenhang von einem „dreidimensionalen Demokratiebegriff"[51].

Die *erste Dimension* besteht in einer wirkungsvollen vertikalen Machtkontrolle. Sie wird durch ein universelles, aktives und passives Wahlrecht und den damit verbundenen politischen Partizipationsrechten erfüllt.

Die *zweite Dimension* bezieht sich auf die horizontale Herrschaftskontrolle, nämlich die gewaltenteilige Organisation der Staatsmacht und der rechtsstaatlichen Herrschaftsausübung.

Die *dritte, transversale Dimension* zielt auf die effektive Zuordnung der Regierungsgewalt zu den demokratisch legitimierten Herrschaftsträgern.

Der Begriff „Einbettung" soll zum Ausdruck bringen, dass die jeweiligen Teilregime, die die Bedingungen von Demokratie in den drei Dimensionen sichern, eine wechselseitige Voraussetzung für einander darstellen und in ihren Eigenarten und Funktionsweisen sinnvoll auf einander bezogen sein müssen. Über die Geltung des Wahlrechts hinaus handelt es sich bei der modernen Demokratie

---

[51] Merkel 2003

also um ein komplexes Arrangement von Institutionen, Rechten und politisch-kulturellen Orientierungen. Jedes dieser Teilregime muss über eine gewisse Unabhängigkeit von den anderen verfügen, um seine eigenen die Demokratie fördernden Wirkungen entfalten zu können, ist aber nicht losgelöst von den übrigen.

Dimensionen der Einbettung
Zur vertikalen Dimension eingebetteter Demokratie gehören die grundlegenden Mechanismen der Herrschaftslegitimation und Herrschaftskontrolle. Das sind in erster Linie allgemeine, freie und gleiche Wahlen und eine funktionierende Öffentlichkeit der freien Meinungs- und Willensbildung, an der prinzipiell alle Staatsbürger aktiv und passiv teilhaben können. Das verlangt nicht nur die formale Gewährleistung der politischen Grundrechte, etwa der Informations- und Organisationsfreiheit, sondern auch eine solche tatsächliche Organisation der politischen Öffentlichkeit, die allen Staatsbürgern den Zugang und den Einfluss auf die Auswahl der diskutierten Themen ermöglicht. Dabei muss auch real sicher gestellt werden, dass die dazu legitimierten Institutionen tatsächlich die Regierungsgewalt ausüben und nicht etwa von nicht legitimierten Machtgruppen und Vetospielern abhängig sind, denn dadurch würden die demokratischen Legitimationswege verfälscht und die Realität politischer Herrschaft von den Bedingungen der Demokratie entkoppelt.

Zu diesen institutionell zu gewährleistenden und in ihren tatsächlichen Funktionsbedingungen zu garantierenden Bedingungen müssen einige soziale und wirtschaftliche Funktionsvoraussetzungen hinzutreten, um den Anspruch der Demokratie zu erfüllen. Auch wenn diese für einen sinnvollen Demokratiebegriff in engen Grenzen gehalten werden sollten, sind sie doch notwendige Grundlagen funktionsfähiger moderner Demokratie. In Merkels Konzeption gehören dazu „unhintergehbar" die Folgenden:

1. *Staatlichkeit* im Sinne eines nach innen und außen handlungsfähigen Territorialstaates.
2. *Marktwirtschaft* im Sinne eines vom politischen System nicht gänzlich kontrollierten Wirtschaftssystems mit Eigentumsrechten, Vertragsrechten und einem Geld- und Kreditsystem.
3. *Säkularisation* des gesellschaftlichen Lebens sowie des Rechtssystems, die Demokratie und Grundrechtsgeltung überhaupt erst möglich macht.

VII. Demokratie als Problem

In seinem Bestreben, die Bedingungen einer „vollständigen" Demokratie auf das notwendige Maß zu begrenzen, tendiert Merkel dazu, die reale Gewährleistung der Voraussetzungen liberaler Demokratie allein zu würdigen. Mit Blick auf die moderne Demokratieforschung können aber drei weitere „Teilregime" als Realbedingungen für die Funktionsfähigkeit moderner Demokratien genannt werden. Sie sind gleichfalls von der empirischen Demokratieforschung bestens bestätigt:

4. Eine vitale und differenzierte *Zivilgesellschaft*, die ein hohes Maß an selbstorganisiertem politischem Engagement der Bürger aufweist, das von staatlicher Kontrolle unabhängig ist, freiwillig erfolgt und die Orientierung an Gemeinwohlerfordernissen einschließt.
5. Eine *politische Kultur* des größten Teils der Bürgerinnen und Bürger, die eine demokratische Staatsbürgergesinnung in den Einstellungen und der Praxis zum Ausdruck bringt und
6. *Soziale Inklusion* als Folge der Realgeltung jener *sozialen und wirtschaftlichen Grundrechte*, die jeder einzelnen Person einen in ihrer Lebenswirklichkeit tatsächlich eingelösten Anspruch auf soziale Teilhabe und Handlungsfähigkeit, insbesondere durch gleiche Bildungschancen und soziale Sicherung gewährt und damit der Freiheit und dem bürgerlichen Beteiligungsanspruch eine reale Grundlage unabhängig vom Markterfolg des Einzelnen sichert.

Reale Demokratie
Erst die Erfüllung dieser Bedingungen macht Demokratie unter modernen Bedingungen real und verschafft ihren unaufgebbaren Normen der politischen Gleichheit und Freiheit ein Mindestmaß an Geltungswirklichkeit. Daher zielt die Erfüllung dieser Forderung nicht auf ein abstraktes Ideal von Demokratie ab, sondern auf eine Mindeststufe der realen Erfüllung des Demokratieanspruchs, der ihr in den Augen der allermeisten ihrer Bürger erst die volle Legitimität sichert. Unterhalb dieser Stufe, gerade auch im Hinblick auf die Lebensverhältnisse der Bürgerinnen und Bürger in den modernen Gesellschaften, kann nicht von konsolidierter Demokratie gesprochen werden. Wo diese Bedingungen nicht erfüllt sind, weist „Demokratie" ernsthafte und vermeidbare Defekte auf, die ein schweres Legitimationsdefizit und damit auch eine stete Gefährdung ihrer Stabilität darstellen.

Demokratie ist also weit mehr als Volkssouveränität und Mehrheitsregel. Sie ist ein reflexives Projekt, das fortwährend die Erfahrungen mit ihrer eigenen Praxis in die Entwürfe ihrer Selbstorganisation einbezieht. Sie stellt Regeln, Verfahren und Rechte bereit, denen eine Aufforderung innewohnt. Es ist der Imperativ, je nach Erfahrungen und Möglichkeiten die durch sie gebotenen Chancen zu ihrer eigenen Vollendung und zur Verbesserung der tatsächlich chancengleichen Mitwirkungsmöglichkeit für alle ihre Bürgerinnen und Bürger zu verbessern. In gewissem Maße ist Demokratie daher stets ein Vorgriff auf die Vollendung ihres eigenen Anspruchs.

 Weiter führende Literatur

Merkel, Wolfgang 2003: „Eingebettete" und defekte Demokratien. Theorie und Empirie. In: Offe, Claus (Hrsg.): Demokratisierung der Demokratie. Frankfurt/M./New York.

Meyer, Thomas 2005: Theorie der sozialen Demokratie, Wiesbaden.

Demokratie – Zivilisation auf Widerruf?

Zu Beginn des 21. Jahrhunderts hat sich die Demokratie als Legitimationsprinzip moderner Politik so umfassend durchgesetzt, dass ihr fast alle politischen Akteure, die Herrschaftsansprüche verteidigen oder anmelden, ihren Respekt zollen. Mit Ausnahme der versprengten Reste des orthodoxen Kommunismus und des neu erstarkten harten Kerns religiöser Fundamentalisten ist die Geltung der demokratischen Grundsätze in allen Teilen der Welt, in allen Regionen und Kulturen anerkannt.

Die Demokratie ist, wie der vorliegende Text im Einzelnen gezeigt hat, nicht nur ein politisches Entscheidungsprinzip, das um seiner selbst Willen Geltung beanspruchen kann, sondern auch ein Instrument politischen Handelns, das den Anspruch erhebt, allen Alternativen im Ganzen gesehen überlegen zu sein. Demokratie muss die ihr unweigerlich innewohnenden Versprechen Freiheit und Gleichheit einlösen, will sie glaubwürdig bleiben. Sie muss im Alltag liefern, was sie in ihren Deklarationen verspricht. Demokratie im umfassenden Sinne ihres Geltungsanspruchs, also unter Einschluss aller, auch der sozialen, wirtschaftlichen und kulturellen Grundrechte, muss die Bedingungen gewährleisten, unter denen alle ihrer Bürgerinnen und Bürger ein Leben führen können, das durch die wirkliche Teilhabe an den politischen Entscheidungen, die sie betreffen, die Sicherung ihrer materiellen Existenzbedingungen und die Anerkennung ihrer kulturellen und religiösen Identität gekennzeichnet ist.

Die Erfahrung zeigt, dass es den real existierenden Demokratien häufig nicht gelingt, diese Bedingungen glaubwürdig zu erfüllen. In zahlreichen formal-demokratischen Ländern dieser Welt haben kleine politische Eliten die Entscheidungen über die Geschicke ihrer Länder nahezu monopolisiert. In anderen Ländern wird einer großen Anzahl von Bürgerinnen und Bürgern dauerhaft die soziale Grundlage für ein selbstbestimmtes Leben und für eine wirkungsvolle Teilhabe an den Entscheidungsprozessen ihres Landes verweigert. In weiteren Ländern gelingt die Integration der unterschiedlichen religiösen und kulturellen Gruppen kaum, so dass große Teile von ihnen die Erfahrung verweigerter Anerkennung ihres persönlichen Identitätsanspruchs machen. Dies sind einige der gewichtigsten Gründe dafür, warum viele der Menschen, die von dieser Art von „Demokratieversagen" betroffen sind, das Vertrauen in die Demokratie als best möglicher Staatsform verlieren.

Das Versprechen der Gleichheit ist dem Anspruch der Demokratie unauflöslich eingeschrieben. Nirgends in der modernen Welt erwarten die Bürgerinnen und Bürger demokratischer Gesellschaften, dass demokratische Institutionen Gleichheit in jeder Hinsicht nach sich ziehen. Dies wäre aus mehr als einem Grund weder wünschenswert noch mit den universellen Grundrechten vereinbar. Das Maß an Gleichheit aber, das die faire Teilhabe aller an den demokratischen Entscheidungsprozessen ermöglicht und das Freiheitsversprechen für alle im persönlichen, gesellschaftlichen und politischen Leben zu einer realen Erfahrung werden lässt, kann keine Demokratie preisgeben. Wo es in den praktischen Lebenserfahrungen der Menschen dementiert wird, stellt sich in aller Regel Enttäuschung ein, die viele Formen annehmen kann. Sie kann zur Forderung werden, die Defekte gegebener Demokratien hier und jetzt tatkräftig zu überwinden, also an die Stelle der mangelhaften die bessere Demokratie treten zu lassen. Sie kann zu einer Abkehr vom politischen Leben, zu Resignation führen, die beträchtliche Teile der Bürgerschaften eines Landes praktisch zu Nicht-Bürgern macht. Und sie kann dazu führen, dass die Hoffnung nur noch in politischen Modellen gesucht wird, die durch entschiedene Gegnerschaft zu den Prinzipien von Demokratie und Grundrechten gekennzeichnet sind.

Zu Beginn des 21. Jahrhunderts erweist sich der politisch-religiöse Fundamentalismus als mächtigster Gegner der demokratischen Idee. Er kann sich in den Ländern, in denen er großen Zulauf gewinnt, zumeist auf Enttäuschungserfahrungen in allen drei Schlüsselbereichen moderner Bürgerexistenz stützen: die Kränkung kulturell-religiöser Identität, soziale Hoffnungslosigkeit und die Enttäuschung über erwiesene Verantwortungslosigkeit der politischen Eliten, die in erster Linie für die Einlösung des Versprechens der Demokratie Verantwortung tragen.

Demokratie wird nur dort zur Selbstverständlichkeit, wo die nachwachsende Generation in den Familien und Schulen, in Nachbarschaft und Lebenswelt von Anbeginn überzeugende Erfahrungen mit ihr machen können. Demokratie ist kein Naturgeschenk, sondern eine soziale Praxis, die gelernt und begründet werden muss. Darum ist es für die Stabilität von Demokratien von besonderer Bedeutung, dass die nachwachsenden Generationen immer neu die überzeugende Chance des Erlernens demokratischer Orientierungen in Theorie und Praxis erhalten. Wo die Praxis ausbleibt, die dem Anspruch der Demokratie Überzeugungskraft verleihen könnte, kann das Ergebnis sowohl das Engagement der Enttäuschten für die Verbesserung der Demokratie, in der sie leben sein, wie auch die Abkehr von ihren Grundsätzen und die Hinwendung zu radikalen Alternativen.

Es ist ein falscher, oft interessegeleiteter Idealismus, der davon ausgeht, die Demokratie sichere allein durch die überlegene Überzeugungskraft ihrer Ideale die Grundlagen ihrer Praxis in der wirklichen Welt. Es bleibt aber unter allen Umständen der Vorzug der Demokratie, dort wo wenigstens ihre Mindestbedingungen erfüllt sind, den Zugang all derer zur öffentlichen Debatte und zur politischen Einflussnahme offenzuhalten, die die bestehenden Mängel beim Namen nennen und Wege ihrer Überwindung vorschlagen. Wo beides behindert wird oder auf die Dauer ohne Folgen bleibt, untergräbt die Demokratie ihre eigenen Grundlagen. Diese Gefahr ist in den modernen Demokratien nie gänzlich gebannt.

Zwei Wege der Selbstgefährdung der Demokratie sind am Beginn des 21. Jahrhunderts erkennbar. Der eine besteht in dem Versäumnis, die kulturellen, sozialen und wirtschaftlichen Leistungen zu garantieren, die allen ihren Bürgerinnen und Bürgern die volle Erfüllung der Bedingungen gleichwertiger Staatsbürgerschaft garantiert. Dies ist die Tendenz zu einer zunehmenden Formalisierung des demokratischen Anspruchs und die Aushöhlung seines Gleichheitsversprechens. Der andere Weg besteht in der zunehmenden Abkoppelung der Entscheidungseliten von den Gesellschaften und ihren Mitwirkungsansprüchen. Demokratie kann, vor allem in den Mediendemokratien der Gegenwart, zu einer Art Schauveranstaltung werden, bei der Konkurrenzkämpfe zwischen Personengruppen um die politische Macht zwar publikumswirksam inszeniert werden, aber ohne dass die Gesellschaft die reale Chance der Mitwirkung und der Mitgestaltung der Tagesordnung der tatsächlichen Politik und ihrer Entscheidungsabläufe hat. Der zuerst genannte Weg entfremdet viele Bürgerinnen und Bürger von der Demokratie, der zweite lässt unter der unterhaltsamen Fassade von Demokratie in Vergessenheit geraten, worin ihr Anspruch in Wahrheit besteht.

Diese Tendenzen offen beim Namen zu nennen, wo sie wirksam werden, und wirksam gegenzusteuern, solange das möglich ist, gehört zu den Lebensbedingungen moderner Demokratie.

Literatur

Abromeit, Heidrun/ Stoiber, Michael 2006: Demokratien im Vergleich. Einführung in die vergleichende Analyse politischer Systeme. Wiesbaden.

Canfora, Luciano 2006: Eine kurze Geschichte der Demokratie. Köln.

Crouch, Colin 2005. Post-Democracy. Cambridge.

Crouch, Colin, Streeck, Wolfgang 2006: The Diversity of Democracy. Corporatism, Social Order and Political Conflict. Cheltenham.

Dahl, Robert A. 2000: On Democracy. New Haven & London: Yale University Press.

Dahl, Robert A. 1991: Democracy and ist Critics. New Haven & London.

Habermas, Jürgen 1992: Faktizität und Geltung. Beiträge zur Diskurstheorie des Rechts und des demokratischen Rechtsstaates. Frankfurt/M.

Guéhenno, Jeran-Marie 1994: Das Ende der Demokratie. München

Held, David 1987: Models of Democracy. Stanford.

Höffe, Otfried 1999: Demokratie im Zeitalter der Globalisierung. München.

Huntington, Samuel P. 1991: The Third Wave. Democratization in the Late Twentieth Century. Norman and London.

Massing, Peter/ Breit, Gotthard 2001: Demokratietheorien, Schwalbach/ Ts.

Merkel, Wolfgang 2003: Demokratie in Asien. Ein Kontinent zwischen Diktatur und Demokratie. Bonn.

Merkel, Wolfgang/ Puhle, Hans-Jürgen 1999: Von der Diktatur zur Demokratie. Opladen, Wiesbaden.

Meyer, Thomas 2002: Democracy. An Introduction for Democratic Pracitce. Jakarta.

Meyer, Thomas 2005: Theorie der Sozialen Demokratie. Wiesbaden.

Literatur

Pipers Handbuch der politischen Ideen. Hrsg. von I. Fetscher und H. Münkler. München/Zürich 1988 ff., 5 Bände

Saage, Richard 2005. Demokratietheorien. Eine Einführung. Wiesbaden.

Sartori, Giovann1992: Demokratietheorie. Darmstadt.

Sauer, Birgit 2001. Die Asche des Souveräns. Staat und Demokratie in der Geschlechterdebatte. Frankfurt/New York

Schmidt, Manfred G. 2006: Demokratietheorien. Eine Einführung, Wiesbaden.

Schmidt, Vivien A. 2006: Democracy in Europe. The EU and National Polities. Cambridge.

Waschkuhn, Arno 1998: Demokratietheorien. München.

Weber, Rudolf 2003: Staatsdenker der Moderne, Klassikertexte von Machiavelli bis Max Weber, Stuttgart/ Tübingen.

Zürn, Michael 1998: Regieren jenseits des Nationalstaats. Frankfurt/M.